中宣部2022年主题出版重点出版物

"十四五"国家重点图书出版规划项目

纪录小康工程

全面建成小康社会

重庆全景录
CHONGQING QUANJINGLU

本书编写组

重庆出版集团 重庆出版社

责任编辑：徐　飞
封面设计：石笑梦　胡耀尹
版式设计：周方亚　汪　阳　胡耀尹

图书在版编目（CIP）数据

全面建成小康社会重庆全景录 / 本书编写组编著 . —重庆：重庆出版社，
　2022.10
（"纪录小康工程"地方丛书）
ISBN 978－7－229－16913－8
Ⅰ.①全… Ⅱ.①本… Ⅲ.①小康建设—成就 — 重庆
Ⅳ .① F127.719
中国版本图书馆 CIP 数据核字（2022）第 097950 号

全面建成小康社会重庆全景录
QUANMIAN JIANCHENG XIAOKANG SHEHUI CHONGQING QUANJING LU

本书编写组

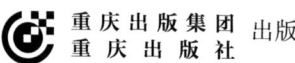
出版发行

（400061　重庆市南岸区南滨路 162 号 1 幢）
重庆恒昌印务有限公司印刷　新华书店经销

2022 年 10 月第 1 版　2022 年 10 月重庆第 1 次印刷
开本：710 毫米 ×1000 毫米 1/16　印张：19.25
字数：236 千字
ISBN 978-7-229-16913-8　定价：67.50 元

邮购地址 400061　重庆市南岸区南滨路 162 号 1 幢
重庆出版集团图书发行有限责任公司　电话（023）61520646

版权所有·侵权必究
凡购买本社图书，如有印制质量问题，我社负责调换。
服务电话：（023）61520646

总　序
为民族复兴修史　为伟大时代立传

小康，是中华民族孜孜以求的梦想和夙愿。千百年来，中国人民一直对小康怀有割舍不断的情愫，祖祖辈辈为过上幸福美好生活劳苦奋斗。"民亦劳止，汔可小康""久困于穷，冀以小康""安得广厦千万间，大庇天下寒士俱欢颜"……都寄托着中国人民对小康社会的恒久期盼。然而，这些朴素而美好的愿望在历史上却从来没有变成现实。中国共产党自成立那天起，就把为中国人民谋幸福、为中华民族谋复兴作为初心使命，团结带领亿万中国人民拼搏奋斗，为过上幸福生活胼手胝足、砥砺前行。夺取新民主主义革命伟大胜利，完成社会主义革命和推进社会主义建设，进行改革开放和社会主义现代化建设，开创中国特色社会主义新时代，经过百年不懈奋斗，无数中国人摆脱贫困，过上衣食无忧的好日子。

特别是党的十八大以来，以习近平同志为核心的党中央统揽中华民族伟大复兴战略全局和世界百年未有之大变局，团结带领全党全国各族人民统筹推进"五位一体"总体布局、协调推进"四个全面"战略布局，万众一心战贫困、促改革、抗疫情、谋发展，党和国家事业取得历史性成就、发生历史性变革。在庆祝中国共产党成立100周年大会上，习近平总书记庄严宣告："经过全党全国各族人民持续奋斗，我们实现了第一个百年奋斗目标，在中华大地上全面建成了小康社会，历史性地解决了绝对贫困问题，正在意气风发向着全面建成社会主义现代化强国的第二个百年奋斗目标迈进。"

这是中华民族、中国人民、中国共产党的伟大光荣！这是百姓的福祉、国家的进步、民族的骄傲！

全面小康，让梦想的阳光照进现实、照亮生活。从推翻"三座大山"到"人民当家作主"，从"小康之家"到"小康社会"，从"总体小康"到"全面小康"，从"全面建设"到"全面建成"，中国人民牢牢把命运掌握在自己手上，人民群众的生活越来越红火。"人民对美好生活的向往，就是我们的奋斗目标。"在习近平总书记坚强领导、亲自指挥下，我国脱贫攻坚取得重大历史性成就，现行标准下9899万农村贫困人口全部脱贫，建成世界上规模最大的社会保障体系，居民人均预期寿命提高到78.2岁，人民精神文化生活极大丰富，生态环境得到明显改善，公平正义的阳光普照大地。今天的中国人民，生活殷实、安居乐业，获得感、幸福感、安全感显著增强，道路自信、理论自信、制度自信、文化自信更加坚定，对创造更加美好的生活充满信心。

全面小康，让社会主义中国焕发出蓬勃生机活力。经过长期努力特别是党的十八大以来伟大实践，我国经济实力、科技实力、国防实力、综合国力跃上新的大台阶，成为世界第二大经济体、第一大工业国、第一大货物贸易国、第一大外汇储备国，国内生产总值从1952年的679亿元跃升至2021年的114万亿元，人均国内生产总值从1952年的几十美元跃升至2021年的超过1.2万美元。把握新发展阶段、贯彻新发展理念、构建新发展格局、推动高质量发展，全面建设社会主义现代化国家，我们的物质基础、制度基础更加坚实、更加牢靠。全面建成小康社会的伟大成就充分说明，在中华大地上生气勃勃的创造性的社会主义实践造福了人民、改变了中国、影响了时代，世界范围内社会主义和资本主义两种社会制度的历史演进及其较量发生了有利于社会主义的重大转变，社会主义制度优势得到极大彰显，中国特色社会主义道路越走越宽广。

全面小康，让中华民族自信自强屹立于世界民族之林。中华民族有五千多年的文明历史，创造了灿烂的中华文明，为人类文明进步作出了卓越贡献。近代以来，中华民族遭受的苦难之重、付出的牺牲之大，世所罕见。中国共产党带领中国人民从沉沦中觉醒、从灾难中奋起，前赴后继、百折不挠，战胜各种艰难险阻，取得一个个伟大胜利，创造一个个发展奇迹，用鲜血和汗水书写了中华民族几千年历史上最恢宏的史诗。全面建成小康社会，见证了中华民族强大的创造力、坚韧力、爆发力，见证了中华民族自信自强、守正创新精神气质的锻造与激扬，实现中华民族伟大复兴有了更为主动的精神力量，进入不可逆转的历史进程。今天，我们比历史上任何时期都更接近、更有信心和能力实现中华民族伟大复兴的目标，中国人民的志气、骨气、底气极大增强，奋进新征程、建功新时代有着前所未有的历史主动精神、历史创造精神。

全面小康，在人类社会发展史上写就了不可磨灭的光辉篇章。中华民族素有和合共生、兼济天下的价值追求，中国共产党立志于为人类谋进步、为世界谋大同。中国的发展，使世界五分之一的人口整体摆脱贫困，提前十年实现联合国2030年可持续发展议程确定的目标，谱写了彪炳世界发展史的减贫奇迹，创造了中国式现代化道路与人类文明新形态。这份光荣的胜利，属于中国，也属于世界。事实雄辩地证明，人类通往美好生活的道路不止一条，各国实现现代化的道路不止一条。全面建成小康社会的中国，始终站在历史正确的一边，站在人类进步的一边，国际影响力、感召力、塑造力显著提升，负责任大国形象充分彰显，以更加开放包容的姿态拥抱世界，必将为推动构建人类命运共同体、弘扬全人类共同价值、建设更加美好的世界作出新的更大贡献。

回望全面建成小康社会的历史，伟大历程何其艰苦卓绝，伟大胜利何其光辉炳耀，伟大精神何其气壮山河！

这是中华民族发展史上矗立起的又一座历史丰碑、精神丰碑！这座丰碑，凝结着中国共产党人矢志不渝的坚持坚守、博大深沉的情怀胸襟，辉映着科学理论的思想穿透力、时代引领力、实践推动力，镌刻着中国人民的奋发奋斗、牺牲奉献，彰显着中国特色社会主义制度的强大生命力、显著优越性。

因为感动，所以纪录；因为壮丽，所以丰厚。恢宏的历史伟业，必将留下深沉的历史印记，竖起闪耀的历史地标。

中央宣传部牵头，中央有关部门和宣传文化单位，省、市、县各级宣传部门共同参与组织实施"纪录小康工程"，以为民族复兴修史、为伟大时代立传为宗旨，以"存史资政、教化育人"为目的，形成了数据库、大事记、系列丛书和主题纪录片4方面主要成果。目前已建成内容全面、分类有序的4级数据库，编纂完成各级各类全面小康、脱贫攻坚大事记，出版"纪录小康工程"丛书，摄制完成纪录片《纪录小康》。

"纪录小康工程"丛书包括中央系列和地方系列。中央系列分为"擘画领航""经天纬地""航海梯山""踔厉奋发""彪炳史册"5个主题，由中央有关部门精选内容组织编撰；地方系列分为"全景录""大事记""变迁志""奋斗者""影像记"5个板块，由各省（区、市）和新疆生产建设兵团结合各地实际情况推出主题图书。丛书忠实纪录习近平总书记的小康情怀、扶贫足迹，反映党中央关于全面建成小康社会重大决策、重大部署的历史过程，展现通过不懈奋斗取得全面建成小康社会伟大胜利的光辉历程，讲述在决战脱贫攻坚、决胜全面小康进程中涌现的先进个人、先进集体和典型事迹，揭示辉煌成就和历史巨变背后的制度优势和经验启示。这是对全面建成小康社会伟大成就的历史巡礼，是对中国共产党和中国人民奋斗精神的深情礼赞。

历史昭示未来，明天更加美好。全面建成小康社会，带给中国人民的是温暖、是力量、是坚定、是信心。让我们时时回望小康历程，深入学习贯彻习近平新时代中国特色社会主义思想，深刻理解中国共产党为什么能、马克思主义为什么行、中国特色社会主义为什么好，深刻把握"两个确立"的决定性意义，增强"四个意识"、坚定"四个自信"、做到"两个维护"，以坚如磐石的定力、敢打必胜的信念，集中精力办好自己的事情，向着实现第二个百年奋斗目标、创造中国人民更加幸福美好生活勇毅前行。

目　录

■ 一、历经艰辛探索　筑梦全面小康大道 ……………………1
　（一）探索小康（1949—1978）………………………1
　（二）建设小康（1978—2012）………………………5
　（三）决胜小康（2012—2021）………………………10

■ 二、推动高质量发展　夯实全面小康基础 ……………………22
　（一）产业转型升级加快 ……………………………23
　（二）创新能力持续提升 ……………………………44
　（三）对外开放不断扩大 ……………………………55
　（四）营商环境持续优化 ……………………………63

■ 三、实施协调发展　助推全面小康格局 ………………………67
　（一）西部大开发确立全面小康的区域布局………68
　（二）成渝地区双城经济圈做好全面小康的双城示范………73
　（三）"一区两群"协调发展带来全面小康的城乡共进………87
　（四）以乡村振兴巩固全面小康的农村实践………103

四、决战脱贫攻坚　决胜全面小康社会 ... 117
（一）绝对贫困全面消除 ... 118
（二）生产生活条件全面改善 ... 124
（三）"两不愁三保障"全面落实 ... 132
（四）精准脱贫全面实现 ... 140
（五）农村基层治理能力全面升级 ... 152
（六）农村精神面貌全面焕新 ... 161

五、建设绿水青山　绘就全面小康画卷 ... 165
（一）生态环境治理成效明显 ... 165
（二）生态文明体制改革不断深化 ... 172
（三）生态环境质量持续改善 ... 179

六、促进文化繁荣　增强全面小康动能 ... 190
（一）培育和践行社会主义核心价值观 ... 190
（二）推进文化体制改革 ... 195
（三）建设公共文化服务体系 ... 198
（四）加快文化产业发展 ... 212
（五）加强文化遗产保护利用 ... 217
（六）推动广播电视和网络视听守正创新 ... 221

七、增进民生福祉　共享全面小康成果 ... 224
（一）就业质量稳定提升 ... 224
（二）教育事业加快发展 ... 229

（三）全民健康托起全面小康 ……………………………………241
　　（四）社会保障惠及全民 ……………………………………………258
　　（五）社会治理创新　提升群众安全感 …………………………270

八、坚持党的领导　凝结全面小康经验 …………………………280
　　（一）必须坚持党的全面领导　牢记习近平总书记殷殷嘱托 ……280
　　（二）必须坚持以人民为中心　激发广大群众内生动力 …………282
　　（三）必须坚持改革创新　助推经济高质量发展 …………………285
　　（四）必须坚持统筹协调　探索科学发展新路径 …………………288
　　（五）必须坚持全方位开放　打造内陆开放新高地 ………………290
　　（六）必须坚持可持续发展　建设山清水秀美丽之地 ……………293

后　记 …………………………………………………………………296

一、历经艰辛探索
筑梦全面小康大道

"民亦劳止，汔可小康。"小康社会是中华民族千百年来孜孜追求的朴实梦想。在领导人民建设社会主义的历史进程中，中国共产党人赋予"小康"新的内涵，使它成为"中国式现代化"的代名词，成为一个历史阶段的现代化奋斗目标。新中国成立后，在70多年广泛而深刻的社会大变革中，围绕全面建成小康社会，重庆经历了从探索小康、建设小康到决胜小康的发展历程，从"温饱不足"到"四个现代化"，从"小康之家"到"总体小康"，从"全面建设"到"全面建成"，重庆市委、市政府团结带领全市人民顽强拼搏，几代人一以贯之、接续奋斗，经过艰苦卓绝的努力，小康目标不断实现，小康梦想成为现实，迎来了从"站起来""富起来"到"强起来"的历史性跨越。

（一）探索小康（1949—1978）

社会主义革命和建设时期，重庆市委、市政府在党中央的正确领导下，确立社会主义基本制度，推进社会主义建设，实现了中华民族有史以来最为广泛而深刻的社会变革，实现了由一穷二白到大步迈进社会主义社会的伟大飞跃，为小康社会建设奠定了根本政治前提和制度基础，积累了重要物质基础，提供了强大精神支撑和安全保证。

1.探索解决"温饱不足"

旧中国农业发展水平极为低下，粮食总体匮乏，多数老百姓都受缺衣少食困扰，占到全国80%左右的人口长期处于饥饿半饥饿状态，闹饥荒闹春荒年年都会发生。若是遇到严重自然灾害，更是饿殍遍地，中国人长期难以摆脱温饱不足的困境。

新中国成立后一个时期，西方国家对我国实行封锁，加上我国要开展大规模经济建设，迫切需要农业为工业化提供资金积累和原料。在此背景下，为了优先保障人们基本生存需要并适度发展经济作物生产，国家确立了以粮为纲，全面发展的方针，通过计划经济对粮食实行统购统销，对非粮其他重要农产品实行派购制度，对居民实行凭票供应。这些制度安排和做法，今天看来极不合理，但是在改革开放前我国工业化起步阶段农业生产力落后的状况下，无疑有力地保障了国家现代化建设。

1949年11月30日，重庆解放。作为祖国大西南最大的工商业城市，重庆以其特殊的历史地位和重要的战略地位成为解放后西南地区唯一的中央直辖市和西南地区党政军首脑机关驻地。在党中央和中共中央西南局的领导下，重庆人民怀着翻身做主人的喜悦，认真贯彻落实《中国人民政治协商会议共同纲领》提出的各项任务，胜利完成城市接管，建立和巩固新生的人民政权；进行反封建的土地改革和厂矿企业的民主改革，开展轰轰烈烈的社会改造，荡涤旧社会的污泥浊水；统一财经，整顿金融秩序，调整工商业，建设成渝铁路，迅速恢复和发展国民经济，改善人民生活；发展教育文化卫生事业，人民的精神面貌焕然一新，社会风尚健康向上，人民群众以极大的热情投入创造新生活。经过全市党政军民三年的艰苦努力，到1952年底，重庆财政经济状况得到基本好转，工农业生产达到了历史最高水平，人民的生产的新重庆的雏形已崭露头角，为重庆实现从新民主主义向社会主义的转变奠定了坚实的基础。

1953年，党中央颁布过渡时期总路线，提出采取社会主义工业化和社会主义改造同时并举的方针。重庆市委、市政府执行中央提出的过渡时期总路线及其一系列方针政策，顺利完成对农业、手工业和资本主义工商业的社会主义改造和提前实现"一五"计划两大历史性任务。同时开展了政治建设和文化建设，通过全市人民的共同努力，顺利实现了从新民主主义向社会主义的转变，社会主义制度在重庆得以正式确立。这一时期，是重庆经济社会发展比较好的历史时期，城乡人民群众生活改善和提高较快，整个社会的政治建设、经济建设、文化建设全面展开，到处都是热火朝天、欣欣向荣的新气象、新风尚、新成果。

社会主义制度确立后，党中央领导全国人民开始转入全面的大规模的社会主义建设，独立自主地探索符合中国实际的社会主义建设道路。重庆市委、市政府坚决贯彻中央制定的一系列方针政策，带领全市人民超额完成了第一个五年计划。

2.探索"四个现代化"

新中国成立后，以毛泽东同志为主要代表的中国共产党人在不断累积实现小康生活的坚实基础的同时，开创性地提出了"四个现代化"伟大纲领来擘画小康之路,开辟了依托社会主义制度实现中国现代化的新纪元。1954年8月,周恩来最早对"四个现代化"进行表述,要建设起"强大的现代化的工业、现代化的农业、现代化的交通运输业、现代化的国防"。"四个现代化"的目标历经波折,1975年1月,邓小平在四届全国人大一次会议上进一步描述了现代化"两步走"的发展战略:第一步是用10年时间使各方面都有比较好的发展,第二步是20世纪末达到现代化水平。

为建设"四个现代化",根据中共中央制定的过渡时期总路线和国家关于进行"一五"计划经济建设的总体安排,1953年,重庆开始制定和实施国民经济第一个五年计划,掀起了解放后国民经济建设的第一个高潮。"一五"时期是重庆历史上的一个重要发展时期。经过"一五"时期的建设,各个领域都取得了前所未有的成就:工业建设规模扩大,社会主义工业化基础基本形成;市政基础设施得到较大改善,工农业生产快速发展;文化、教育、医疗卫生等方面取得长足进步,人民生活水平不断提高。"一五"时期的建设和发展,进一步强化了重庆作为西南地区和长江上游重要工商业城市的地位。

三线建设是20世纪60年代中期,中共中央在国际局势日趋紧张的情况下,为加强战备而进行的一次以国防工业为中心,牵动全局的大规模经济建设。其投入之多,规模之大,动员之广,行动之快,时间之长,堪称中华人民共和国建设史上最重要的一次改变生产力布局的重大战略部署,对以后的国民经济结构和布局,产生了深远影响。重庆由于自身较强的工业实力和优越的地理位置,成为全国"大三线"建设的重点地区,在一定程度上壮大了重庆老工业基地的经济实力。作为"三线建设"最大的中心城市,重庆在"三线建设"和调整改造过程中受益匪浅。通过"三线建设",重庆建立了门类较为齐备的以常规兵器制造为主,电子、造船、航天、核工业等相结合的国防工业生产体系;改善了工业经济结构和布局,促进了重庆现代工业体系的形成;改善了交通状况,奠定了城市现代立体交通网络的基础;带动了沿线经济和小城镇的发展,初步形成了规模不等、职能各异的现代城镇体系,对经济的发展起到重要的促进作用。

(二)建设小康(1978—2012)

改革开放新时期,重庆市委、市政府团结带领全市人民持续推进小康社会建设,实现了人民生活从温饱不足到总体小康、奔向全面小康的历史性跨越。

1.基本解决温饱生存性需求

改革开放之初,邓小平首先用"小康"来诠释中国式现代化,提出"小康之家",明确到20世纪末在中国建立一个小康社会的奋斗目标,并指出"所谓小康,从国民生产总值来说,就是年人均达到800美元"[①]。从"小康之家"到"小康社会","小康"这一饱含中华文化深厚底蕴、富有鲜明中国特色、千百年来深深埋藏在中国人民心中的美好愿景,由此成为中国现代化进程的醒目路标。1982年,党的十二大首次把"小康"作为经济建设总的奋斗目标,

---

① 《邓小平文选》第三卷,人民出版社1993年版,第64页。

提出到20世纪末力争使人民的物质文化生活达到小康水平。1987年，党的十三大制定"三步走"现代化发展战略，把20世纪末人民生活达到小康水平作为第二步奋斗目标。

党的十一届三中全会后，面对农村普遍没有解决基本温饱问题的状况，重庆全市各地按照中央的要求，本着"效率优先"和"允许一部分人先富起来"与"先富帮后富"的原则，从解决平均主义、"大锅饭"入手，充分尊重农民的创造性和自主权，在试验示范的基础上，普遍推行家庭联产承包责任制，较快地解决了农村中大多数人的温饱问题。为扶持贫困地区发展生产，全市各地还按照国家规定，先后两次实行农业税起征点免征、减征和对连片贫困乡村几年不变的免税政策；在对农副产品的收购上，提高收购价格、减少不合理摊派、放活农副产品经营，增加农民收入；针对贫困山区，通过减少农副产品收购量、加大农村基础设施建设、增加平价农业生产资料供应等特殊政策，给予积极扶持；针对仍十分贫困的农民，通过发放救济金、救灾结余款、"两棉"（棉布、棉絮）赊销、减免农业税、建立扶贫周转金和集体自筹等方式，给予大力扶助；由民政部门牵头，对贫困农民给予经济上的救助，仅在1977—1985年间，就筹措各类扶持资金2473万元，在各乡镇建立扶贫周转金612万元，累计对28.2万户128.6万人进行扶持。[①]通过多方面的努力，促进了农村贫困面貌的改变。重庆市委在总结这一时期帮扶贫困人口与贫困山区发展经验的基础上，于1984年7月在秀山县召开"秀山会议"，出台了10条扶持贫困地区进行经济开发的措施，从而初步拉开重庆地区开发式扶贫的序幕。

重庆各地从1986年起，按照开发式扶贫方针，继续沿着"秀

---

① 《中国改革开放全景录·重庆卷》，重庆出版社2018年版，第139页。

一、历经艰辛探索 筑梦全面小康大道

山会议"的路子,切实把扶贫开发工作纳入国民经济和社会发展"七五"计划,以国定贫困县和省定贫困县、市定贫困乡镇为重点,展开有组织、有计划、大规模的区域性开发扶贫工作。在实施开发式扶贫工作中,各地以贫困乡村为落脚点,面向贫困户,围绕增强贫困地区的"造血"机能,依靠科技进步,坚持以市场需求为导向,以农业为基础,以种养业为重点,加强水电路等基础设施建设,开发优势资源,大力发展区域性优秀产业、林果业和乡镇企业,以区域开发带动贫困户致富。为推进开发式扶贫,全市各级部门多渠道增加扶贫开发投入,大力发动和组织党政机关、企事业单位和社会各界参与扶贫。经过扶持,全市范围内的国定贫困县、省定贫困县和市定贫困乡镇都先后在1993年底前从整体上越过温饱线,有340万贫困人口基本解决温饱问题。

2. 从"小康之家"到"总体小康"

1992年,在人民温饱问题基本得到解决的基础上,党的十四大提出到20世纪末人民生活由温饱进入小康。1997年,党的十五大提出新的"三步走"发展战略,明确到2010年使人民的小康生活更加宽裕。经过长期不懈努力,20世纪末,人民生活总体上达到小康水平的目标如期实现。

1997年3月14日,第八届全国人大第五次会议审议通过设立重庆直辖市的决议。直辖以后,重庆市委、市政府按照中央设立重庆直辖市的战略意图,迅速开展各项工作。1998年3月,江泽民指示重庆要集中精力办好"四件大事"①。重庆市委、市政府把办好

---

① 即按期完成三峡库区移民任务、振兴重庆老工业基地、加快农村经济发展、加强生态环境保护和建设。

"四件大事"作为关系重庆经济社会发展的全局性、战略性问题，作为全市工作的重中之重，采取切实有力的措施，带领广大党员和人民群众，围绕办好"四件大事"展开一场又一场攻坚战。

重庆直辖之初，集大城市、大农村、大山区、大库区和民族地区于一体，武陵山、秦巴山集中连片特困地区覆盖重庆市12个区县，区域性贫困与"插花"式贫困并存。扶贫开发是中央交办的"四件大事"之一，市委、市政府根据行政体制的变化和扶贫开发面临的形势任务，适时作出新的部署，采取新的举措。根据《国家八七扶贫攻坚计划》确定的目标任务，市政府制定《重庆市"五三六"扶贫攻坚计划（1996—2000）》，决定从1996年算起，用5年时间基本解决366万建档立卡绝对贫困人口的温饱问题。到2000年底，全市如期实现经过撤并后的全部18个贫困区县按照当时的标准整体越温达标的目标，建档立卡贫困人口减少到82万，18个贫困区县农民人均纯收入增加到1480元。帮助贫困地区修建乡村公路近1.3万公里，新增68个乡、2745个村通公路，解决360万人的饮水困难，使4.8万户无房户和危房户的居住条件得到改善，完成高山移民1700户6000人[1]，贫困地区基础设施条件得到较大改善，经济发展明显加快，社会事业全面发展。

3.从"总体小康"到"全面建设小康"

2002年，党的十六大针对当时小康低水平、不全面、发展很不平衡的实际，提出全面建设小康社会的目标，即在21世纪头20年，集中力量，全面建设惠及十几亿人口的更高水平的小康社会，

---

[1] 《中国改革开放全景录·重庆卷》，重庆出版社2018年版，第140页。

一、历经艰辛探索　筑梦全面小康大道

使经济更加发展、民主更加健全、科教更加进步、文化更加繁荣、社会更加和谐、人民生活更加殷实，小康社会建设由"总体小康"向"全面小康"迈进。2007年，党的十七大对实现全面建设小康社会的宏伟目标作出全面部署，在经济、政治、文化、社会、生态文明等方面提出新要求，全面建设小康社会的目标更全面、内涵更丰富、要求更具体。

2007年全国两会期间，胡锦涛为重庆发展导航定向，作出"314"①总体部署。同年6月，国务院批准重庆成为全国统筹城乡综合配套改革试验区。2009年1月，国务院印发《关于推进重庆市统筹城乡改革和发展的若干意见》（国发〔2009〕3号）。全市认真落实中央要求，紧密结合重庆实际，以城乡经济社会协调发展为主线，通过建立圈翼互动机制促进区域平衡发展，通过培育市场主体促进各种所有制经济平等发展，推动城乡发展同步。以劳务经济健康发展为主线，通过农民工户籍制度改革促进城乡人口有序流动，建立统筹城乡社会保障体系，促进城乡基本公共服务均等化，推动城乡生活同质。以土地流转和集约利用为主线，通过创设地票制度促进建立城乡统一的建设用地市场，通过农村"三权"抵押融资促进农村资源资本化，推动城乡要素同权。

党中央作出实施西部大开发的战略决策后，作为西部大开发的重要战略支点，重庆以实施西部大开发战略统揽经济社会发展全

---

① 指三大定位、一大目标、四大任务。三大定位：把重庆加快建设成为西部地区的重要增长极、长江上游地区的经济中心、城乡统筹发展的直辖市。一大目标：在西部地区率先实现全面建设小康社会的目标。四大任务：一是加大以工促农，以城带乡力度，扎实推进社会主义新农村建设；二是切实转变经济增长方式，加快老工业基地调整步伐；三是着力解决好民生问题，积极构建社会主义和谐社会；四是全面加强城市建设，提高城市管理水平。

局，努力建设长江上游商贸中心、金融中心、科教文化信息中心、综合交通枢纽、通信枢纽和以高新技术为基础的现代产业基地。

重庆直辖和西部大开发，是党中央解决我国现代化建设中区域发展不平衡、面向新世纪作出的重大战略决策和全面推进社会主义现代化建设的重大战略部署。重庆抓住直辖、三峡工程建设和西部大开发的历史机遇，以建成长江上游经济中心为目标，以办好"四件大事"为重点，实现了预期目标，促进了经济社会的全面发展。

2001年9月，根据《中国农村扶贫开发纲要（2001—2010年）》确定的目标任务，重庆市委、市政府制定《重庆市农村扶贫开发实施纲要（2001—2010）》（以下简称《纲要》）。到2010年底，全市全面和超计划实现《纲要》确定的目标任务，18个扶贫开发工作重点区县农民人均纯收入增加到4235元，新修和改造公路7万多公里，解决400万人饮水安全问题，建成"农民新村"1728个、"巴渝新居"17.8万户，改造农村危旧房16万户，完成扶贫移民搬迁27.16万人[①]，贫困地区社会事业又有新的较大发展，实现了从"总体小康"到"全面小康"，由"站起来"到"富起来"的历史性飞跃。

（三）决胜小康（2012—2021）

进入新时代，到了需要一鼓作气向全面建成小康社会目标冲刺的关键时刻。以习近平同志为核心的党中央，团结带领全党和全国人民，锚定这个宏伟目标，统筹推进"五位一体"总体布局，协调

---

① 《中国改革开放全景录·重庆卷》，重庆出版社2018年版，第140页。

一、历经艰辛探索　筑梦全面小康大道

推进"四个全面"战略布局，攻坚克难，奋发有为，向着全面建成小康社会进军。2012年，党的十八大提出，在中国共产党成立100年时全面建成小康社会，并确定了全面建成小康社会目标，即经济持续健康发展，人民民主不断扩大，文化软实力显著增强，人民生活水平全面提高，资源节约型、环境友好型社会建设取得重大进展。由"全面建设小康"到"全面建成小康"，彰显了党团结带领人民夺取全面建成小康社会胜利的坚定决心。2017年，党的十九大科学把握党和国家事业所处的历史方位和发展阶段，全面分析全面建成小康社会的基础条件、内外因素，作出决胜全面建成小康社会、开启全面建设社会主义现代化国家新征程战略部署，吹响了夺取全面建成小康社会伟大胜利的号角。习近平总书记把全面建成小康社会放在治国理政突出位置，提出一系列重要思想、重要理念，作出一系列重大决策、重大部署，强调全面建成小康社会，是党向人民、向历史作出的庄严承诺，是实现中华民族伟大复兴中国梦的关键一步；在"四个全面"战略布局中，全面建成小康社会是战略目标、居于引领地位，全面深化改革、全面依法治国、全面从严治党是三大战略举措；全面小康，覆盖的领域要全面、是"五位一体"全面进步，覆盖的人口要全面、是惠及全体人民的小康，覆盖的区域要全面、是城乡区域共同的小康；小康不小康，关键看老乡，全面建成小康社会最艰巨最繁重的任务在农村特别是在贫困地区；必须尽快把影响如期实现全面建成小康社会目标的短板补齐；全面建成小康社会要靠实干，基本实现现代化要靠实干，实现中华民族伟大复兴要靠实干；等等。习近平总书记亲自谋划、亲自指挥、亲自推动全面小康社会建设，团结带领全党和全国人民，战贫困、促改革、抗疫情、治污染、化风险，着力提升人民群众获得感、幸福感、安全感，解决了许多长期想解决而没有解决的难题，办成了许多过去想办而没有办成的大事，党和国家事业取得历史性成就、发生历史性变革。经过全党和全国人民持续奋斗和不懈努力，全面建成小康社会目标如期实现，迈出了实现中华民族伟大复兴的关键一步。2021年7月1日，习近平总书记在庆祝中国共产党成立100周年大会上庄严宣告，经过全党全国各族人民持续奋斗，我们实现了第一个百年奋斗目标，在中华大地上全面建成了小康社会。

党的十八大以来，在以习近平同志为核心的党中央坚强领导下，重庆统筹推进"五位一体"总体布局，协调推进"四个全面"战略布局，注重从全局谋划一域、以一域服务全局，实施加快建设内陆开放高地行动计划，全面融入"一带一路"建设和长江经济带发展，加快推动成渝双城经济圈建设，努力在构建以国内大循环为主体、国内国际双循环相互促进的新发展格局中发挥积极作用，高质量完成脱贫攻坚任务，民主法治建设取得重要成果，文化和社会事业全面进步，生态环境明显改善，全面从严治党落实到位，全面建成小康社会如期实现，人民群众的幸福感、获得感、安全感不断增强，充分发挥了重庆在国家区域发展战略和对外开放新格局中独特而重要的作用。

1.牢记习近平总书记对重庆的殷殷嘱托

党的十八大以来，习近平总书记十分关心重庆的发展，两次到重庆视察并发表重要讲话、作出重要指示。习近平总书记2016年1月视察重庆，2018年参加全国两会重庆代表团审议，2019年再次亲临重庆视察，2020年在中央财经委会议和中央政治局会议上，

一、历经艰辛探索　筑梦全面小康大道

对成渝地区双城经济圈建设作出系列重要指示要求，对重庆提出"两点"定位、"两地""两高"目标、发挥"三个作用"、营造良好政治生态和建设成渝地区双城经济圈的重要指示要求，赋予了重庆新的目标、责任和使命，为新时代重庆发展指明了前进方向、提供了根本遵循。

2016年1月4日至6日，习近平总书记来重庆视察，深入港口、企业考察调研，就贯彻落实党的十八届五中全会精神和中央经济工作会议精神进行指导，强调落实创新、协调、绿色、开放、共享的发展理念，确保如期实现全面建成小康社会目标。习近平总书记指出，重庆是西部大开发的重要战略支点，处在"一带一路"和长江经济带的联结点上；要求重庆建设内陆开放高地，成为山清水秀美丽之地；强调扎实贯彻新发展理念、扎实做好保障和改善民生工作、扎实做好深化改革工作、扎实落实"三严三实"要求。他希望重庆发挥西部大开发重要战略支点作用，积极融入"一带一路"建设和长江经济带发展，在全面建成小康社会、加快推进社会主义现代化中再创新的辉煌。习近平总书记指出，重庆集大城市、大农村、大山区、大库区于一体，协调发展任务繁重。要促进城乡区域协调发展，促进新型工业化、信息化、城镇化、农业现代化同步发展，在加强薄弱领域中增强发展后劲，着力形成平衡发展结构，不断增强发展整体性。保护好三峡库区和长江母亲河，事关重庆长远发展，事关国家发展全局。要深入实施"蓝天、碧水、宁静、绿地、田园"环保行动，建设长江上游重要生态屏障，推动城乡自然资本加快增值，使重庆成为山清水秀美丽之地。[①]

[①]《习近平在重庆调研时强调确保如期实现全面建成小康社会目标》，新华社，2016年1月6日。

全面建成小康社会重庆全景录

2018年3月10日,习近平总书记在参加第十三届全国人大一次会议重庆代表团审议时发表重要讲话,希望重庆广大干部群众团结一致、沉心静气,加快建设内陆开放高地、山清水秀美丽之地,努力推动高质量发展、创造高品质生活,让重庆各项工作迈上新台阶。习近平总书记强调,要坚持法治、反对人治,要既讲法治又讲德治,领导干部要讲政德,要明大德、守公德、严私德。[①]

2019年4月15日至17日,习近平总书记在重庆考察,主持召开解决"两不愁三保障"突出问题座谈会并发表重要讲话,强调,脱贫攻坚战进入决胜的关键阶段,各地区各部门务必高度重视,统一思想,抓好落实,一鼓作气,顽强作战,越战越勇,着力解决"两不愁三保障"突出问题,扎实做好今明两年脱贫攻坚工作,为如期全面打赢脱贫攻坚战、如期全面建成小康社会作出新的更大贡献。考察期间,习近平总书记听取了重庆市委和市政府工作汇报,对重庆各项工作取得的成绩给予肯定,希望重庆全面落实党中央决策部署,牢牢把握稳中求进工作总基调,坚持新发展理念,统筹做好稳增长、促改革、调结构、惠民生、防风险、保稳定工作,持续营造风清气正的政治生态,更加注重从全局谋划一域、以一域服务全局,努力在推进新时代西部大开发中发挥支撑作用、在推进共建"一带一路"中发挥带动作用、在推进长江经济带绿色发展中发挥示范作用。要求重庆抓好贯彻落实党中央通过的《关于新时代推进西部大开发形成新格局的指导意见》,在推进西部大开发形成新格局中展现新作为、实现新突破。[②]

---

① 《习近平参加重庆代表团审议,希望重庆广大干部群众团结一致、沉心静气》,《重庆日报》2018年3月11日。
② 《习近平在重庆考察并主持召开解决"两不愁三保障"突出问题座谈会》,新华社,2019年4月17日。

一、历经艰辛探索　筑梦全面小康大道

成渝地区双城经济圈建设是习近平总书记亲自谋划、亲自部署、亲自推动的国家重大战略。2020年，习近平总书记在中央财经委会议和中央政治局会议上，对成渝地区双城经济圈建设作出系列重要指示要求，为新时代成渝地区高质量发展、开启现代化新征程描绘了宏伟蓝图、提供了行动指南。中央政治局会议审议《成渝地区双城经济圈建设规划纲要》，针对当前国内国际环境正在发生的深刻复杂变化，强化了成渝地区双城经济圈建设在构建以国内大循环为主体、国内国际双循环相互促进的新发展格局中的战略意义，进一步明确了打造带动全国高质量发展的重要增长极和新的动力源的重要使命。①

党的十八大以来，重庆坚持以习近平新时代中国特色社会主义思想为指导，全面贯彻习近平总书记对重庆提出的营造良好政治生态，坚持"两点"定位、"两地""两高"目标，发挥"三个作用"和推动成渝地区双城经济圈建设等重要指示要求，统筹疫情防控和经济社会发展，统筹发展和安全，把握新发展阶段、贯彻新发展理念、融入新发展格局，更加注重从全局谋划一域、以一域服务全局，旗帜鲜明讲政治，大力推动经济高质量发展，深入推动成渝地区双城经济圈建设，全面深化改革开放，扎实推动城乡区域协调发展，不断加强生态文明建设，切实保障和改善民生，进一步加强和改进宣传思想文化工作，全力保持社会大局和谐稳定，积极推进民主法治建设，坚定不移推进全面从严治党，取得了显著成绩。这些成绩的取得，根本在于习近平总书记的英明指挥、领航掌舵，在于习近平新时代中国特色社会主义思想的科学指引、有力指导，也是

---

① 《专题学习习近平总书记关于成渝地区双城经济圈建设系列重要指示精神》，《四川日报》2020年10月22日。

全市广大党员干部群众共同团结奋斗的结果。

2.决战脱贫攻坚　决胜全面建成小康社会

全面建成小康社会，是"两个一百年"奋斗目标的第一个百年奋斗目标，是中华民族伟大复兴征程上的一座重要里程碑，是我们党向人民、向历史作出的庄严承诺。党的十八大以来，以习近平同志为核心的党中央提出了全面建成小康社会新的目标要求。经济实现高质量发展，创新驱动成效显著，发展协调性明显增强，人民生活水平和质量普遍提高，国民素质和社会文明程度显著提高，生态环境质量总体改善，各方面制度更加成熟更加定型。这些新的目标要求，进一步明确了全面建成小康社会的基本内涵，体现了目标导向与问题导向相统一，体现了战略性和操作性相结合。重庆市委、市政府团结带领全市人民，战贫困、促改革、抗疫情、治污染、化风险，着力提升人民群众获得感、幸福感、安全感，经过全市人民的持续奋斗和不懈努力，实现了第一个百年奋斗目标，在重庆大地上全面建成了小康社会。

全面小康，重在全面。中国的全面小康，体现了发展的平衡性、协调性和可持续性，是物质文明、政治文明、精神文明、社会文明、生态文明协调发展的小康，经济更加发展、民主更加健全、科教更加进步、文化更加繁荣、社会更加和谐、人民生活更加殷实；是不断满足人民日益增长的多样化多层次多方面需求，不断促进人的全面发展的小康；是国家富强、民族振兴、人民幸福，多维度、全方位的小康。覆盖的领域全面，覆盖的人口全面，是惠及全体人民的小康。覆盖的区域全面，是城乡区域共同的小康。我们全面建成的小康社会，实打实、不掺任何水分，得到了人民认可、经得起历史检验，我们比历史上任何时期都更接近、更有信心和能力实现中华民族伟大复兴的目标。全面建成小康社会，标志着我们国家的发展水平迈上了一个大台阶，中华民族伟大复兴向前迈出了新的一大步，为全面建设社会主义现代化国家奠定了坚实基础，积累了宝贵经验，积蓄了前行力量。这是我们党向人民、向历史交出的一份优异答卷。

"十三五"时期是重庆市发展进程中极不平凡的5年，决胜全面建成小康社会取得决定性成就。最具战略指引意义的是，习近平总书记两次亲临重庆视察指导并对重庆提出系列重要指示要求，为我们指明了前进方向、注入了强大动力；最具里程碑意义的是，党中央作出推动成渝地区双城经济圈建设的重大决策部署，为重庆赋予了战略使命、带来了重大机遇；最具历史性意义的是，脱贫攻坚战取得重大胜利，重庆人民与全国人民一道，告别延续千年的绝对贫困；最具根本性意义的是，重庆市经济由高速增长转向高质量发展，发展质量效益不断提升；最具标志性意义的是，城乡面貌发生显著变化，人民生活水平大幅提高。5年来特别是党的十九大以来，面对错综复杂的国际形势、艰巨繁重的改革发展稳定任务，特别是新冠肺炎疫情的严重冲击，在以习近平同志为核心的党中央坚强领导下，市委紧紧围绕把习近平总书记殷殷嘱托全面落实在重庆大地上这条主线，全面贯彻党中央决策部署，坚持从全局谋划一域、以一域服务全局，带领全市广大干部群众牢记嘱托、感恩奋进，持续打好三大攻坚战，深入实施"八项行动计划"，统筹推进稳增长、促改革、调结构、惠民生、防风险、保稳定工作，推动重庆各项事业迈上新台阶。全市综合实力显著提升，经济结构持续优化，2020年地区生产总值迈过2.5万亿元大关；大数据智能化创新方兴未艾,"智造重镇""智慧名城"建设扎实推进,区域创新能力持续提升;"一区两群"空间布局优化,城乡区域发展更加协调,城市与乡村各美其美、美美与共更加彰显;重点领域和关键环节改革取得突破性进展,内陆开放高地建设步伐加快,开放型经济不断壮大;污染防治力度加大,长江上游重要生态屏障进一步筑牢,山清水秀美丽之地建设成效显著;脱贫攻坚任务胜利完成,现行标准下农村贫困人口全部脱贫;人民生活水平显著提高,教育、就业、社保、医疗、养老等民生事业加快发展,统筹疫情防控和经济社会发展取得重大战略成果;社会治理体系更加完善,民主法治建设、平安建设成效明显;文化事业和文化产业繁荣发展;全面从严治党取得重大成果;成渝地区双城经济圈建设开局良好,成渝地区发展驶入快车道。当前,全市政治生态持续向好,干部群众精神面貌持续向上,高质量发展动能持续增强,社会和谐稳定局面持续巩固,"十三五"规划目标任务顺利完成,全面建成了小康社会,为开启社会主义现代化建设新征程奠定了坚实基础。

党的十八大以来,以习近平同志为核心的党中央把脱贫攻坚摆在治国理政的突出位置,把脱贫攻坚作为全面建成小康社会的底线任务,组织开展了声势浩大的脱贫攻坚人民战争,在中华大地上全面建成了小康社会,历史性地解决了绝对贫困问题。

重庆集大城市、大农村、大山区、大库区于一体,是全国脱贫攻坚的重要战场。2014年底,全市有国家扶贫开发工作重点区县14个、市级扶贫开发工作重点区县4个,有扶贫开发工作任务的非重点区县15个、贫困村1919个、建档立卡贫困人口165.9万,贫困发生率7.1%。

党的十八大以来,在党中央坚强领导下,重庆全市人民时刻牢记习近平总书记殷殷嘱托，全面落实党中央决策部署，对"国之大者"心中有数，坚持把脱贫攻坚作为重大政治任务和第一民生工程，强化思想武装，强化政治担当，强化尽锐出战，强化精准方略，大力度、超常规、高质量推进脱贫攻坚工作。经过"8年精准扶贫、5年脱贫攻坚"，交出了脱贫攻坚的硬核答卷，与全国人民一道告别了延续千年的绝对贫困。彻底改变了贫困地区的面貌，极大改善了生产生活条件，显著提高了群众生活质量，"两不愁三保障"全面实现，"两个确保"顺利完成。农村贫困人口全部实现脱贫，贫困地区发展步伐显著加快，脱贫地区整体面貌发生历史性巨变，脱贫群众精神面貌焕然一新，党在农村的执政基础更加牢固。许多人的命运因此而改变，许多人的幸福因此而成就。

3.开启全面建设社会主义现代化国家新征程

在全面建成小康社会的基础上，按照新"两步走"战略引领建成社会主义现代化强国的新时代航向：第一阶段从2020年到2035年，奋斗15年，基本实现社会主义现代化；第二阶段从2035年到本世纪中叶，再奋斗15年，把我国建成富强民主文明和谐美丽的社会主义现代化强国。现阶段，我国正处于全面建设社会主义现代化国家的重要战略期，一方面全面建成小康社会与现代化建设战略衔接，另一方面乘势而上向全面建成现代化强国迈进。这是党向全国人民发出的夺取新时代中国特色社会主义伟大胜利的政治宣言和行动纲领，既继承了"四个现代化""中国式的现代化"的价值取向和精神实质，又顺应了时代新变化的人民新需求，深刻体现了社会主义现代化的大逻辑和大方向，彰显了以习近平同志为主要代表的当代中国共产党人的政治智慧和使命担当。

全面建成小康社会重庆全景录

2020年10月,党的十九届五中全会通过的《中共中央关于制定国民经济和社会发展第十四个五年规划和二〇三五年远景目标的建议》和第十三届全国人民代表大会第四次会议通过的《中华人民共和国国民经济和社会发展第十四个五年规划和2035年远景目标纲要》一致指出:"'十四五'时期是我国全面建成小康社会、实现第一个百年奋斗目标之后,乘势而上开启全面建设社会主义现代化国家新征程、向第二个百年奋斗目标进军的第一个五年。"2020年11月27日,中国共产党重庆市第五届委员会第九次全体会议深入贯彻习近平总书记对重庆提出的系列重要指示要求,紧密结合重庆市实际,通过《中共重庆市委关于制定重庆市国民经济和社会发展第十四个五年规划和二〇三五年远景目标的建议》。

"十四五"时期是全市谱写高质量发展新篇章、开启社会主义现代化建设新征程的关键时期。2021年,是"十四五"开局之年,是党和国家历史上具有里程碑意义的一年,也是重庆发展进程中不平凡的一年。在以习近平同志为核心的党中央坚强领导下,重庆市委、市政府坚持以习近平新时代中国特色社会主义思想为指导,全面贯彻习近平总书记对重庆提出的营造良好政治生态,坚持"两点"定位、"两地""两高"目标,发挥"三个作用"和推动成渝地区双城经济圈建设等重要指示要求,认真落实党中央、国务院决策部署,坚持稳中求进工作总基调,立足新发展阶段、贯彻新发展理念、融入新发展格局、推动高质量发展,扎实做好"六稳"工作、落实"六保"任务,全市疫情防控成果持续巩固,经济发展保持良好态势,社会大局保持和谐稳定,如期打赢脱贫攻坚战、全面建成小康社会。

"行千里,致广大。"当前,重庆广大干部群众正紧密团结在以习近平同志为核心的党中央周围,全面贯彻习近平新时代中国特色社会主义思想,深入学习贯彻党的十九届六中全会精神,进一步增强"四个意识"、坚定"四个自信"、做到"两个维护",始终坚持和加强党的全面领导,大力弘扬伟大建党精神,团结带领全市人民以史为鉴、开创未来,更好地把习近平总书记殷殷嘱托全面落实在重庆大地上,确保实现"十四五"良好开局,开启重庆社会主义现代化建设新征程,以优异成绩迎接党的二十大召开。

二、推动高质量发展
夯实全面小康基础

发展是解决一切问题的基础和关键。改革开放以来，重庆市坚持以经济建设为中心，不断深化经济体制改革，加快转变经济发展方式，以改革开放和扩大内需为动力，以构建产业集群为发展方向，促进集约发展、转型升级，提升核心竞争力，加快推进新型工业化，形成以实体经济为主体、三次产业协调发展的局面，经济运行质量不断提高，主要经济指标屡创新高。党的十八大特别是十九大以来，重庆市全面贯彻落实习近平总书记对重庆提出的营造良好政治生态，坚持"两点"定位、"两地""两高"目标，发挥"三个作用"和推动成渝地区双城经济圈建设等重要指示要求，坚持稳中求进工作总基调，立足新发展阶段、贯彻新发展理念、构建新发展格局，推动重庆高质量发展不断取得新成效，全市经济综合实力显著增强。2021年，全市地区生产总值达到27894亿元、比2020年增长8.3%，固定资产投资、社会消费品零售总额、进出口总值、一般公共预算收入比2020年分别增长6.1%、18.5%、31.5%、9.1%，居民消费价格比2020年上涨0.3%，城乡居民人均可支配收入比2020年分别增长8.7%、10.6%。

二、推动高质量发展　夯实全面小康基础

（一）产业转型升级加快

重庆是我国六大老工业基地之一。改革开放后，重庆工业走过艰苦探索、攻坚克难、曲折发展的历程，形成了以摩托车产业为代表的一系列重要支柱产业，为重庆经济发展提供了重要支撑。同时，随着国内外经济形势和市场环境的发展变化，重庆也面临着产业结构转型的重大挑战，在寻求产业转型发展的道路上进行了积极探索。党的十八大以来，重庆市围绕制造业高质量发展、大数据智能化发展和现代服务业大力发展等方面加快推动产业转型升级，产业结构持续优化、质量效益不断提升，有效促进了生产要素合理投入、资源配置效率提高、资源环境成本降低、经济社会效益明显好转。

1. 推动制造业高质量发展

党的十八大以来，重庆市把制造业高质量发展放在更加突出位置，坚定不移实施制造立市制造强市战略，制造业结构更优、供给体系质量更高、企业创新能力更强、融合发展程度更深，工业经济运行总体平稳，高质量发展态势日趋向好，迈过了"数量追赶期"，走向了"质量提升期"，为开启全面建设社会主义现代化国家的新征程奠定了坚实基础。

产业水平呈现规模化高质化发展趋势。党的十八大以来，重庆以提升工业发展质量和效益为核心，坚决落实中央稳增长的要求，通过做大工业投资底盘、加大企业培育等措施，培育壮大新兴产业，改造提升传统产业，工业经济的总量和企业规模不断扩大。规模以上工业企业数量由2012年的4985家增加至2021年的7098家；工业增加值由5037.8亿元增加到6240.5亿元；营业收入由1.3万亿

元增加到2.7万亿元；资产总计由1.1万亿元增加到2.4万亿元；营业收入超过50亿元的企业增加到42家，超过100亿元的企业增加到22家；中小微企业市场主体突破100万户。面对全国工业效益普遍低迷的严峻形势，重庆在做大工业规模的同时，将提升发展质量作为重中之重，全力推进产业升级，大力发展支柱产业和优势产业，积极培育新的增长点，加大落后产能淘汰力度，推动工业质量不断提升。规上工业利润总额由2012年的1585.0亿元增加至2021年的1887.5亿元；规上工业主营业务收入利润率由2012年的4.7%提高至2021年的6.9%，高于全国同期水平，规上工业从业人员平均人数由155万人降低至149万人。全员劳动生产率由25.5万元/（人·年）提高至41.9万元/（人·年）。主要工业产品产量保持较快增长。笔记本电脑优势进一步巩固，以智能手表为代表的智能消费设备突飞猛进，液晶显示屏、集成电路等核心零部件逐步补强，高性能铝材、MDI等新材料逐步壮大。至2021年底，计算机产量首次突破1亿台，连续8年保持全球最大笔记本电脑生产基地地位。集成电路和液晶显示屏产量分别达54.8亿块和3.6亿片，是2012年的16.6倍和251.8倍；智能手表1457.9万只、5G手机突破4900万部，实现从无到有。从市场占有率看，全市生产的汽车、摩托车、微型计算机和手机在全国具有较大影响力，产量占全国比重分别达6.2%、28.7%、24.2.%和9.2%，微型计算机和手机产量占比分别提高12.5和8.3个百分点。

产业结构步入集群化高新化轨道。党的十八大以来，重庆对标先进，坚持问题导向、精准施策，从强化顶层设计和加强产业培育着手，围绕优势产业与新兴产业齐头并进，加快构建产业生态圈，加大产业结构优化力度，逐渐形成主导产业清晰、比较优势明显、

二、推动高质量发展　夯实全面小康基础

集聚效应突出的现代产业体系，产业能级迅速跃升。在提升传统优势产业方面，坚持市场需求导向，按照产业链垂直整合、同类企业集聚、制造业和生产性服务业融合发展的思路，通过构建、填补产业链条，形成了一批上中下游一体化发展的产业集群。基本形成以电子、汽车、装备、化工、材料、消费品和能源等为主导的多点支撑产业体系。产业门类较为齐全，拥有全国41个工业大类中的39个，规模以上工业结构逐步由"双轮驱动"向"多点支撑"转变。构建起以长安汽车为龙头，20多家整车企业为骨干，上千家配套企业为支撑的汽车产业集群和"品牌多元、代工多家、配套多样、产品多类"的世界级智能终端产业集群。按增加值的总量排序，随着SK海力士、京东方、惠科等重点项目在重庆顺利投达产，前三大产业由2012年的汽车（22.4%）、电子（20.8%）和装备（15.4%）转变为2021年的电子（28%）、材料（19.9%）和汽摩（19.8%）产业。华峰化工建成国内最大己二酸、氨纶生产基地，材料产业实现较快发展，增加值占规上工业比重由12.8%提高至19.9%。积极推进消费品工业品牌培育、两化融合、技术改造等工作，消费品工业增加值占比由12.8%提高至14.2%。装备、医药、能源占比分别达9.4%、2.9%和5.8%。在发展新兴产业方面，遵循产业发展周期理论，实施战略性新兴产业集群发展工程，加快培育壮大新一代信息技术、新能源及智能网联汽车、高端装备、新材料、生物技术、绿色环保等战略性新兴产业，形成中长期的产业接续，有效避免发展大起大落。特别是抢抓新一轮产业变革和科技革命的历史机遇，深入实施大数据智能化发展战略，以智能产业（"芯屏器核网"）为主导的新兴产业迅猛发展，数字经济蓬勃兴起，2020年数字经济增加值占地区生产总值比重提高至25%。基本构建起芯片设计—晶

全面建成小康社会重庆全景录

圆制造—封装测试—原材料配套集成电路全产业链，初步构建起功率半导体芯片先发优势；新型显示打通玻璃基板—液晶面板—显示模组—显示终端新型显示全产业链；"品牌+整机+配套"笔记本电脑集群和"整机+配套""生产+检测+供应链服务"手机全产业体系不断完善；物联网领域已初步形成硬件制造—软件开发及系统集成—运维服务三位一体发展格局；工业机器人领域已初步构建了智能机器人研发—测试—制造—集成—服务全产业体系。国内15家国家级"双跨"平台已有12家在渝布局区域性总部，"上云"企业数量超10万家。创立了全球首个单轨车辆国家标准体系，中国海装已进入全球风电整机制造企业前十位。其他各领域产业链、创新链、价值链、供应链正加速聚集，战略性新兴产业蓄势待发、全面开花。截至2021年，全市高技术制造业和战略性新兴产业占规上工业增加值比重分别达19.1%和28.9%。同时，坚决贯彻党中央关于推进供给侧结构性改革的决策部署，淘汰落后产能、化解过剩产能，结构性减负步伐明显加快；坚持优化存量、提升增量，有效供给不断扩大，产业发展的平衡性、包容性、可持续性不断增强。

技术创新突出链条化生态化路径。深入落实创新驱动发展战略，坚持把创新作为引领发展的第一动力，着力增强企业创新能力，突出抓好环境优化、技术创新和质量品牌建设，推动工业发展从要素驱动向创新驱动转变，促进"重庆制造"向"重庆创造"转变，为重庆加快建设国家重要先进制造业中心提供强劲动力。实施规模企业研发机构倍增计划，不断完善以企业技术中心、工业设计中心、行业协同创新中心等研发机构为主体的创新平台体系。英特尔FPGA中国创新中心、康佳光电技术研究院等高端研发机构建成投用。联合微电子中心获批成为国家级制造业创新中心，实现国家

二、推动高质量发展　夯实全面小康基础

长安汽车鱼嘴基地总装生产线（重庆市经济和信息化委员会　供图）

级制造业创新中心零的突破。形成国家级企业技术中心达40家，市级企业技术中心1014家，市级工业和信息化重点实验室77家。其中，长安在国家级企业技术中心评比中持续居行业第一。建成康佳光电等市级制造业创新中心9家，浪尖渝力等独立法人新型企业研发机构78家。有研发机构和研发活动的规模工业企业占比分别达30%和45%左右。累计建成10个国家级和101个市级工业设计中心。成功入选全国首批工业设计特色类示范城市。在创新投入方面，着眼顶层设计，着力机制创新，出台企业研发准备金、重大新产品研发成本补助等实施细则。实施"研发投入倍增计划"，引导企业建立研发准备金制度，大力推进新产品、新工艺、新技术的研发和推广应用，工业企业研发投入占全社会研发投入保持在80%以上。规模以上工业企业研发投入强度超过1.6%、位居全国前列。围绕产业链部署"应用开发、中试、商品化、产业化"创新链条，大力构建创新环境、培育创新主体、集聚创新要素，阻碍技术成果产业化的瓶颈正逐渐被打破。发布33项产业链关键重要技术需求清单，130纳米硅光、12英寸电源管理芯片、Micro LED等领域关键工艺在国内率先实现突破。按照"储备一批、在研一批、投产一批"思路，实施"研发产出倍增计划"，滚动实施重点新产品研发和产业化项目，进一步打通科技成果转化通道，有力推动重大创新成果产业化和关键技术产品突破。创新产出能力不断增强，长安福特9FM变速器等一大批新产品产值突破10亿元，规模工业企业新产品产值率保持在25%左右。组织实施质量提升专项行动，对整机及配套企业开展管理优化、质量管控等全方位诊断，引导产业链上下游企业实施协同技术改造。重庆制造业质量竞争力指数持续保持在80分以上，稳居全国前列。

产业发展加速智能化融合化态势。积极顺应新一轮产业革命和科技变革大势，顺应制造业生产方式变革的趋势，大力推进以智能化改造为重点的智能制造工程，促进新一代信息技术在工业领域的应用，促进全市制造业提质增效。积极抢抓新一代信息技术与实体经济深度融合的重大历史机遇，牢牢把握数字化、网络化、智能化融合发展的契机，突出智能制造和制造智能，制定出台《重庆市发展智能制造实施方案（2019—2022年）》《重庆市深化"互联网+先进制造业"发展工业互联网实施方案》《关于加快发展工业互联网平台企业赋能制造业转型升级的指导意见》等系列政策措施，推动智能制造纵深发展。截至2021年底，累计实施4000余个智能化改造项目，建成105个智能工厂和574个数字化车间，示范项目建成后生产效率平均提升59.8%。"两化融合"发展总体水平指数达到60.7，位列全国第7位。加快5G网络、数据中心、物联网等新型基础设施建设，建成全国首条、针对单一国家、点对点的国际数据专用通道——中新（重庆）国际互联网数据专用通道，重庆国家级互联网骨干直联点省际出口带宽达43.28TB、直联城市38个。国家工业互联网标识解析顶级节点全面运行，接入7个省份二级节点19个、企业节点1900余家，注册量、解析量增速均居全国前列。综合型、特色型和专业型等各类工业互联网平台加快构建。集聚了工业互联网服务企业197家。建成5G基站7.3万个，实现所有区县重点区域全覆盖，处于全国第一梯队。获批全国一体化算力网络成渝国家枢纽节点建设，集聚腾讯、电信、移动、联通、浪潮等10个大数据中心，建立了腾讯云、华为云、浪潮云等近20个大型云平台，形成了约1.9万架机柜、25万台服务器的数据存储能力。推动新一代信息技术在制造业全要素、全产业链、全价值链的融合应用，加速产业数字化转型，推动新技术创新、新产品培育、新模式应用、新业态扩散和新产业兴起，探索实施了"四个十"工程（建成10个工业互联网标识解析节点、打造10个"5G+工业互联网"典型应用场景、培育10个工业互联网平台、创建10个创新示范智能工厂），加快制造业和新一代信息技术深度融合创新。形成了玛格家居和段记服饰个性化定制、海装风电远程运维、山外山医疗器械共享等一批服务型制造业典型案例。新型智慧城市运行管理中心接入105个单位326个应用系统，提供共性技术、业务协同能力组件238个，初步实现"一键、一屏、一网"统筹管理城市运行。

开放载体形成立体化多元化体系。抓住国家实施"一带一路"、长江经济带、成渝地区双城经济圈等建设的历史性机遇，坚持以扩大开放促进深化改革，全面构建开放型经济格局。通过深化国际合作，积极推进区域合作，在更大范围整合外部资源，为"重庆制造"注入新动力、增添新活力、拓展新空间。在产业发展平台方面，自2002年启动工业园区建设以来，大力推进特色工业园区建设，目前构建形成"2+6+6+36"（2代表两江新区、重庆高新区，第一个6代表3个国家级高新区和3个国家级经开区，第二个6代表6个综合保税区，36代表9个市级高新区和27个市级特色工业园区）产业园区架构体系，涵盖了除渝中区以外的所有区县。全市园区规模工业总产值占全市比重超过84%，园区已经逐步打造成为全市制造业高质量发展的主平台和主引擎。聚焦"智能化：为经济赋能、为生活添彩"主题，连续成功举办4届中国国际智能产业博览会，为产业发展汇聚全球资源。在招商引资方面，瞄准全球产业发展前沿，以构建产业生态圈为核心，围绕产业园区、领军企业和关键要素实施精准招商，引进、投产了京东方、理想汽车、康明斯大马力发动机、埃马克机床、鞍钢蒂森克虏伯高强汽车板、MDI等一大批处于产业链关键环节、上下游带动能力强的战略项目，推动工业投资迈上了新台阶。园区建设公共厂房、标准车间和公共产业聚集平台等，缩短项目落地周期，促进项目加快投产达产。引导社会资本优先投向新业态、新产业、新项目，以优势产业为代表的先进制造业投资快速增长。237家世界500强工业企业在渝布局，连续10年工业领域利用外资保持在40亿美元以上。在区域协同方面，推动成渝地区双城经济圈产业分工协同，加快构建高效分工、错位发展、有序竞争、相互融合的现代化产业体系。成渝"氢走廊"正式开通，量子通信网络"成渝干线"建成开通。川渝汽车、电子产业链全域配套率超过80%。国内第二个跨省区域工业互联网一体化发展示范区成功获批，首批20个产业合作示范园区揭牌共建。深入推进"一区两群"战略，分类引导资源要素向不同功能区域聚

二、推动高质量发展　夯实全面小康基础

集，"一区两群"优势互补、差异发展。主城都市区产业极核优势持续巩固，增加值占比近90%；"两群"以资源为依托构建区域特色产业体系，"万开云"联动发展活力显现。

2.推动大数据智能化发展

党的十九大以来，重庆市全面落实国家大数据战略，大力实施以大数据智能化为引领的创新驱动发展战略行动计划，加快数字产业化、产业数字化，数字经济发展取得显著成效。2018年、2019年、2020年、2021年全市数字经济增加值分别增长13.7%、15.9%、18.3%、16%，重庆市数字经济发展进入全国第一方阵，数字经济已成为推动重庆高质量发展的主引擎。

明确大数据智能化发展战略。2017年10月，市委、市政府学习贯彻党的十九大精神，谋划实施"三大攻坚战"和"八项行动计划"，将以大数据智能化为引领的创新驱动发展战略行动计划列为八项行动计划之首。2018年3月，印发《重庆市以大数据智能化为引领的创新驱动发展战略行动计划（2018—2020年）》，提出到2020年基本建成国家重要的智能产业基地和全国一流的大数据智能化应用示范之城，打造数字经济先行示范区。2019年，在第二届中国国际智能产业博览会开幕式致辞中，市委要求加快数字产业化、产业数字化，推动数字经济和实体经济深度融合，集中力量建设"智造重镇"和"智慧名城"。2021年1月，重庆市政府工作报告明确提出推动数字经济和实体经济深度融合，优化完善"芯屏器核网"全产业链、"云联数算用"全要素群、"住业游乐购"全场景集，促进智能产业、智能制造、智能化应用协同发展，集中力量建设"智造重镇""智慧名城"。2021年5月，市委五届十次全会提

31

出，把大数据智能化作为科技创新的主方向，大力发展集成电路、新型显示、智能终端、智能网联汽车、通信网络、互联网平台、数字内容、人工智能、先进计算、网络安全十大重点产业集群。2021年12月，市政府出台《重庆市数字产业发展"十四五"规划》，加快构建"五十百千万"数字产业发展体系，即培育5家数字经济上市企业或独角兽企业、打造10个以上数字经济产业园区、协同建设100个以上研发创新平台、培育1000家高成长型数字经济企业、培养10000名高素质数字人才。在加强顶层设计的同时，重庆市在智能产业发展、传统产业智能改造升级、智慧城市建设、健全数字规则等方面先后出台了一系列政策措施，不断加大对大数据智能化发展的政策支持力度，大数据智能化发展的制度体系不断健全、环境不断优化。

2021智博会线上展览登录广场场景（重庆市经济和信息化委员会 供图）

二、推动高质量发展　夯实全面小康基础

开展数字经济领域改革发展先行试点。2018年2月，经国家发展改革委批复，重庆成为全国首批5G规模组网和应用示范城市。2018年5月，市政府与工信部正式签署合作备忘录，重庆成为全国5个工业互联网标识解析国家顶级节点建设城市之一。2019年10月，国家发展改革委、中央网信办联合发布《国家数字经济创新发展试验区实施方案》，明确重庆作为首批"国家数字经济创新发展试验区"。2020年1月，科技部正式批复，支持重庆建设国家新一代人工智能创新发展试验区，重点开展智慧旅游、智慧物流、智慧交通、智慧生态保护应用示范，打造具有山城特色场景的智慧城市。2021年4月，重庆建设获批国家级工业互联网一体化发展示范区。2021年5月，国家发展改革委在贵州省贵阳市举行的中国国际大数据产业博览会上宣布，京津冀、长三角、粤港澳大湾区、成渝、贵州、内蒙古、宁夏、甘肃等8个国家枢纽节点建设正式启动。2022年2月，国家发展改革委、中央网信办、工业和信息化部及国家能源局批复同意在京津冀地区、长三角地区、成渝地区及粤港澳大湾区启动建设全国一体化算力网络国家枢纽节点。重庆市抢抓国家政策机遇，结合自身实际积极开展先行先试，各项工作全面推进，逐步取得了一批建设成果。

打造数字经济发展战略平台。一是加快建设两江数字经济产业园。2018年1月，两江数字经济产业园挂牌，园区重点发展数字基础型、数字应用型和数字服务型三大类产业。截至2021年底，有国家级创新基地9个、国家级研发平台6家、院士工作站10个，获得一、二类知识产权近6000项。二是高标准规划建设西部（重庆）科学城。2018年11月，市委、市政府决定在重庆高新区规划建设西部（重庆）科学城，统筹大学城、西永微电园等重要板块资源，

发挥科技创新引领作用,打造全市大数据智能化发展载体和平台。市委强调要举全市之力、集全市之智,加快打造具有全国影响力的科技创新中心。2021年,西部(重庆)科学城作为成渝地区双城经济圈建设的重头戏,集聚市级以上研发机构271个,市级以上科创人才102人次,正逐步成为重庆创新发展的核心引擎。三是建设中国智谷(重庆)科技园。2018年2月,揭牌建设中国智谷(重庆)科技园,形成5G、集成电路、智能终端、人工智能、物联网、工业互联网、新能源及智能网联汽车、智能制造、电子商务、智慧城市应用等产业集群。截至2021年底,累计入驻113家战略性新兴企业,市级以上科研平台147个(含国家级研发平台17个),市级以上高层次人才48名。四是精心打造两江新区礼嘉智慧体验园。2019年8月,两江新区礼嘉智慧体验园正式开园,二期工程建成后,共计打造了4个场馆、60个场景和130个体验项目,将人工智能、大数据、物联网等现代信息技术和"黑科技"贯穿于生产、生活、生态空间。五是加快建设两江协同创新区。2018年11月,启动建设两江协同创新区。市委强调,要高标准高质量推进协同创新区规划建设,注重产城景融合,彰显"生态+科技"内涵,努力打造人文、智慧、科技融为一体的高端人才聚集地。截至2021年底,签约落地高校科研院所30余个,落地研发团队54个,导入科研人员1000余人。六是推动建设仙桃数据谷。2018年初以来,围绕建成中国大数据产业生态谷的总体目标,重点打造大数据、人工智能、物联网、集成电路、软件信息、智能终端、生命健康、智能汽车、数字城市等产业集群。截至2021年底,有注册企业900余家、入驻企业220余家,市级以上科研平台9个,聚集创新创业人才3800人,市级以上高层次人才7名。

二、推动高质量发展　夯实全面小康基础

推进新型基础设施建设。一是推进5G组网建设和融合应用。截至2021年，建成5G基站7万个，居全国第五、西部第一；建成"互联网小镇"200个、"互联网村"2150个；互联网直联城市超过32个；工业互联网标识解析国家顶级节点（重庆）已服务西部6省市，接入二级节点16个。低轨卫星龙兴卫星基站建成投用，全国太空互联网总部基地和低轨互联小卫星星座应用示范建设有序推进。二是建成规模位于西部前列的数据中心。着力提升数据储存能力，推进"两江国际云计算产业园"建设，已建设成为规模位于西部前列的数据中心。2021年，两江国际云计算产业园设计总装机规模超100万台服务器计算能力，已形成40万台服务器的支撑能力。重庆数据中心规模近5年年均增速超40%，数据中心总体上架率达65%、高出全国平均17个百分点。三是建成投用中新（重庆）国际互联网数据专用通道。2019年9月，在新加坡举行中新国际数据专用通道开通仪式。该通道是全国首条、针对单一国家、点对点的国际数据专用通道，也是中新互联互通项目的重要标志性项目。推动西部5省区市共建共享共用，"中新数通"新加坡企业一站式云服务平台上线认证中新企业697家、服务机构57家。

高水平建设"智慧名城"。一是全面推行实施"云长制"。组建新型智慧城市建设领导小组，探索实行"云长制"，市政府主要领导任"总云长"，6位市领导分别任政法、组工、城乡建设、交通、农业、对外开放领域"系统云长"，110名区县政府、市级各部门主要负责人为单位"云长"。二是构建"云联数算用"全要素群。"云"方面，推进"数字重庆"云平台建设新突破，新上线多云管理系统，初步构建起以5家云服务商为支撑、134项云服务清单为内容的政务云服务体系。在全国率先建设信创云，推动成立重庆信

创中心，建成华为、浪潮、紫光等3个信创云平台。强力推动全市政务信息系统整合上云，整合率达68.4%，上云率达到98.9%、位于全国前三。"联"方面，建成5G基站7万个，5G覆盖迈入全国第一方阵。推动建成中国首条、针对单一国家、点对点的中新国际数据通道。数据中心规模处于西部前列，两江云计算产业园服务器设计规模超100万台、已建成规模达40万台。"数"方面，在全国率先建成"国家—市—区县"政务数据共享体系，数据共享增至4055类；数据调用146.1亿条，居全国前列。基本建成城市大数据资源中心。全国信标委指出，重庆城市大数据资源中心列全国第三。在全国首个以省级政府名义出台《重庆市大数据标准化建设实施方案》，重庆成为首批政务数据开放共享系列国家标准贯标试点省市。"算"方面，智慧城市智能中枢核心能力平台上线运行，面向各行业领域提供341个能力组件。建成京东探索研究院超算中心、中国移动边缘计算平台，加快推进中科曙光先进计算中心、华为人工智能计算中心、中新国际超算中心等高性能超算中心建设，推动形成200Ｐ高性能算力。"用"方面，推动数字经济与实体经济深度融合，重点平台企业数量达到275家，数字经济企业增至1.85万家。挂牌运营西部数据交易中心，引入21家数据服务商、3家数据交易中介机构，完成首批数据交易。三是构建"8611"一体化场景建设体系。持续打造"住业游乐购"全场景集，积极构建"8大基础能力+6大支撑体系+10个以上融跨平台及100个以上典型应用"的一体化场景建设体系，加快建设智慧名城。升级数字重庆云平台，上线运行多云管理系统，支撑政务信息系统上云率达98.9%，居全国前三。智慧城市综合服务平台接入105个单位、336个业务系统，增加88.8%；完成341项能力组件上架。重点打造智

二、推动高质量发展　夯实全面小康基础

慧交通、城市安全、基层智慧治理、"数字乡村·智慧农业"综合信息服务等重大融跨平台。"渝快政"上线推广，实现试用、测试单位241家，注册用户2万人。"渝快融"助20.8万家企业融资超400亿元。重庆入选全国"双智"试点城市，城市数字化转型排名全国第七。四是发展线上业态线上服务线上管理。在全国率先制定出台《关于加快线上业态线上服务线上管理发展的意见》，不断拓展数字经济新领域。聚焦产业互联网、新零售等重点领域，引进培育中移物联网、猪八戒、英特尔FPGA、腾讯信息、飞象工业互联网、忽米网科技等230余家国内外知名线上企业，打造花呗借呗、阿里飞象、忽米网等知名线上服务平台。全面推动智能化创新应用推广，着力解决教育、医疗、就业等民生"痛点""难点"问题。"城市交通智慧大脑"系统日均接入动态交通数据近10亿条。所有高校、中职学校和95.8%的中小学均实现宽带网络接入。普及应用居民电子健康卡，完成全市3100万常住居民预制卡工作。获批国家级智慧社区管理服务标准化试点。智慧城市运行管理中心建成投用。基本建成全市一体化网上政务服务平台，"渝快办"汇聚服务事项42万余项、用户突破2182万、办件量超2亿件，获国务院办公厅通报表扬。迅速部署上线"渝康码"，推广使用场所码，"渝康码"累计申码4812万、扫码59亿次，场所码累计生成7.1万个、累计扫码169万次。网上政务服务能力排名全国前十。

3.大力发展现代服务业

党的十八大以来，重庆市坚持新发展理念，深化服务业供给侧结构性改革，培育壮大新型服务业，恢复发展传统服务业，提升服务业标准化、品牌化、智能化、国际化水平和防风险能力，提高服务效率和品质，构建优质高效、布局合理、融合共享的现代服务业产业体系，形成各种业态"百花齐放"、各类企业"万马奔腾"的发展格局。2021年全市服务业实现增加值14787.05亿元，比2020年增长9.0%，高于全市地区生产总值增速0.7个百分点，高于全国服务业增速0.8个百分点；服务业占全市地区生产总值比重53.0%，较上年同期提高0.2个百分点；服务业投资增长5.3%，高于全国2.8个百分点。

持续完善政策支撑体系。一是加快发展生产性服务业。2015年，为贯彻落实《国务院关于加快发展生产性服务业促进产业结构调整升级的指导意见》，市政府印发了《关于加快发展生产性服务业的实施意见》，配套制定了《重庆市加快发展生产性服务业三年行动计划（2015—2017年）》，重点推进"4443"工程建设（四大平台建设工程、四大能力提升工程、四大专业服务扶持工程、三大示范引领工程）。二是加快发展生活性服务业。2016年6月，根据《国务院办公厅关于加快发展生活性服务业促进消费结构升级的指导意见》，市政府办公厅印发了《关于加快发展生活性服务业促进消费结构升级的实施意见》，着力推动生活消费方式由生存型、传统型、物质型向发展型、现代型、服务型转变，重点推进居民和家庭服务、健康服务、养老服务、旅游服务、体育服务、文化服务、法律服务、批发零售服务、教育培训服务等十大生活性服务行业便利化、精细化、品质化发展。三是制定现代服务业发展计划。2019年，根据《服务业创新发展大纲（2017—2025年）》和《重庆市以大数据智能化为引领的创新发展战略行动计划（2018—2020年）》等文件精神，市政府印发了《重庆市现代服务业发展计划（2019—2022年）》，积极推动生产性服务业向专业化和价值链高

二、推动高质量发展　夯实全面小康基础

端延伸、生活性服务业向精细化和高品质升级,创新发展金融服务、现代物流、软件与信息服务、文化旅游、大健康服务等支柱服务业,着力发展研发设计、服务外包、专业服务、检验检测、节能环保、电子商务、教育培训等高端服务业,提升发展商贸服务、会展服务、居民住房服务、居民和家庭服务等传统服务业。四是推动服务业高质量发展。2020年,重庆市召开全市推动服务业高质量发展大会。会后,市政府印发了《关于新形势下推动服务业高质量发展的意见》,要求准确把握服务业发展新形势,创新服务业新供给,加快发展壮大金融服务、现代物流、商贸服务、文化旅游等生产性和生活性服务业,推动生产性服务业向专业化和价值链高端延伸、生活性服务业向高品质和多样化升级,提出优化政府服务、加大财税和价格支持、强化金融要素支持、保障用地需求、提升消费能力、扩大开放合作等六大扶持政策。五是完善服务业发展规划体系。2021年,为进一步做大做强现代服务业,加快现代服务业经济中心建设,根据《成渝地区双城经济圈建设规划纲要》《重庆市国民经济和社会发展第十四个五年规划和二〇三五年远景目标纲要》等文件精神,重庆市发展改革委牵头编制并印发了《重庆市服务业高质量发展"十四五"规划(2021—2025年)》,围绕"提升'一区'服务能级、突出'两群'服务特色"优化重庆市服务业空间布局,聚焦"聚力发展优势突出的'4+N'生产性服务业,加快发展特色鲜明的'5+N'生活性服务业"两大重点发展方向,提出"突出创新驱动,加快科技赋能","突出融合互动,延伸产业链条","突出开放联动,强化区域协同","突出平台带动,提升承载能级","突出品牌促动,激发企业活力","突出改革推动,完善体制机制"六大主要任务。市级相关部门分别牵头编制了金融改革、科技创新、商务、口岸、物流、文化旅游、体育、人力社保、教育、养老、公共卫生、民政等服务业重点领域"十四五"专项规划，为全市服务业发展提供多维度、多领域的规划支撑。

积极推进示范试点和平台载体建设。一是持续推进国家服务业综合改革试点。2010年，国家发展改革委正式启动服务业综合改革试点工作。同年11月，渝中区代表重庆市获批成为首批国家服务业综合改革试点区。2012年，市政府印发《关于加快推进国家服务业综合改革试点工作的意见》，要求渝中区要以试点为契机，加快建成全市服务业体制机制创新的先行区、西部高端服务业的集聚区和全国服务业创新发展的示范区，并在创新服务业体制机制、改善服务业发展环境等方面提出了6项扶持政策和13项重大创新。2016年，南岸区获批"十三五"国家服务业综合改革试点区。2019年，在"十三五"国家服务业综合改革试点中期评估中，南岸区获得西部第一、全国排名第八的优秀成绩，试点经验获得国家认可。二是重点推进服务业扩大开放综合试点。2021年4月，重庆获批开展服务业扩大开放综合试点，成为中西部唯一一个获批开展服务业扩大开放综合试点的省市。同年8月，市政府印发了《重庆市服务业扩大开放综合试点工作方案》，力求经过3年试点，全面落实86项改革试点任务，力争探索形成10个以上可复制可推广的案例成果。截至2021年底，市政府成立专项工作组，建立"1+9+N"的市区两级管理体制，完善工作调度等5个运行机制，建立任务分工清单、政策清单、项目清单和创新成果清单"四张清单"。国务院批复的综合试点86条政策举措已实施46项，实施率53.5%。外资合资非营利性医疗机构中新肿瘤医院等项目落成，形成"科技跨境贷"等创新成果。三是加快服务业集聚区建设。2021年，为贯

二、推动高质量发展　夯实全面小康基础

彻落实《关于新形势下推动服务业高质量发展的意见》及全市推动服务业高质量发展大会精神，促进服务业集聚集约发展，加快形成符合重庆实际、具有鲜明特色的服务业集聚区发展体系，重庆市发展改革委会同相关市级部门（单位），邀请专家学者按程序评审认定了综合服务、金融服务、大健康服务、文化旅游、科技研发、专业服务、现代物流、信息服务等8大类33个服务业集聚区。重庆市发展改革委会同重庆市财政局等7个市级部门，印发了《重庆市支持服务业集聚区加快建设若干政策措施》，出台了优化管理服务、加大税收支持、保障用地需求、强化金融支持、实施人才培育等5方面16条政策措施。

服务业重要领域长足发展。一是金融产业稳定发展。《成渝共建西部金融中心规划》印发实施，明确支持重庆打造西部金融中心，加快推进成渝共建西部金融中心。高标准推进中新互联互通项目金融领域工作，重点办好中新金融峰会，推动85个重点项目签约、合同金额1011亿元（含授信650亿元）。推动区域性股权市场制度和业务创新，《重庆区域性股权市场制度和业务创新实施方案（送审稿）》上报国家证监会。大力发展直接融资，2021年新增上市公司6家，过会待发企业2家，新增排队在审企业10家。金融逆周期支持调节效果显著，融资保障呈现"总量增、结构优、成本降"的良好格局。2021年，社会融资规模增量累计为7020亿元，与近两年平均增量基本持平，累计发放普惠小微贷款1060.4亿元、增长83.8%，更多金融资源流向经济社会发展重点领域；企业贷款平均利率较2020年下降0.21个百分点，处于有统计以来低位。二是信息软件产业加快发展。编制《重庆市软件产业高质量发展"十四五"规划》《重庆市信息安全产业高质量发展行动计划（2021—2025年）》，

组织召开2021中国工业软件大会。发布2021年度重点软件企业和工业软件、信创软件、信息安全软件产品名单，征集发布《重点软件公共服务平台培育库名单》，4个项目成功入选工信部2021年新型信息消费示范项目。渝北仙桃数据谷、永川大数据产业园被中国软件行业协会评为"中国最具活力软件园"，渝北仙桃数据谷创建国家新型工业化产业示范基地（软件信息方向）通过工信部专家评审。2021年建设17个市级特色化示范性软件学院、18个市级软件人才实习实训基地。三是现代物流产业提质增效。完善物流枢纽体系，获批空港型国家物流枢纽，重庆成为全国唯一兼有水陆空三型国家物流枢纽的城市，1家企业入围国家物流枢纽园区标杆运营企业。深入开展物流降本增效综合改革试点，2021年全年社会物流总费用占GDP比重低于全国平均水平。夯实西部陆海新通道物流和运营组织中心地位，强化省际协商合作联席会议机制运行。西部陆海新通道通达全球107个国家和地区、315个港口，运输箱量增长54%。推动中欧班列扩容提质，加快建设中欧班列集结中心示范工程，中欧班列（成渝）2021年开行超4800列，开行量和货值货量均居全国首位。江北机场新增国际航线5条、累计达到106条。重庆港口岸扩大开放果园港区顺利通过国家验收，获批设立万州、永川综合保税区。加快城乡冷链物流体系建设，587个商超等三级冷链物流销售节点加入冷链溯源体系。四是科技研发体系持续完善。科研平台与主体不断增加，2021年，全市新增2所高校，新引进研发机构16家、累计达到104家，新增4个国家级工业设计中心，联合微电子中心获批成为国家级制造业创新中心，市畜科院获批建设国家生猪技术创新中心，国家级"专精特新"小巨人企业、高新技术企业、科技型企业分别达到118家、5108家、3.69万家，

二、推动高质量发展　夯实全面小康基础

有研发机构的规上工业企业占比预计达到30%。深入推进知识价值信用贷款改革，促成合作银行累计为7746家（次）企业发放知识价值信用贷款132.60亿元。初步构建全市技术转移机构骨干体系，市级及以上技术转移示范机构达到30家，基本覆盖全市重点高校院所、高新技术产业、龙头技术转移企业。着力活跃技术市场交易，联合上海交通大学等在渝举办"2021年重庆科技成果转移转化峰会"，发布先进科技成果200余项；组织中科院系统11个院（所）科技成果和重庆市高校、院所科技成果进行发布、路演、对接，成功拍卖中科院系统专利43项，实现38个科技成果以转让、作价入股和投资创业方式落地转化。五是商贸消费市场焕发活力。重庆成为率先培育建设国际消费中心城市之一，印发培育建设国际消费中心城市实施方案。深入开展"巴渝新消费"八大行动，编制中央商务区提挡升级行动方案、寸滩国际新城产业布局规划，开展市级步行街改造提升示范。光环购物中心、十八梯、金沙天街等项目开业营运。擦亮夜间经济名片，九街、洪崖洞、磁器口等夜间经济集聚区加快发展，重庆连续两年荣登"中国十大夜经济影响力城市"榜首。成功举办"爱尚重庆"消费季活动、不夜重庆生活节、首届中国商圈发展大会、解放碑国际消费节等消费促进活动。2021年，全市社会消费品零售总额达13967.7亿元，比2020年增长18.5%，高于全国6个百分点，增速居全国第3位，消费"压舱石"作用凸显。全市实现餐饮收入1953.3亿元，同比增长28.5%，高于全国9.9个百分点；全市实现住宿营业额357.2亿元，同比增长23.1%。六是文化旅游产业深度融合。巴蜀文化旅游走廊建设深入推进，发起成立巴蜀文化旅游推广联盟，合力打造川渝文化产业和旅游产业合作示范区。3个区入围第二批国家文化和旅游消费试点城市名单。巫山五里坡成为继武隆、南川之后重庆第三个世界自然遗产地，推进奉节白帝城·瞿塘峡等创建5A级景区，创评4A级景区4个、3A级景区7个。举办第七届中国西部旅游产业博览会，打造"舞动山城"文旅品牌，成功创建西部唯一的文化和旅游部重点实验室。策划开展"打卡巴渝美景"全媒体推介活动，持续打造旅游景点新名片。2021年1—9月，全市接待境内外游客32185.31万人次，实现旅游收入3090.20亿元，分别恢复到2019年的71.1%和78.2%。[①]七是健康服务产业有序培育。编制《重庆市大健康产业发展"十四五"规划》，提出重庆市大健康产业发展思路和举措。深入实施健康中国重庆行动，推进优质医疗资源扩容和区域均衡布局，2021年新增互联网医院18家、市级临床重点专科39个、三级中医院5家。培育了青杠、凯尔、宏善、百龄帮等一批大型品牌养老机构，全市社会办养老机构达到713家。推行农村"四有五助"互助养老模式（每个村有一个互助养老点、有一个人定岗服务、有一支志愿队伍、有一套结对帮扶机制，开展集中助餐、流动助医、定点助乐、智慧助急、上门助养等五助服务），依托原有农村幸福院、闲置农房等建设农村互助养老点，利用公益性岗位配备"护老员"，结对帮扶居家失能特困人员等特殊群体。

（二）创新能力持续提升

党的十八大以来，重庆市深学笃用习近平总书记关于科技创新

[①] 重庆社会科学院等：《重庆蓝皮书：重庆经济社会发展报告（2022）》，社会科学文献出版社2022年版，第106页。

二、推动高质量发展　夯实全面小康基础

的重要论述和对重庆提出的重要指示要求，准确把握发展科技第一生产力、培养人才第一资源、增强创新第一动力的重要要求，深入推动以大数据智能化为引领的创新驱动发展战略行动计划，加快建设具有全国影响力的科技创新中心。截至2021年，重庆市综合科技创新水平指数排名位居全国第七位（已连续三年排第七位），西部第一位，较2012年提升6位。"世界知识产权组织2021全球创新指数"全球城市创新集群100强中排名第69位，比2020年上升8位。

1. 创新主体不断增长

着眼提升创新体系的整体效能，在集聚更多的科技"主力军"、创新"先锋队"上做文章，促进产学研深度融合，培育协同高效、能打硬仗的科技"尖兵"，夯实科技创新中心的基础支撑。

高水平创新基地加速落地。实施高端研发平台建设计划，重庆市获批建设全国农业领域首个国家技术创新中心——国家生猪技术创新中心，联合微电子中心获批成为国家制造业创新中心，实现国

长安汽车全球研发中心（重庆市科学技术局　供图）

全面建成小康社会重庆全景录

家制造业创新中心、国家技术创新中心"双突破"。"一室一策"指导优化重组在渝国家重点实验室。2020年新增2个省部共建国家重点实验室，1个国家应用数学中心。2021年新增2个国家野外科学观测研究站，新认定市级重点实验室38个。截至2021年，市级以上科技创新基地达到433家，其中国家级科技创新基地32个，包括国家重点实验室10个、国家工程研究中心3个（含国家工程实验室1个）、国家临床医学研究中心1个、国家技术创新中心1个、国家野外科学观测研究站7个、国家工程技术研究中心10个。

新型研发机构加快集聚。突出大数据智能化主方向，围绕先进制造业、战略性新兴产业、未来产业等重点领域，高质量培育重庆邮电大学工业互联网研究院、重庆国际免疫研究院、重庆交通大学绿色航空技术研究院等179家新型研发机构，推动产学研一体化发展。2019年启动实施引进科技创新资源行动计划，立足产业技术

北京大学重庆大数据研究院（杨清 摄）

二、推动高质量发展 夯实全面小康基础

创新需要，引进中国科学院、北京大学、清华大学等国内外知名创新机构104家，落地建设北京大学重庆大数据研究院、北京理工大学重庆创新中心等研发机构64家，汇聚高层次人才4300余人，实施研发项目547项、高新技术产业化项目213个。在集成电路、人工智能、深空探测、卫星互联网等领域开辟了未来科技竞争的新赛道，引进中国电子科技集团建立联合微电子中心，建成国内首条8英寸硅基光电子特色工艺平台，提升了重庆市集成电路产业创新发展水平；引进中国航天科工集团建立工业大数据创新中心，帮助上千家本地企业"上云"，连接上万台工业设备，为生产全流程注入"智慧因子"。

科技企业蓬勃发展。实施科技企业成长工程，强化服务供给和制度供给，集成人才、平台、资本、项目等创新要素，促进企业增强自主创新能力和市场竞争实力，加快完善以企业为主体、市场为导向、产学研相结合的技术创新链条，加快培育以高新技术企业为重点的科技型企业。截至2021年底，重庆市累计培育科技型企业36939家、同比增长40.1%；有效期内高新技术企业5108家、比2012年（547家）增加4561家，为2012年的9.3倍；规上工业企业研发投入强度1.65%；79%的研发投入、63%的有效发明专利量、80%的登记科技成果均来自企业，企业创新动力、活力、能力明显增强，为全市经济发展积蓄了重要力量。

高校科研创新能力增强。加快促进科教融合，推动重庆大学、西南大学"双一流"建设，重点建设世界一流学科5个、市级一流学科43个、市级重点学科265个，重庆大学工程学科和材料学科进入世界ESI学科排名前1‰，世界ESI学科排名前1%增加到50个学科。

全市高校研究人员占全市的18%，基础研究经费占全市基础研究经费的68%，承担了全市95%左右的国家自然科学基金项目。遴选在渝本科高校与中国科学院所属院所合作项目20项，对市属高校重点合作项目，给予首期4000万元财政专项资金支持；引进北京大学、同济大学等国内知名高校与市属高校联合举办二级学院6个，累计建成"协同创新中心"48个。高校哲学社会科学繁荣发展，科研创新能力不断提升，全市已建有教育部人文社科重点研究基地2个（其中部市共建1个），国家级新型高校智库1个，市级人文社科重点研究基地52个。近年来新建市级文化传承类协同创新研究中心7个，研究资政中心4个，建设高校哲学社会科学协同创新团队20个、培育团队20个，建设习近平新时代中国特色社会主义思想研究阐释协同创新团队17个。

2.创新平台逐步完善

遵循创新资源集聚规律，"一城引领、双轮驱动、多点支撑"的创新版图正在形成，更多依靠创新驱动、更多发挥先发优势的引领型发展正在加快推进。

西部（重庆）科学城建设取得新进步。紧扣开展科学教学、加强科学研究、深化科学实验、完善科学设施、集聚科学机构"五个科学"和培育科技人才、壮大科技企业、发展科技金融、推动科技交易、促进科技交流"五个科技"，按照"建平台、兴产业、聚人才、优环境、提品质"思路，构建一区引领、五区联动、高校协同、院所参与的工作机制，强化成渝综合性科学中心的联动协调、向心集聚、辐射带动作用，打造"科学家的家、创业者的城"。超瞬态实验装置、种质创制科学装置和无线能量传输与环境影响科学

二、推动高质量发展 夯实全面小康基础

工程等重大科技基础设施加快建设，北京大学重庆大数据研究院、健康大数据西部研究院等研发机构投用。与中科院合作共建汽车软件创新研究平台，累计引进建设新型高端研发机构33个、市级以上研发机构538个，布局建设科技创新基地184个。与高校和科研院所签约合作建设非常规油气开发研发创新中心、智能装备研究院等项目33个，总投资额300.14亿元。实施"金凤凰"人才政策，引进急需紧缺人才451人，两院院士增至8名，人才资源总量增至11.64万人。

两江协同创新区建设取得新成效。突出"科创+产业"内涵，强化产业、人才、生活、生态"四个协同"，瞄准新兴产业设立开放式、国际化高端研发机构，构建全要素全链条创新生态系统，建成具有重要影响力的全球创新要素集聚高地、大学大院大所协同创新合作高地、科技创新及产业创新重要策源地、新兴产业重要策源地，推动两江新区加快建设具有全国影响力的科技创新中心核心承载区，成为高质量发展引领区、高品质生活示范区。近3年累计引进大学大院大所41家，集聚高端创新人才1700余人，落地国家级、市级博士后工作站17个，培育孵化企业73家。启动建设分布式雷达试验场，签约共建卫星互联网应用研究院，着力打造礼嘉悦来智慧园、两江数字经济产业园，累计注册数字经济企业6202家。

广阳湾智创生态城创建取得新进展。紧扣"长江风景眼、重庆生态岛"定位，加快建设广阳岛"绿水青山就是金山银山"实践创新基地、重庆经开区绿色产业示范基地，推动广阳湾智创生态城绿色创新发展，努力建设成为"两点"的承载地、"两地"的展示地和"两高"的体验地。启动建设长江模拟器、野外观测站，构建以重庆5G产业园、智慧广阳湾数字孪生平台等大数据智能化创新平台，打造国家城乡融合发展试验区、长江经济带绿色发展示范区承载地。

圈层式科技创新方阵呈现新面貌。荣昌畜牧科技城、璧山科技创新小镇、永川科技生态城、北碚智慧科技走廊、渝北国家农高区、巴南国际免疫研究院、万州科创中心等一批创新平台加快推进。形成1个国家自主创新示范区带动、4个国家级高新区（重庆、璧山、永川、荣昌）引领、11个市级高新区（大足、铜梁、潼南、涪陵、合川、长寿、綦江、梁平、垫江、黔江、秀山）支撑的"1+4+11"发展格局。截至2021年，产业能级持续提升，全市高新区规上工业企业总产值合计11270.16亿元，同比增长19.8%，高新技术企业达1751家，占全市总量的34.28%；科技型企业8110家，占全市总量的21.98%；创新高地更加凸显，市级及以上重点实验室、工程技术研究中心、新型研发机构合计344家，占全市总量的47.38%；开放协同加速推进，高新区出口总额达2578.89亿元，同比增长12.19%；引进重大科技产业项目474个，总投资达到2604亿元。

3.创新生态不断优化

重庆在厚植创新创业土壤上出新招硬招实招，构建"基础研究+技术创新+成果转化+金融服务+人才支撑"的全过程创新生态链，打造生命力旺盛、根植力强大的创新生态系统，着力增强科技创新中心的内生动力，激发全社会创新活力和创造潜能。

科技创新氛围更加浓厚。市委召开五届十次全会研究部署建设具有全国影响力的科技创新中心，出台"一个决定""一套政策""一张清单"。市政府常务会议审议科技创新"十四五"规划，定期

二、推动高质量发展　夯实全面小康基础

调度全市科技创新工作。市人大常委会修订《重庆市科技创新促进条例》，开展成果转化条例执法检查。市政协聚焦科技创新开展重点履职活动，围绕国有企业科技创新等9个专题协商议政。市科技局与市经济信息委、市农业农村委、市卫生健康委、市生态环境局等签订合作协议，部门协同推进行业科技创新。各区县召开全委会部署落实市委五届十次全会精神，明确科技创新定位、重点和特色，全社会创新氛围不断增强。

科技创新体制机制更加完善。出台《重庆市自然科学基金项目管理办法》《重庆市博士"直通车"科研项目实施细则（试行）》《重庆英才计划"包干制"项目实施方案》等系列改革文件。针对重点企业、重点院所及关键岗位开展人才政策"一事一议"试点工作；推进研究人员职称制度改革，从健全评价体系、完善分类评价、创新评价机制三方面入手对全市自然科学研究人员职称申报条件进行修订完善。推进科研项目经费使用"包干制+负面清单"改革，聚焦汽车摩托车、电子信息、装备制造、新材料、生物医药、现代农业等领域，组织实施产业关键核心技术攻关，重点研发项目"快速响应""揭榜挂帅""赛马制"等生成机制。

创新人才不断汇聚。聚焦建设全国重要人才高地，着力构建"近悦远来"人才生态，着力在关键核心技术领域集聚一批战略科技人才、一流科技领军人才和创新团队，培塑科技创新中心的关键依靠，以"第一资源"激发"第一动力"。制定《重庆市推进高水平科技创新平台人才队伍高质量发展的措施》，实施博士"直通车"科研项目，在联合微电子中心、国际免疫研究院、康佳光电研究院、国家应用数学中心试点"一事一议"人才政策，突出青年人才和创新导向，量身定制支持政策，解决企业创新发展的实际问题

和科技难题。开展科研人员"减负行动2.0",实行科研项目经费"包干制",开展"无纸化"申报,项目申报书减少三分之二、管理流程精简三分之一。深入实施重庆英才计划,落实科技人才支持政策,优化科技人才服务。累计培育"国家杰青"项目获得者53人、"国家优青"项目获得者56人,科技部"创新人才推进计划"人选63人、团队13个、基地5个,科技领域"重庆英才"创新领军人才60人、创业领军人才80人、创新创业示范团队255个,引进外国高端人才(A类)1310人,全市R&D人员总量超过16万人。深入开展"为科技工作者办实事、助科技工作者作贡献"行动,发放人才服务证1524张,为406位重庆英才科技工作者落实子女入学等服务,筹集1万套人才公寓、6万套青年人才公租房。

科技成果转化更加高效。出台促进科技成果转化"24条",从科技成果赋权、成果供给、要素集聚、便利化服务四个方面深化工作措施、细化工作程序,提出24项具体解决路径。持续推进首批6个环大学创新生态圈示范建设,带动全市相应区域等10余所大学建设环大学创新生态圈,累计搭建创新平台65个,入孵企业团队3275个,孵化企业746家,带动4852名大学生创业就业。2021年新获批国家大学科技园1家、国家级科技企业孵化器3家,累计国

环重庆大学创新生态圈重点建设载体——光谷·智创园(沙坪坝区科技局 供图)

家大学科技园达到3家、国家级科技企业孵化器达到22家。新认定市级科技企业孵化器31家，累计达到99家。举办"创孵中国·重庆站暨首届成渝双城特色载体论坛"，10家单位获"成渝双城特色创孵载体"授牌。重组科技投资平台，累计为7705家科技型企业发放知识价值信用贷款131.91亿元，引导发放商业贷款91.61亿元，种子、天使、风险基金投资项目1442个、金额181.15亿元。川渝科技资源共享服务平台整合开放两地科研仪器设备12498台（套），西部科技金融路演中心等机构服务科技型企业1.8万家次，重庆科技服务大市场服务创新主体1.3万家，"易智网"建设"线上+线下"成果转化服务平台。

4.产业创新加快推进

聚焦大数据智能化主方向、产业科技创新主战场，大力开展基础前沿研究，强化重点领域科技攻关，提供更多有效科技供给，以科技创新催生新发展动能。围绕电子信息、汽车摩托车、高端装备、新材料、生物医药等重点产业链补齐创新链，组织实施关键核心技术攻关工程，依托龙头企业解决一批"卡脖子"技术问题，在产业优势领域精耕细作，不断增强支撑引领新发展格局的能力。

基础研究水平大幅提升。2021年，重庆获国家自然科学基金项目立项954项，直接资助经费5.88亿元。其中，国家杰出青年科学基金项目4项、国家青年科学基金项目461项、国家优秀青年科学基金项目12项，分别较2020年增长3项、41项、2项，青年人才类基金项目取得历史性突破。重庆市与国家自然科学基金委共同出资，国家区域联合基金额度由2020年4000万元增加至8000万元，经费翻一番。重庆市自然科学基金项目立项1510项、财政经费资助9645万元，较2020年分别增长16.9%、16.4%。在肿瘤免疫、干细胞移植、觉醒睡眠与学习记忆等医学领域，镁塑性变形、金属强化、低能电子显微镜材料表征设备研制等材料领域取得一批重大原创性理论突破。

核心技术攻关能力明显增强。《科技进步路线图》梳理电子信息、汽车、高端装备、新材料、大健康、生态环境、现代农业等7个领域37个产业（行业）、139个重点环节共计601个重点方向，对未来5年全市产业行业关键核心技术重点攻关任务统筹安排。聚焦人工智能、大健康、高端装备、现代农业、生态环保等领域重大技术需求，组织实施重点研发项目，取得国内首个130纳米硅基光电子全流程工艺服务平台、纳米时栅位移测量技术、汽车双离合自动变速器等一批重大科技成果。

高端产业加快发展。智能产业以国家新一代人工智能创新发展试验区建设为抓手，推进"十大新基建""十大应用场景"，累计推动实施智能化改造项目4000余个，突破光电混合人工智能芯片等核心技术，形成山地城市道路场景自动驾驶、人脸识别技术隐私保护两套社会实验方案。汽车产业获批国家级车联网先导区，突破远程无人泊车、汽车双离合自动变速器等关键技术，开发C385全新纯电动汽车、CS75燃料电池SUV，开展智能新能源汽车、C385F燃料电池汽车等研发，推动汽车产业高端化、智能化、绿色化发展。集成电路产业通过实施科技专项，突破车规级芯片设计、5G通信射频前端芯片设计等关键核心技术，研发车规级导航芯片与模组、智能电控汽车芯片、5G通信射频前端及转换器芯片等产品，推动智能终端、汽车电子等领域产品配套本地化、高端化。生物医药产业27个Ⅰ类新药获批开展临床试验，其中，HPV四价疫苗、HPV

二、推动高质量发展　夯实全面小康基础

九价疫苗、PD-LI单抗克隆抗体等4个Ⅰ类新药进入Ⅲ期临床试验。

（三）对外开放不断扩大

党的十一届三中全会作出了实行改革开放的历史性决策。改革开放新时期，重庆市把对外开放摆在发展经济的重要位置，坚持出口与进口、"引进来"与"走出去"并举，不断提升对外开放水平，建立完善内陆开放型经济体系。党的十八大以来，习近平总书记对重庆作出了建设内陆开放高地和发挥"三个作用"的重要指示要求，为重庆开放发展指明了方向、提供了根本遵循。重庆市坚决贯彻落实习近平总书记重要指示要求精神，全面融入共建"一带一路"和长江经济带发展，加快建设内陆开放高地，努力在西部地区带头开放、带动开放，取得了积极成效。

开放的基础支撑不断夯实。一是出海出境大通道建设不断拓展。依托重庆独特的区位优势，围绕东西南北四个方向和水铁公空四种方式，加快建设内陆国际物流枢纽。向东，充分发挥东向长江黄金水道功能，建立外贸集装箱快班轮快速过闸机制，加快建设智慧长江物流工程，创新开通沪渝直达快线，并开行渝甬班列与长江航运相互补充，长江黄金水道作用进一步强化。2021年，沪渝直达快线开行量达1192艘次，渝甬班列开行近300列，货值达85.5亿元。向西，在全国率先开行中欧班列（渝新欧），获批中欧班列集结中心，建设全国欧向邮件集结中心，形成"1+N"的辐射分拨体系，成为西部开行时间最早、开行数量最多、带动性最强的中欧班列。截至2022年3月，中欧班列运营线路已达33条，辐射亚欧26

个国家71个节点城市，累计开行超过9000列。向南，打造以重庆为运营中心、对接"一带一路"的西部陆海新通道，推动其上升为国家战略，采用铁海联运、跨境公路和国际铁路联运三类运输方式，有效缩减出海时间，形成我国西部内陆地区新的出海骨干通道，实现"一带一路"与长江经济带的融会贯通。印发《重庆市推进西部陆海新通道建设实施方案》，启动国际合作规划编制，高质量建设通道物流和运营组织中心，建立省部际联席会议制度和省级协作共建机制，形成"一主两辅多节点"的始发集结体系。目前，西部陆海新通道物流网络已覆盖全球107个国家（地区）的315个港口。向北，打通从重庆经满洲里出境至俄罗斯的"渝满俄"班列，联通中蒙俄经济走廊，开行频次不断加密，运输货品持续丰富。空中，以江北国际机场为核心，建设国际航空门户枢纽，江北机场国际及地区航线达106条。2021年国际货邮吞吐量首次突破20万吨，持续保持西部第一。先后获批陆港型、港口型、空港型三类

2019年5月16日，中欧班列（重庆）上合组织国家专列抵达重庆团结村中心站（魏中元 摄）

二、推动高质量发展 夯实全面小康基础

国家物流枢纽，互联互通的综合立体开放通道体系基本形成。

二是开放平台体系建设完善。重庆积极争取国家支持，建设开放大平台，持续优化布局，完善平台功能，开放发展承载能力显著增强。中新互联互通项目、自贸试验区先后落地重庆，与两江新区、西部（重庆）科学城共同构成引领全市的战略平台。重庆自贸试验区总体方案确定的151项改革试点任务已全部落实，累计培育重点制度创新成果88项，其中7项向全国复制推广，加快建设川渝自贸试验区协同开放示范区，探索建设10个联动创新区，全市制度创新高地、项目集聚洼地的效应逐步显现。中新互联互通项目辐射力与影响力逐渐增强，金融服务、航空产业、交通运输、信息通信等重点领域合作深入推进，累计签约商业合作项目162个、金额250亿美元。两江新区各类开放要素和功能进一步集聚，实际利用外资和外贸进出口均占全市的30%以上，内陆开放门户效应凸显。西部（重庆）科学城正式挂牌，重庆高新区外贸进出口占全市比重达40%。全市新增一批高新区、综合保税区、保税物流中心等功能平台、园区平台，"一区两群"开放平台布局更加合理。成功举办智博会，升级渝洽会为西洽会，各类活动平台极大地提升了重庆国际影响力。全市形成"战略平台+园区平台+功能平台+活动平台"的开放平台体系，2021年已集聚全市80%的外贸进出口和70%的外商直接投资。

三是开放口岸运行效能突现。围绕改善通关环境，以提升贸易自由化便利化水平为核心目标，推动口岸体系完善、通关服务改进、通关时间缩短，保证了人员、商品的"快进快出""大进大出"。口岸体系日趋完善，全市开放口岸数量达4个，拥有进口汽车整车、肉类、水果、冰鲜水产品、食用水生动物、粮食、活牛、

全面建成小康社会重庆全景录

中国（重庆）自由贸易试验区果园港片区滚装码头，一艘满载商品车的船舶停靠在此（张锦辉 摄）

药品、毛坯钻石等9类别进口特殊商品指定口岸，获批全国第四个首次进口药品和生物制品口岸。口岸覆盖范围广，包括了港口、铁路、机场、公路等主要交通枢纽和全市开放发展主要区域。口岸服务持续优化，出台提升口岸服务系列政策，降低集装箱合规成本，实行口岸物流"并联作业""限时作业"，全面推广"提前申报""两步申报"模式改革，深化7×24小时通关保障措施，通关便利化程度进一步提升，提前2年完成国务院提出的进出口整体通关时间压缩一半的任务。启动智慧口岸建设，加快推进"互联网+海关"平台建设，国际贸易"单一窗口"申报量居全国前列、西部第一。全面推进"一带一路"沿线大通关合作，与新加坡成功实现关际数据交换；联动上海海关在全国率先开展江海联运"离港确认"

二、推动高质量发展　夯实全面小康基础

模式试点，联合四川海关创新"关银一KEY通"模式，一体化通关更加高效便捷。

四是开放发展营商环境全面优化。获批营商环境创新试点，出台优化营商环境条例，持续改善市场环境、法治环境、政务环境、人居环境。深化"放管服"改革，有效推进"多证合一"和"证照分离"试点，搭建"渝快办"网上办事平台，实现政务事项线下办理到线上办理的转变。深化监管改革，实施"双随机、一公开"监管制度，变事前审批为事中事后监管。深入贯彻《中华人民共和国外商投资法》，全面实施外商投资准入前国民待遇加负面清单管理模式，构建外商投资全流程服务体系。优化提升法治环境，出台《中国（重庆）自由贸易试验区条例》等法规文件，成立自贸试验区法院，积极筹建重庆知识产权法庭、中国（重庆）知识产权保护中心等，建设"诉、调、仲"一站式纠纷多元化解平台。在全国率先开展国际消费中心城市培育建设，国际社区、国际购物中心、文体设施、公共交通体系等配套生活设施更加完善，全市共有外籍人

两江新区果园港百舸争流的繁忙景象（钟志兵 摄）

员子女学校2所，中外合资合作医院7家，外商独资医院1家，外国人"过境免签"政策延长至144小时。加快建设中西部国际交往中心，"朋友圈"持续扩大，经外交部批准外国驻渝总领事馆达12家，国际友好城市达52个，友好交流城市达110个。

开放型经济蓬勃发展。一是产业开放持续扩大。全面放开一般制造业，推动制造业加速向智能化转型，电子信息、汽车摩托车等开放型经济支柱产业发展稳定，"芯屏器核网"全产业链持续壮大，不断向价值链高端延伸。2021年笔记本电脑出口量位居全国第一，手机出口居全国前列；摩托车、汽车出口分别居全国第一、第五。获批服务业扩大开放综合试点，重庆成为中西部地区开展综合试点的唯一省市，目前七大重点领域86项改革试点任务实施率已过半。全面深化服务贸易创新发展试点在主城都市区全面铺开，出台服务贸易重点发展领域指导目录，160项试点任务已落地132项。合格境内有限合伙人（QDLP）对外投资试点正式实施。深化农业对外开放合作，启动实施"中新（重庆）农业'双百'合作计划"。二是对外贸易创新发展。出台《关于推进对外贸易创新发展的通知》等一系列政策文件，持续优化外贸结构，加工贸易支撑有力，一般贸易稳步发展，跨境电商、保税维修等新业态新模式增长迅速，"一带一路"市场加快拓展，东盟成为重庆第一大贸易伙伴。"十三五"期间，全市外贸年均增长7.0%。"十三五"末，外贸依存度达到26.1%，在全国外贸占比由1.89%提高至2.01%。2021年，全市外贸进出口8000.6亿元、比2020年增长22.8%，首次突破8000亿元大关，在西部居第2位。三是双向投资稳步推进。加大招商引资力度，举办系列招商推介活动，积极引导外资流向，鼓励外商投资更多投向制造业，扩大服务业利用外资。过去10年

二、推动高质量发展 夯实全面小康基础

每年实际利用外资均超过100亿美元,2021年达到106.7亿美元,其中外商直接投资(FDI)22.4亿美元。全市各类外商投资市场主体超过7500户,世界500强企业累计落户312家。积极推动有条件的企业"走出去",参与建设文莱首座跨海特大桥大摩拉岛大桥、马尔代夫中马友谊大桥等"一带一路"标志性工程,促进合作国家经济社会发展,为构建人类命运共同体贡献了力量。2021年完成地外承包工程营业额4.3亿美元,市内企业"走出去"办企累计超过300家,海外资产累计近200亿美元,收购顶尖技术100余项。

开放的体制机制逐步健全。一是管理体制不断完善。在全市层面,2018年,重庆成立了以市委、市政府主要领导为组长的市积极融入"一带一路"加快建设内陆开放高地领导小组,统筹全市内陆开放高地建设,开放发展的领导力量不断增强。在行政管理部门层面,依据形势任务变化,将原市外经贸委和市商委合并成立市商务委,新设市政府口岸物流办、市中新项目管理局、市招商投资促进局等市级部门,涉外管理服务职能不断优化。二是区域合作机制不断完善。抢抓成渝地区双城经济圈建设契机,签订《共建内陆改革开放高地战略合作协议》等系列合作协议,制定联手打造内陆开放高地方案、共建富有巴蜀特色的国际消费目的地实施方案等文件,在川渝自贸试验区协同开放示范区、"一带一路"进出口商品集散中心、会展、通道口岸、外贸转型升级、投资促进等方面拓展合作的深度和广度,共同打造内陆开放战略高地。与四川在构建跨行政区域外商投资企业投诉处理协作机制、果园港与四川广安共建"无水港"、探索建立成渝地区双城经济圈联合授信机制、中欧班列统筹等方面取得突破。同时,依托长江经济带发展,深化与京津冀、长三角、粤港澳大湾区及周边省区的开放合作,合力推动形成

陆海内外联动、东西双向互济的开放格局。推动成渝地区联手打造内陆开放高地，协同建设川渝自贸试验区协同开放示范区、"一带一路"进出口商品集散中心。三是协同机制不断完善。优化全市开放空间布局，促进"一区两群"协同开放发展，全面提升主城都市区开放能级，提高渝东北三峡库区城镇群和渝东南武陵山区城镇群开放水平。大力推动开放平台协同发展，出台全市开放平台协同发展规划和工作方案，建立自贸试验区和中新（重庆）战略性互联互通示范项目政策共用清单，创设开放平台现场观摩机制，助力全市开放平台在功能定位、政策要素、产业发展、信息物流等多方面协同发展。

  全方位开放格局逐步构建。一是逐步实现从开放末端到开放前沿的转变。在全面扩大开发开放的大背景下，重庆积极主动、全面融入共建"一带一路"倡议、长江经济带发展和西部大开发等国家区域发展战略和对外开放格局，乘势而上、顺势而为，着力畅通开放通道，提升开放平台，大力发展开放型经济，积极开展陆上贸易规则等创新探索，参与经济全球化治理。重庆开放规模迅速扩大，国际影响力不断提升，逐步从开放末端变成开放前沿，成为西部内陆地区开放的引领者。二是逐步实现从开放补充到开放支点的升华。重庆充分发挥中西部地区唯一的直辖市、国家中心城市，西部大开发的重要战略支点，处在"一带一路"和长江经济带的联结点上的定位优势，以及承东启西、沟通南北、通江达海的独特区位优势，着力打造内陆开放高地。两江新区成为内陆开放重要门户，自贸试验区作为重庆深化改革的试验田效应逐步显现，中新（重庆）战略性互联互通示范项目成为辐射中西部地区的高起点、高水平、创新型的示范性重点项目，中欧班列（重庆）、西部陆海新通道推

二、推动高质量发展　夯实全面小康基础

动重庆加快建设中国内陆重要的国际物流枢纽和口岸高地，重庆在全国对外开放格局中的地位实现了从开放补充到开放支点的升华。三是逐步实现从局部开放到全面开放的扩展。重庆的对外开放由点及面，形成了全方位开放的新格局。开放领域方面，推动外贸、外资、外经、外事多领域全面开放；开放主体方面，推动国有企业、民营企业、外商投资企业齐头并进、百花齐放，民营企业、外商投资企业成为开放发展的主力军；贸易结构方面，推动货物贸易与服务贸易并重，服务贸易占整个对外贸易的比重不断提升，成为拉动开放型经济发展、优化开放型经济结构的重要动力；贸易市场方面，推动市场多元化发展，与"一带一路"沿线国家和地区的经贸往来不断扩大；投资合作方面，推动利用外资向现代服务业、高新技术产业等领域集聚，对外投资积极参与全球产业链价值链重塑，实现了投资领域从单向的吸收利用外资向吸收利用外资、对外投资合作并举转变。

（四）营商环境持续优化

党中央、国务院高度重视为各类市场主体创造良好的营商环境。习近平总书记多次强调营商环境的重要性，提出了"投资环境就像空气""营商环境只有更好，没有最好"等重要论断，明确要求不断完善市场化、法治化、国际化的营商环境。重庆市委、市政府认真贯彻落实党中央、国务院关于优化营商环境的决策部署，特别是成为世界银行营商环境评价备选城市以来，把打造国际一流营商环境作为一项重要的政治任务，成立优化营商环境工作领导小组，相关工作不断提挡升级，密集出台营商环境优化提升工作方案及政策措施，为优化营商环境按下"加速键"。

市场活力充分释放。推行开办企业"一网一窗一次一日"改革，向新开办企业免费发放一套实体印章，不再强制要求企业购买税控设备，依托免费发放的税务UKey实现企业开具发票零收费，无须缴纳设备维护费用，网上办理率达97.8%，平均耗时压减至1天内。小微企业平均接电时间由19.3天压减至4.8天，水电气报装不再向用户收取建筑区划红线外发生的任何费用。企业可通过电子税务局申报所有税费种类，实现社保费全城通缴，住房公积金在线缴存，退税办理全程无纸化、自动化。增加金融有效供给，2021年重庆市各项贷款余额4.6万亿元，同比增长12.4%。2021年重庆市新增市场主体57.9万户，较2020年和2019年同期分别增长14.5%、25.3%，企业家信心指数和企业投资意愿持续升温。

法治环境持续改善。推行企业送达地址告知承诺制，加强延长审限和延期开庭管理，建设对外委托鉴定一体化平台，减少执行时间。推进民商事案件网上立案无纸化办理，实行随机自动化分案制度，提高司法程序质量。建立事前信用承诺、事中信用分级分类监管、事后信用惩戒的监管机制，51个市级部门对守信激励对象和严重失信主体名单累计实施信用奖惩53万次。对新产业、新业态、新模式实行包容审慎监管，制定87条市场监管领域轻微违法行为不予处罚清单。深化川渝两地知识产权合作，依法保护各类市场主体产权和合法权益。完善重整企业信用修复制度，支持破产重整企业重塑诚信主体。加快建设西部地区首个破产法庭，持续巩固"府院"协调机制，扩大适用简化审理的破产案件范围，累计清理债务约830亿元，盘活企业资产约400亿元，破产案件平均审理时间

二、推动高质量发展　夯实全面小康基础

175天,同比缩短218天。

开放水平稳步提升。优化"离港确认"模式,推广"提前申报""两步申报""两段准入",近3年重庆进出口整体通关时间压缩比分别稳定在65%、85%以上。稳定开行"渝沪直达快线",拓展国际贸易"单一窗口"功能,规范口岸经营服务性收费,企业进出口整体通关时间较2017年同比压缩60%以上,进出口合规成本降低100美元以上。深化国际贸易"单一窗口"建设,累计业务量超过9700万票,取得全国"单一窗口"第一票货物申报等9项"全国第一"。创新国际物流配套服务机制,推广铁海联运"一单制"、铁路运单物权化、贸易融资结算等规则试点,实现"一次委托""一单到底""一次保险""一箱到底""一次结算",累计签发多式联运提单近2000票。

政务服务提质增效。开展社会投资小型低风险项目改革试点,豁免环评、水保、人防、消防系列手续,合并工程竣工规划核实和不动产登记,减免人防易地建设费和城市基础设施配套费,工程勘察和施工图审查推行政府购买服务,供排水接入实行"零上门、零审批、零收费"。设立不动产登记综合窗口,将存量房转移登记涉及的申请、交易、核缴税费、收取登记费和发放不动产登记证书(证明)等事项整合为1个环节办理,实现即办即取。完善公共资源电子服务系统、电子交易系统、电子监督系统,招标投标活动实现全流程电子化,企业现场办理次数减少到1次。开发上线电子投标保函系统,推广以电子保函形式缴纳投标保证金,有效降低企业资金占用约9成。"渝快办"平台实名认证用户数超过2200万,累计办件量超过2.2亿件,市级行政许可事项"最多跑一次"比例超过99%。区县政务服务大厅"一窗综办"窗口比例超过90%,优化

配置"出生一件事"等65个主题集成套餐。有序推进132项高频事项"跨省通办"、311项高频事项"川渝通办"、148项高频事项"西南五省通办"。

政商关系不断规范。出台《毫不松懈纠治"四风"十项举措》，坚决整治损害营商环境的作风问题，严肃查处不作为、慢作为、乱作为等行为。开展集中走访精准服务民营企业活动，实现规模以上民营企业全覆盖。推广营商环境观察员制度，深入企业了解诉求、排忧解难。大力整治服务企业发展中的腐败和作风问题，推动党员干部积极作为、靠前服务。

三、实施协调发展
助推全面小康格局

  中国共产党领导中国社会主义建设的一条重要方针是区域协调发展战略。1956年，毛泽东在《论十大关系》中强调要处理好沿海工业和内地工业的关系。1988年，邓小平提出了"两个大局"战略构想。1999年，江泽民正式提出了"西部大开发"战略思想。在党的十六届三中全会上，通过了《中共中央关于完善社会主义市场经济体制若干问题的决定》，提出了包括统筹区域发展在内"五个统筹"的要求。在党的十九大报告中，习近平总书记指出，实施区域协调发展战略。加大力度支持革命老区、民族地区、边疆地区、贫困地区加快发展，强化举措推进西部大开发形成新格局，深化改革加快东北等老工业基地振兴，发挥优势推动中部地区崛起，创新引领率先实现东部地区优化发展，建立更加有效的区域协调发展新机制。2018年11月18日，中共中央、国务院印发《中共中央 国务院关于建立更加有效的区域协调发展新机制的意见》，要求以习近平新时代中国特色社会主义思想为指导，全面贯彻党的十九大和十九届二中、三中全会精神，认真落实党中央、国务院决策部署，坚持新发展理念，紧扣我国社会主要矛盾变化，按照高质量发展要求，紧紧围绕统筹推进"五位一体"总体布局和协调推进"四个全面"战略布局，立足发挥各地区比较优势和缩小区域发展差距，围绕努力实现基本公共服务均等化、基础设施通达程度比较均衡、人民基本生活保障水平大体相当的目标，深化改革开放，坚决破除地区之间利益藩篱和政策壁垒，加快形成统筹有力、竞争有序、绿色协调、共享共赢的区域协调发展新机制，促进区域协调发展。党的十八大特别是十九大以来，重庆市全市上下提高政治站位和战略站位，增强使命感责任感，强化产业协同、城乡协同、创新协同、改革协同，注重帮扶与协同并举、"输血"与"造血"并重，西部大开发形成新格局，积极融入和努力推动长江经济带发展，成渝地区双城经济圈建设开局良好，"一区两群"协调发展稳步推进，乡村振兴迈出坚实步伐，重庆区域协调发展加速向更高水平更高质量迈进，形成了助推全面小康的新形势。

（一）西部大开发确立全面小康的区域布局

西部大开发的空间布局集中在三个重点范围，分别是西陇海兰新线经济带、长江上游经济带、南贵昆经济区，重庆处于其中基础条件最好的长江上游经济带，中央对重庆发挥中心城市的枢纽作用寄予厚望。2001年5月，江泽民在重庆主持召开西部大开发工作座谈会，在会上提出希望重庆早日建设成长江上游的经济中心。重庆按照国家总体规划，结合特殊市情，确立了在西部大开发中的总体定位为"三中心两枢纽一基地"，即把重庆构筑成为长江上游的金融中心、商贸流通中心、科教信息中心，综合交通枢纽、现代化通信枢纽，以高新技术为基础的现代产业基地。

三、实施协调发展　助推全面小康格局

自2012年以来，重庆市坚持以习近平新时代中国特色社会主义思想为指导，深入贯彻党的十八大、十九大和十九届历次全会精神，全面落实习近平总书记对重庆提出的"两点"定位、"两地""两高"目标、发挥"三个作用"和营造良好政治生态等重要指示要求，深入贯彻落实中共中央、国务院《关于新时代推进西部大开发形成新格局的指导意见》，国家发展改革委关于西部大开发"十四五"实施方案等有关文件精神，坚持稳中求进工作总基调，立足新发展阶段，贯彻新发展理念，融入新发展格局，紧抓"一带一路"、长江经济带、成渝地区双城经济圈建设等历史机遇，促进"一区两群"协调发展，围绕西部大开发各项目标任务，努力增强经济韧性、积聚发展新动能、提升市场活力，保持了经济社会大局健康稳定。2021年全市GDP总量达到2.78万亿元，较2012年增长146%，年均增长10.47%，较全国平均水平高出1.3个百分点。人均GDP突破1万美元大关，达到1.2万美元。重庆占全国GDP比重由2012年的2.2%增长到2021年的2.4%，增长0.2个百分点。重庆占西部大开发12个省区市GDP的比重由10.65%增长到11.64%，增长0.99个百分点，在西部大开发中发挥的作用更加凸显。全市三次产业结构占比由8.2∶53.9∶37.9调整为6.6∶40.4∶53，第三产业比重明显增加，经济结构更加合理、更具活力。城镇化质量明显提高，由2012年的56.9%增加至2020年的69.5%。主要经济指标高于全国平均水平。

为了给西部大开发建立坚实的基础，国家大力实施关于交通、水利、能源、通信等基础设施项目的重大工程。2012年以来，主要取得了以下成就。

铁路网络加快形成。成渝中线高铁启动建设，郑万高铁重庆段

建设完成,渝万高铁、成达万高铁万州至达州段前期工作顺利推进,渝昆高铁、重庆枢纽东环线、渝湘高铁主城至黔江段等14个在建项目1225公里有序推进,"米"字形高铁网、"两环十干线多联线"普速铁路网加快形成。全市铁路营业性里程2394公里,其中高铁营业性里程839公里、在建里程929公里,高铁面积密度达到1.02公里/百平方公里,高于周边四川、云南、贵州、湖北、陕西、湖南等省份。

轨道交通建设快速发展。轨道交通"十三五"新开工建设8条（段）线路,建成运营1号线尖璧段、1号线朝小段、3号线北延伸段、4号线一期、5号线一期、6号线支线二期、10号线一期和环线等8条（段）线路,运营线路总里程达370公里、在建里程186公里,形成"一环七射"的轨道交通运营网络,轨道交通网络骨架基本形成,日均载客量突破300万人次,公共交通骨干地位日益凸显,引领城市发展格局初见成效。

公路路网密度提升。全市高速公路在建规模1636公里,通车里程达到3841公里,路网密度4.7公里每百平方公里,省级出口通道达到27个,基本形成"三环十二射多联线"网络。改造普通干线公路1.2万公里,普通国道二级及以上公路占比达到90%,普通省道三级及以上公路占比达到70%,基本实现全市3A级旅游景区和市级重点工业园区均有三级及以上公路连接。新改建"四好农村路"8.4万公里,农村公路总里程达到16.5万公里,路网密度居西部地区第一。

国际航空门户枢纽能力大幅提升。建成投用江北国际机场T3A航站楼及第三跑道、巫山机场、仙女山机场,万州机场T2航站楼完成主体结构施工,黔江机场基本完成改扩建,"一大四小"运输

三、实施协调发展　助推全面小康格局

机场格局全面形成。开工建设江北国际机场T3B航站楼及第四跑道工程，完成重庆新机场选址研究。江北国际机场通航城市总数达到216个，国际及地区航线突破100条。全市民航运输机场旅客、货邮年吞吐能力分别达到4650万人次、110万吨，年旅客吞吐量保持全国前10强。

长江上游航运中心初步建成。建成投用中心城区果园港、涪江潼南航电枢纽，开工建设嘉陵江利泽、乌江白马、涪江双江等航电枢纽，全市航道总里程达到4472公里，其中三级及以上高等级航道里程突破1100公里，全市港口货物年通过能力、年吞吐量均突破2亿吨。全市货运船舶运力占长江上游地区总运力的85%，船型标准化率85%，位居全国内河第一。

城市路网逐步完善。全市累计通车里程达到11405公里，其中中心城区通车里程超过6000公里，中心城区"一环六纵五横三联络"快速路网基本形成。步行环境逐步完善，中心城区山城步道累计里程达到300公里，立体过街设施达到912处，建成自行车专用道46公里，实施37个轨道站点步行便捷性提升工程。停车设施加快建设，中心城区停车泊位达到201.9万个。

市政设施完善规范。供水普及率达到98.4%。供水水质超过国家标准，集中式饮用水源地达标率为100%，出厂水水质综合合格率保持在98%以上。应急供水能力建设得到增强，供水安全性、可靠性大大提升，公共管网漏损率低于10%。城市排水设施建设稳步推进，建成污水处理厂累计82座，总处理规模486.75万吨/天，并全部达到一级A标排放标准，生活污水集中处理率达98.73%以上。污泥处置能力快速提升，建成生活污泥处理处置设施46座，无害化处置率达98.34%。生活垃圾无害化处理体系全覆盖。累计

全面建成小康社会重庆全景录

建成投用生活垃圾处理设施59座，总处理能力2.85万吨/日，生活垃圾无害化处理率保持100%。公厕数量不断增加、布局不断优化、功能更加完善、管理明显规范，公厕总数达到13590座。城市照明质量不断提升，完成"两江四岸"核心区景观照明"一把闸刀"控制系统和夜市开灯仪式项目建设，LED绿色照明产品推广应用力度不断加大。

水利建设成效明显。实施水源工程建设3年行动，全市累计建成大型水库2座、中型水库85座、小型水库2938座，在建重点水源工程141座，农村集中式供水工程1.95万处，蓄引提水能力82亿立方米，有效灌溉面积1047万亩，农村自来水普及率达到86%，初步形成以大中型水利设施为骨干、小型水利设施为辅助，蓄引提水相结合的城乡供水保障体系。建设堤防护岸长度2948公里，5级以上江河堤防达标率86%，建成水文报讯站及预警监测站点4865处。累计治理水土流失面积3.7万平方公里。

能源建设快速发展。全市电力装机容量2691万千瓦，建成投运川渝第三输电通道、铜梁SVG站及渝鄂背靠背工程，川渝、渝鄂电网输电通道综合最大输送能力达到730万千瓦。完善"两横三纵"500千伏电网主网架结构，形成以500千伏站点为支撑的220千伏"网格""环形"分层分区供电格局。全市配电网快速发展，供电可靠率达到99.868%，综合电压合格率达到99.684%。天然气产量达到131.5亿立方米。西南地区首座地下储气库投运，全市输气干线管道达到5500公里，输气能力达到350亿立方米每年。成品油管道里程达486公里，年输油量达到883万吨，市级成品油应急储备规模稳定在15万吨/年。充电基础设施建设覆盖全部区县，建成"一环十射"高速公路快充网络，实现中心城区充电服

三、实施协调发展　助推全面小康格局

务平均半径1公里，公共"车桩比"达到3.5∶1，处于西部领先水平。

新型基础设施发展迅速。建成开通5G基站7.3万个，互联网宽带接入端口达2368.8万个，光纤入户端口数达2253.8万个，省际互联网出口带宽达36.8T。建成全国首条、针对单一国家、点对点的国际数据专用通道——中新（重庆）国际互联网数据专用通道。汇聚中国电信、中国移动、中国联通、腾讯等数据中心，具备11.9万个机架式服务器的支撑能力。推动全球低轨卫星移动通信与空间互联网项目实施，打造我国首个太空互联网全球总部基地，建成覆盖全球的星座及运营系统。工业互联网标识解析国家顶级节点（重庆）已上线运行二级节点20个，服务陕西、宁夏、贵州、云南等省（区、市）。全市新型智慧城市运行管理中心建成投用，建成包括城市大数据资源中心、数字重庆云平台、智慧城市综合服务平台的"一中心两平台"核心枢纽。

（二）成渝地区双城经济圈做好全面小康的双城示范

2011年4月，国务院正式批复《成渝经济区区域规划》，提出要努力把成渝经济区建设成为西部地区重要的经济中心、全国重要的现代产业基地、深化内陆开放的试验区、统筹城乡发展的示范区和长江上游生态安全的保障区，在带动西部地区发展和促进全国区域协调发展中发挥更重要的作用。2016年5月4日，国家发展改革委、住房和城乡建设部联合印发《成渝城市群发展规划》，提出成渝两地的发展定位——全国重要的现代产业基地、西部创新驱动先导区、内陆开放型经济战略高地、统筹城乡发展示范区、美丽中国的先行区；明确提出到2020年，成渝城市群要基本建成经济充满活力、生活品质优良、生态环境优美的国家级城市群；到2030年，成渝城市群完成由国家级城市群向世界级城市群的历史性跨越。2019年4月8日，国家发展改革委印发的《2019年新型城镇化建设重点任务》明确将成渝城市群与京津冀城市群、长三角城市群和粤港澳城市群并列。2020年1月3日，习近平总书记主持召开中央财经委员会第六次会议，研究推动成渝地区双城经济圈建设问题。会议指出，推动成渝地区双城经济圈建设，有利于在西部形成高质量发展的重要增长极，打造内陆开放战略高地，对于推动高质量发展具有重要意义。10月16日，中共中央政治局召开会议，审议《成渝地区双城经济圈建设规划纲要》。会议指出，推动成渝地区双城经济圈建设，有利于形成优势互补、高质量发展的区域经济布局，有利于拓展市场空间、优化和稳定产业链供应链，是构建以国内大循环为主体、国内国际双循环相互促进的新发展格局的一项重大举措。面对新形势新任务，全市各级各部门切实提高政治站位，深入贯彻习近平总书记重要讲话精神，全面落实党中央决策部署，将推动成渝地区双城经济圈建设作为一项重大政治任务，按照一盘棋思想、一体化发展理念精心谋划和务实推动，各项工作实现良好开局起步。

2020年2月，重庆市成立了以市委主要领导为组长、市政府主要领导为副组长的推动成渝地区双城经济圈建设领导小组，下设7个专项工作组，均由分管副市长任组长，形成了高位推动、全面部署的格局。与四川完善合作机制，建立川渝两地党政联席会议、常务副省市长协调会议、发展改革委主任调度会议制度，形成了决策

三、实施协调发展　助推全面小康格局

层、协调层、执行层三级运行机制。1月至12月，累计召开党政联席会议2次、常务副省市长协调会议2次、发展改革委主任调度会议6次。成立川渝两地人员双向互派的联合办公室，专职推动成渝地区双城经济圈建设工作。推动各区县、市级各部门建立完善了相应的工作机制。

在此基础上，全市一是开展集中调研。2020年2月下旬至3月底，全体市级领导干部牵头组织开展推动成渝地区双城经济圈建设集中调研，克服疫情困难，走出去、找问题、寻对策，吃透上情、把准市情、摸清下情，凝聚了全市上下智慧和力量，形成了一批较高质量研究成果。召开市领导集中调研成果交流会，部署推动调研成果转化运用。二是加强系统谋划。以推进"一区两群"协调发展作为贯彻落实习近平总书记重要指示精神、推动成渝地区双城经济圈建设的重要部署，优化全市空间布局，促进各板块彰显特色、协调发展、形成合力。积极对接国家发展改革委等有关部委和四川省委、省政府，谋划建立"1+7+N"工作体系。"1"，即4月15日重庆市委第五届八次全会召开，审议通过了《中共重庆市委关于立足"四个优势"发挥"三个作用"加快推动成渝地区双城经济圈建设的决定》；"7"，即对照习近平总书记提出的七项重点任务，分项研究制定行动方案，提出各领域工作任务、具体抓手和保障措施；"N"，即围绕习近平总书记讲话中明确的若干工作任务，按照清单化、事项化、政策化要求落实。11月26日至27日，市委五届九次全会召开，进一步提出要提高政治站位、战略站位，深刻把握"两中心两地"战略定位和发挥"三个作用"的辩证统一关系，全面推动成渝地区双城经济圈建设落地见效。

1. 重大项目陆续实施

为贯彻落实川渝两省市党政联席会议第一次会议精神，发挥重大项目对成渝地区双城经济圈建设的支撑和示范作用，推动成渝地区双城经济圈建设联合办公室聚焦互联互通、辐射毗邻地区、跨区域或流域合作开发和互相投资等方面的基础设施、产业发展、科技创新、生态环保、公共服务项目。

2020年，推动成渝地区双城经济圈建设联合办公室先后审议通过第一批和第二批川渝2020年共同实施的重大项目累计31个，总投资5386.4亿元，年度投资548.8亿元。其中有成达万、成渝中线、渝西、渝昆、成渝客专提质改造等5个高铁项目；提升川渝毗邻地区互联互通水平的高速公路、快速通道项目11个，分别是南充至潼南、内江至大足、资中至铜梁、江津至泸州北线、泸州至永川、开江至梁平等高速公路项目和渝邻快速通道、遂潼快捷通道、明月山环山旅游健康道路；推进长江干线和主要支流航道扩能提升的航电项目3个，分别为嘉陵江利泽航运枢纽工程、涪江干流梯级渠化双江航电枢纽、渠江重庆段航道整治工程；完善物流网络和内外枢纽联通的港口、场站、物流项目5个，分别是渝西川南综合物流园、成渝双城物流配送中心、遂宁港大沙坝作业区一期工程、华蓥高兴站货场工程、渝威国际农批冷链项目；重庆西部电子电路产业园、巴蜀非遗文化产业园、大巴山国际旅游度假区等产业项目5个；5G网络覆盖、人工智能融合应用平台等新基建项目2个。

2021年推动实施川渝合作共建重大项目67个、总投资1.57万亿元、年度计划投资1015.5亿元，两地将统筹油气资源开发，联合推进实施川渝千亿方天然气基地和中国"气大庆"项目，总投资

三、实施协调发展　助推全面小康格局

7000亿元。重点推动遂潼川渝毗邻地区一体化发展先行区、内荣现代农业高新技术产业示范区等毗邻地区平台建设基础设施项目。产业项目数量达23个，总投资2698.4亿元，年度计划完成投资178.1亿元，涉及制造业、数字经济、现代服务业、特色农业等领域。其中，制造业项目有重庆西部电子电路产业园、遂潼天然气产业园等。数字经济项目有人工智能融合应用平台等。现代服务业项目4个，重点锁定物流行业，分别为华蓥高兴站货场、成渝双城物流配送中心等。还有100万头生猪产业化项目等3个现代高效特色农业项目。科技创新项目5个，包括无线能量传输及环境影响科学工程、国家碳中和技术创新中心建设、长江上游种质创制大科学中心等项目。巴蜀文化旅游走廊文化旅游项目6个，包括巴蜀非遗文化产业园、绵竹玫瑰谷等。项目名单中，还有国家西南区域应急救援中心建设等4个公共服务项目。

2022年，将持续推进共建成渝地区双城经济圈重大项目160个，项目总投资超2万亿元。160个重大项目围绕《成渝地区双城经济圈建设规划纲要》提出的六大重点共建任务，紧扣合力建设现代基础设施网络、协同建设现代产业体系、共建科技创新中心、共建巴蜀文化旅游走廊、生态共建共保、公共服务共建共享等6个领域。其中，合力建设现代基础设施网络领域的项目投资总量规模最大，共涉及40个项目、总投资13461亿元。包括成渝中线高铁、川渝千亿方天然气基地项目等。川渝两地一批交通、能源、毗邻平台基础设施项目将加快实施。协同建设现代产业体系领域的项目数量最多，共有72个，总投资5402亿元。包括宜宾锂电产业、川渝5G网络覆盖、中铝高端制造等，涵盖制造业、数字经济、现代服务业、现代高效特色农业等。围绕共建科技创新中心，川渝两地继续

77

加快布局建设重大科技基础设施，积极构建产业创新平台，着力优化创新空间布局，合作共建西部科学城，共涉及项目30个、总投资750亿元。包括超瞬态实验装置项目、转化医学国家重大科技基础设施（四川）、生命健康金凤实验室等项目。此外，共建巴蜀文化旅游走廊、生态屏障、公共服务等领域共有18个项目，分别涉及总投资415亿元、133亿元、206亿元。

国家级创新中心——联合微电子中心（重庆市经济和信息化委员会 供图）

2.毗邻地区功能平台持续优化提升

政策推动深度融合。2020年3月25日，市委书记陈敏尔在荣昌区调研时指出，加快推进毗邻地区深度融合，推动成渝地区双城经济圈建设走深走实。4月13日，陈敏尔在推动成渝地区双城经济圈建设领导小组第三次会议上，要求研究制定支持重庆市13个区县加强与四川毗邻地区合作的指导性意见。市长唐良智也多次强

三、实施协调发展 助推全面小康格局

调,要加快推进川渝毗邻地区融合发展,加强深度合作。毗邻地区融合发展是推动成渝地区双城经济圈建设的突破口。落实市委和市政府领导指示,重庆市积极谋划推进毗邻地区合作功能平台建设,综合分析毗邻地区比较优势,以资源禀赋和优势产业为切入点,谋划提出打造9个特色鲜明和优势互补的区域发展功能平台。2020年,市委、市政府出台《关于推动毗邻四川的区县加快融合发展的指导意见》,推动川渝两省市政府联合出台《川渝毗邻地区合作共建区域发展功能平台推进方案》,为推动毗邻地区合作功能平台建设提供重要政策支撑。

地区功能平台纷纷建立。2021年,川渝毗邻地区实际合作共建功能平台共10个。截至10月底,川渝高竹新区、遂潼一体化发展先行区、明月山绿色发展示范带、泸永江融合发展示范区已获批建设,内荣现代农业高新技术产业示范区即将批复,其余5个平台正在加速推进。万达开川渝统筹发展示范区将统筹发展贯穿示范区建设的各领域各方面各环节,坚持区域联动、突出生态优先,拟按照"生态优先绿色发展样板、统筹发展制度创新试验区、全国综合交通物流枢纽、川渝东北地区重要增长极"四个战略定位,打造省际交界地区统筹发展示范标杆。川南渝西融合发展试验区突出"融合"和"试验"两个关键词,拟按照"西部地区高质量发展重要支撑带、产业跨区域融合发展示范区、成渝地区对外开放重要门户"等战略定位,建设产业和人口优势承载地。遂潼一体化发展先行区围绕"联动成渝的重要门户枢纽、一体化制度创新试验地、成渝中部地区现代产业聚集地"等发展定位,先行先试、形成典范。目前一体化发展先行区发展规划也已编制出台。川渝高竹新区围绕"跨省域一体化发展试验区,产城景融合、高质量发展示范区,重庆主

城都市区新型卫星城"的发展定位，在探索经济区与行政区适度分离改革上先行先试。目前，新区党工委、管委会机构编制设立文件已经两省市编委正式印发。明月山绿色发展示范带围绕"绿色一体化制度创新试验田、生态经济创新发展试验区、人与自然和谐发展示范区"的发展定位，推动形成明月山山脉绿色发展廊道，打造践行"绿水青山就是金山银山"的新样板。泸永江融合发展示范区围绕"川渝滇黔结合部经济中心、成渝双核重要功能配套区、成渝地区南向开放合作门户"等发展定位，合力打造融合发展核心区、沿江绿色发展带、沿高铁创新发展带。内荣现代农业高新技术产业示范区围绕"国家畜牧科技创新高地、全国生猪种源基地、数字农业发展样板区"等发展定位，合力建设国家畜牧科技城、国家现代农业产业示范园、双昌产业合作示范园等，打造全国现代农业科技创新重要策源地。资大文旅融合发展示范区拟围绕"世界石刻（窟）文化遗产保护利用示范、巴蜀特色文化旅游目的地、全国知名文化创意产业基地"的发展定位，以文塑旅、以旅彰文，引领带动巴蜀文化旅游走廊建设。合广长协同发展示范区拟围绕"成渝地区先进制造业高水平协作配套区、重庆中心城区非核心功能疏解承接区、成渝地区高品质生活宜居地"的发展定位，发挥区位优势，主动服务配套成渝双核，建设跨省域协同发展的示范样板。城宣万革命老区振兴发展示范区拟围绕"革命老区高质量发展样板区、巩固拓展脱贫攻坚成果同乡村振兴有效衔接示范区、川东渝北连接关中平原的重要门户"的发展定位，传承弘扬老区精神，补齐基础设施等短板，增强自我发展能力，为全国革命老区振兴发展作出示范。

各级部门交流合作。除了以上重要毗邻地区平台以外，川渝两地省市级部门、区县市（州）积极围绕基础设施、现代产业、科技创新、国土空间、体制改革、生态环保、公共服务等各个方面加强交流与合作。截至2021年12月底，全市区县政府、市级部门与四川方面共签署合作协议272份（包括框架协议、备忘录、行动计划等）。30个区县与四川方面签署协议92份，其中合川区、渝北区等13个毗邻区县与四川市县政府签署协议61份，江北区、北碚区等17个非毗邻区县与四川市县政府签署协议31份；南川区、秀山县等5个区县与四川协会、院校、企业等签署协议6份。92个市级单位与四川方面签署协议165份。围绕协议具体事项，区县政府、市级部门制定工作方案，加快推进落实，多数事项取得了较好进展。

3.公共服务合作事项持续推出

教育领域。一是推动教育合作更加紧密。2021年上半年，两地30个市级教育行政部门、100所高校互动频繁，签署各类教育战略协议、合作协议、协同倡议共20余份；召开各类双城教育发展论坛、研讨会20余次，开展教师交流、项目合作、联合培训等活动近2000人次。推动成立包括成渝地区双城经济圈马克思主义学院联盟在内的9个双城教育联盟。二是城乡义务教育一体化发展试验区建设取得新成效。积极推动"教育+互联网"发展，建立"城乡义务教育一体化发展试验区课程资源中心"。共同建设"三个课堂"，推进教科研一体化建设。推行跨区域同学段同学科教师"云研备"，推进强校带弱校、一长执多校等办学模式改革，共同打造区域中小学集团化办学龙头学校，大力推行集团化办学模式改革。三是加快建设西部职教基地。建立职教基地联席会议制度，召开西部职教高峰会。指导制定西部职教基地发展规划；川渝协同举办职教活动周，举办职业教育服务成渝双城经济圈主题展，参展院校超过30个。四是加强师资队伍建设。联合开展成渝双城地区中小学校长及教师培训协同项目16项共计4225人。协同实施教育部中小学教师国培计划示范性综合改革数学课标、自主选学等2个项目。五是推进人才队伍建设。共同打造成渝高校引才平台，开展2021年上半年赴成都组团招聘事业单位高层次和急需紧缺人才的工作。实施博士后联合培养计划。开展人才双向互聘交流。确定了首批成渝地区双城经济圈高校访问学者59人。六是积极推进高校合作。指导推进重庆工业职业技术学院开展川渝高竹新区校区建设可行性论证，推进西南大学在宜宾设立研究院。

  人力社保领域。一是完善人力社保部门合作机制。召开川渝人力社保部门法治工作座谈会。强化川渝行政许可合作，进一步统一了两地行政许可事项清单（名称、行使层级），探索逐步统一办事指南和办理流程，实现行政许可事项名称、设立依据、申请条件和办理流程等的统一。二是持续推进川渝人社第一批"跨省通办"工作。截至2021年6月底，网办通办业务累计9.6万件，日均办理通办业务528.7件，办件量最大的单项业务为"职业介绍"，累计办理5.1万件。在持续做好第一批"跨省通办"工作的基础上，积极推进14项第二批"跨省通办"业务。三是持续办好人社公共服务合作"五件大事"。深入抓好人社信息"两地通"、养老待遇资格"就近认"、招聘求职"一点通"、人才档案办理"零跑路"、社会保障卡"就近办""五件大事"落地落实。截至2021年6月30日，两地互签电子社保卡7.6万张；互认养老保险待遇领取资格4.5万余人；共同举办网络招聘会24场，参与企业1万余家，提供岗位60余万个；两地线上办理人才档案业务17.6万次；互办社保卡服务2.4万件。

三、实施协调发展　助推全面小康格局

住房保障领域。一是积极促进川渝两地住房保障共建共享合作。与四川共同印发了2021年川渝住房保障合作工作要点。开展协同调整公租房实物和货币保障的范围和准入门槛研究等工作，共同推动公租房保障范围常住人口全覆盖，累计实现川渝互保3.7万户。与四川共同发起创建"川渝安居·助梦起航"网络信息平台。与四川合作研究健全公租房日常使用动态监管机制，推进共享联合惩戒信息，已向四川方面提交联合惩戒名单共947户。二是扎实推进住房公积金一体化发展。制定住房公积金便捷服务专项行动方案，稳步推进成渝地区双城经济圈住房公积金一体化发展，明确川渝通办、政策协同、司法扣划、简化业务办理手续、人员互派等方面工作任务。持续提升信息共享质量，推动住房公积金单位登记开户、购房提取住房公积金等10项川渝通办事项实现全程网办。协同推进灵活就业人员参加住房公积金制度等改革试点工作。上半年川渝两地间转移接续1767人次0.35亿元，累计转移接续6181人次1.26亿元。支持四川缴存职工在渝公积金贷款购房需求，上半年向四川缴存职工发放贷款609笔2.35亿元，累计向四川缴存职工发放贷款2614笔9.86亿元。

交通领域。一是推动开通跨省城际公交。总体规划31条线路。按照成熟一条推进一条的原则，先后开通8条跨省城际公交线路，探索形成了可复制可推广的跨省城际公交发展经验及实施途径。到2022年，实现川渝之间具备条件的毗邻市、区、县跨省城际公交线路全覆盖。二是推动实现两地公交轨道一卡通。重庆市轨道交通、常规公交已全面实现带有"交通联合"标识IC卡在川渝地区刷卡互认以及全国互认，同时将刷卡应用范围扩大到川渝跨省城际公交，乘客跨区域、跨城市公共交通出行更加便捷。三是积极推动实现高铁公交化。与成都局集团公司于2021年6月30日签订《重庆公交化列车开行运营补贴协议》。利用渝万、成渝高铁，渝利、遂渝、兰渝铁路，襄渝、渝贵、涪怀二线等8条干线的富余能力开行35对固化新增列车，跨局直通车高峰时刻停站76次，覆盖"一区两群"及重庆周边经济吸引区。

文化旅游领域。一是积极推进巴蜀文化旅游走廊建设。配合国家有关部委推动《巴蜀文化旅游走廊建设规划》尽快印发实施。成立推动巴蜀文化旅游走廊建设专项工作组，形成《深化四川重庆合作推动巴蜀文化旅游走廊建设工作方案》等机制文件，全面启动巴蜀文化旅游走廊建设。双方签订成渝地区双城经济圈文化旅游、文物保护利用、公共服务协同发展系列合作协议，共同推动成渝地区双城经济圈建设15项合作，建立成渝文物保护利用11项联动，强化成渝文化旅游公共服务13项协作。二是多方面开展合作和举办文化活动。以"成渝地·巴蜀情"品牌为引领，两地省（市）级和各区县文化旅游部门、公共文化服务机构开展广泛合作交流，举办"川渝乐翻天"喜剧节目交流展演、"成渝德眉资"文旅区域联动才艺赛等系列活动近百场。搭建区域一体化公共文化和旅游产品云平台，联合举办成渝地区文化和旅游公共服务及产品采购大会。打造成渝地区文化旅游公共服务数字化品牌，推动打通川渝两地数字图书馆、数字文化馆网络，建设川渝公共文化数字化平台，逐步实现图书"通借通还"、场地活动"一键预约"、服务产品"一键采购"。

卫生健康领域。一是健全川渝合作机制。成立推动成渝地区双城经济圈建设卫生健康一体化发展领导小组，建立区域卫生健康协调发展联席会议机制。组织开展"成渝卫生健康一体化发展"等课题研究。二是深化医疗服务协同发展。川渝两地医院共建立眼科、神经外科等80多个专业的专科联盟。推动川渝远程医疗协作,已建立远程协作网26个。完成川渝两地电子健康卡管理信息系统对接,川渝两地部分公立医疗机构已实现电子健康卡"扫码互认"。三是推进检验检查结果互认。5月,成德眉资4地卫健委正式签订《区域医疗检验检查结果互认合作协议》和《区域医疗专家资源共享协议》,四川大学华西医院、省人民医院等9家中央在川、省属医疗机构以及24家四地高水平医院共同开展检查检验结果互认。四是强化公共卫生协作。加强疫情防控合作,建立省级数据信息共享平台,全面实现两地间隔离期满入境人员信息"点对点"数据信息实时共享。推进疾病预防控制工作协作,完善应急协作机制。五是做好基层卫生共建共享。共同推进县域医疗卫生次中心和重庆市农村区域医疗卫生中心建设。举办2021年成渝地区双城经济圈·成德眉资绵基层卫生技能竞赛,提升基层医疗能力,推动优质资源共建共享。六是强化健康产业一体化发展。推动健康养老产业发展。推动国家老年疾病临床医学研究中心(华西医院)在重庆医科大学附属第一医院设立国家老年疾病临床医学研究分中心。深入中医药合作。共建国家中医临床研究基地,共同开展优势病种研究、临床科研攻关和中医药人才培养。

市场监管领域。一是强化川渝地方标准对接。推动行业主管部门共同制定川渝省级地方标准。新立项地方标准60项、发布地方标准公告3期,批准发布地方标准40项。推动34家社会团体自我声明公开团体标准59项,513家企业自我声明公开执行标准1686项。二是促进政务信息共享。推动川渝两地企业登记监管政务信息共享,新归集涉企信息535.62万条,累计11563.49万条、100%记于企业名下,累计公示308.24万户市场主体信息的各类信息

7502.61万条，均已通过国家企业信用信息公示系统实现共享互查、同步互认。三是持续优化营商环境。共同探索建立川渝"市场准入异地同标"便利化准入机制，推进名称自主申报字词库、企业经营范围规范化表述、企业登记提交材料规范"三统一"，实现营业执照"川渝通办""异地互发""一日办结"。共同签署成渝地区双城经济圈知识产权保护合作机制备忘录、建立6项合作机制。在全国率先建立公平竞争审查第三方评估机制、出台社区团购平台合规经营指南，建立反垄断反不正当竞争联席会议制度。

体育领域。一是进一步加强组织领导。成立重庆四川体育事业融合发展领导小组。共同签署《川渝体育深化融合发展施工图》，明确了促进全民健身、推动竞技体育共建共享、加强青少年活动交流、建立成渝体育产业联盟、推进场地建设、实施成渝地区体育人才战略等六大任务。二是推动体育产业协同发展。签署《成渝地区双城经济圈体育产业协作协议》，共同举办了2021首届"巴山蜀水运动川渝"体育旅游休闲消费季重庆·荣昌站暨荣昌第二届体育消费节，开展了"百年党旗红体育强国梦"主题展览、川渝体育产业峰会、川渝体育旅游用品展会等8项活动，活动期间吸引游客30.1万人次。持续推进成渝体育产业联盟筹建。三是共同举办体育赛事开展群众体育。成功举办重庆市第六届运动会、田径分区邀请赛（西南赛区）、2021年全国田径锦标赛暨十四运资格赛（场地）、全国女子拳击锦标赛（第一站）暨十四运第一次选拔赛、十四运武术套路资格赛等高水平赛事。以品牌赛事为核心要素大力发展区域性群体赛事，签订重马公司（重庆）与博捷体育（四川）战略合作协议，全市69个公益性体育场馆实现川渝两地免费开放。

医疗保障领域。一是跨省异地就医住院费用直接结算范围不断扩大。开展跨省异地就医住院费用直接结算医疗机构总数已达1896家，门诊结算医药机构5751家（其中门诊1556家，药店4195家）。截至2021年6月重庆参保人在四川住院就医累计结算11.8万人次，基金支付9.8亿元，普通门诊结算28.6万人次，基金支付0.44亿元；四川参保人在重庆住院就医累计结算21.7万人次，基金支付19.83亿元，普通门诊结算18.4万人次，基金支付0.23亿元。二是探索推进门诊慢特病费用跨省直接结算。积极推进西南五省市高血压、糖尿病等门诊慢特病费用跨省直接结算试点，开通首批定点医疗机构328家，其中重庆93家。截至2021年6月末，川渝门诊慢特病费用跨省直接结算786人次，医疗总费用24.3万元，基金支付18.7万元。

（三）"一区两群"协调发展带来全面小康的城乡共进

党的十九大以来，重庆市"一区两群"协调发展稳步推进，市委五届六次全会作出构建"一区两群"区域协调发展格局战略部署，市委五届八次全会通过决定把"一区两群"协调发展作为成渝地区双城经济圈建设的载体，随后相继印发实施建立健全"一区两群"协调发展机制实施意见以及三个片区建设行动方案和政策措施，明确全市以及各片区协调发展目标任务，建立市级统筹协调机制和分区域协调发展联席会议机制，加强规划统筹和分类指导，主城都市区带动作用进一步提升，"两群"产业生态化、生态产业化发展态势良好。推动重庆市区域协调发展全面起势，人均地区生产总值比值持续缩小至1.8∶1。

1. 主城都市区

协作合作不断加强。主城都市区与各结对区县本着"优势互补、资源共享、互惠互利、协同联动"原则，通过共同组建协同招商专班，搭建招商协作平台，建立利益分享机制，共享招商信息资源，共同推介招商引资重大项目。2021年度，17对结对区县全部完成协同引资超过5000万元的基本目标，全年累计协作引进项目46个，协作引资实际到位资金约21.2亿元。万州区与两江新区联合引进的猪八戒、博拉网络等项目已正式落地万州。璧山区为梁平区协作引进绵阳汇博、重庆博之鸣等项目落地"璧山高新区梁平协同创新发展园区"。合川区引导本土企业国泰康宁总投资10亿元的研发生产基地已正式动工建设。主城都市区充分发挥资源优势和产业基础，将前端部分产业链延伸到"两群"结对区县，引导和鼓励本区内龙头企业、骨干企业到"两群"协同区县建设配套产业基地、原材料供应基地。主城都市区推动72家重点企业与17个"两群"协同区县企业建立合作关系。高新区与黔江区共同推动石墨烯研究院公司、重庆海云捷迅、光控特斯联3个项目达成合作协议，引导黔江区2家企业与高新区3家企业建立上下游产业合作关系。大渡口区借助忠县在食品原材料加工领域的产业优势，推动井谷元、孟非的小面等企业与忠州腐乳酿造公司等企业建立合作关系，拟与忠县协同建设"产供销"一体化的百亿级"重庆小面产业园"。积极探索"飞地建园"，创新产业协作新模式。两江新区、万州区聚焦资源互通、优势互补，共同打造两江数字经济产业园万州园、两江新区万州企业研发中心、两江先进制造配套产业万州园、万州（两江）绿色智造赋能中心4个"飞地园区"，重点推动电子

三、实施协调发展 助推全面小康格局

信息、光学材料等领域企业加强联动。开州区与江津区整合资源优势，在开州挂牌运营"重庆市江津·开州产业合作示范园"，积极承接产业转移，全年建设标准厂房20余万平方米，推动慕多工贸、申健模具、达望曲轴等13个项目落地投产，促进企业协同配套发展。协力探索"景区共建"，研议旅游协作新思路。部分结对区县联合开展协同开发、联合运营的旅游协作模式，按照市场化原则，共同出资组建开发公司，共享运营收益。江北区积极协调辖区宏融集团与酉阳自治县旅投集团开展合作，到位资金5000万元，投入企业1名独立董事参与管理，新辟5条旅游线路，接待旅客4万余人，从资金、人才、营运模式等方面探索出一条"景区共建"的新路子。

城乡互动力度加大。各协同区通过展台、网络直播等方式对"两群"区县特色产品开展助销活动，帮助销售推广产品，提升品牌效应。2021年主城都市区累计帮助销售"两群"协同区县农特产品、文旅产品约5.19亿元。各结对区县城乡互动频繁，全力推动乡村振兴。渝北区聚焦"五个振兴"，帮助云阳县泥溪镇石缸村打造乡村振兴示范村。永川区帮助彭水县加快实施乡村建设行动，安排帮扶资金重点支持彭水县疾病预防控制中心实验室标准化建设、靛水街道中药材基地、绍庆街道阿依河集中安置点后续配套等项目建设，打造美丽乡村。两江新区聚焦提升万州区多式联运水平，引导重庆港务物流集团投资参与万州港建设，优化调整红溪沟作业区装卸作业能力，升级改造桐子园作业区；重庆港务物流集团与万州区政府等5个主体签订万州区新田港二期合作协议，成立合资公司共建共营万州新田港二期。合川区落实帮扶资金，支持秀山县新建改建农村公路和产业路、新建便民桥、整治沟渠等农村基础设施项目建设。各结对区县积极推动人才交流合作，全年互派教师或教学管理人员307名，完成互派交流医务人员10名、培训医务人员20名的基本目标，全年累计互派交流医务人员332名，帮助培训"两群"协同区县医务人员4923名，相互派遣党员干部、专业人才交流学习128名，培训"两群"协同区县干部人才1748名。渝中发挥优质教育集团优势，遴选巴蜀中学、人民小学等优质中小学校结对帮扶巫溪尖山中学、镇泉小学等32所学校，合理促进教育质量提升。

携手推进科技创新。针对"两群"结对区县农业科技、文旅融合等领域，协同区积极搭建合作平台，采用多种形式开展科研协作项目45个。荣昌区与丰都县、西南大学和重庆市畜牧科学院协同打造丰都肉牛产业研究院，构建"政府—高校—科研院"协同创新模式，联合丰都县肉牛企业等单位成功申报获批重庆市技术创新与应用发展专项重点项目。北碚区利用西南大学的科研技术及团队优势，开展科技特派员团队项目"巫山'果—草—羊'特色种养循环技术集成与应用"，推广脆李—优质牧草套作500亩，引进优良牧草、脆李和黑山羊优良肉羊等新品种7个，破解了果园下种草技术、山羊围栏放牧技术、羊粪无害化处理及利用技术等难题3项。沙坪坝区积极探索"资金+技术+项目+人才"的系统性科技协作模式，引导西部地质科技创新研究院、重庆林业研究院等4家科研单位在农村垃圾处置、库区滑坡监控等6个领域与奉节县开展深度科技合作，推动科技成果在土壤修复治理、精品果木种植等多个领域转移转化，已完成油橄榄品种更新、病虫害有效控制等项目合作。主城都市区选派干部、专技人才到结对区县挂职交流和开展技术指导。累计挂职交流人才128名，培训"两群"协同区县干部人才1748名。武隆区与涪陵区、南川区共派12名干部交流学习，涪陵

三、实施协调发展　助推全面小康格局

区联合南川区在检察院廉政教育基地、大顺乡革命传统教育基地、"816工程"党性教育基地等地对武隆区选派秋季干部培训班学员78名进行了生动的现场教学培训。

深化探索市场互通。结对区县贯彻落实党中央、国务院关于严格耕地保护的指示要求，探索落实区域耕地占补平衡的途径和方式，以补足耕地数量与提升耕地质量相结合的方式实现耕地占补平衡。高新区和黔江区双方深化"资源+市场"供需合作，完成全市单笔最大规模8.46万亩森林指标交易和628亩地票交易，推进跨区域生态效益转化和区域耕地占补平衡，增加黔江生态收益3.2亿元，实现经济、生态和社会效益"三统一"。为更好解决中小企业融资难的问题，积极探索融资协作新思路，拓宽融资新渠道，綦江区和石柱县探索建立共同融资机制，共同争取政策性银行支持，通过创新农业产业化联合体贷款、供应链金融服务等模式获得融资支持。南岸区与石柱县加强交流对接，共同探索创新金融服务，支持石柱县当地农业发展，助推石柱县积极探索"重点建设项目+银行+贫困户""龙头企业+银行+贫困户"等新模式，鼓励石柱县金融机构积极推广"惠农e贷+""欣农贷""生猪贷"等25种金融扶贫产品。各结对区县积极探索产销对接，帮助"两群"区县农特文旅产品打通销路。巴南区"农超"对接促销，积极组织区内超市资源，采购丰都滞销农产品进入巴南区凤梧超市、永辉超市、新世纪超市等40余个超市网点销售。大足区、忠县出台结对区县游客半价优惠政策，利用微信公众号推介文旅产品和线路，联手开展旅游营销。潼南区积极引导农业新型经营主体到彭水县承包流转地，利用蔬菜、花椒等标准化生产技术，拟建设2—3个红薯、苏麻、油茶等特色农产品标准化、规模化种植基地，逐步拓展两地产销对接的深度和广度。2021年，17对结对区县全部完成提供就业岗位200个、就业培训300人次的基本目标，全年累计主城都市区为"两群"协同区县提供就业岗位并实际到岗6218个，开展就业培训6103人次。长寿和垫江毗邻接壤，在长寿海棠镇、云台镇与垫江澄溪镇谋划共建澄（溪）海（棠）新区，打造以新型建材、食品加工等现代制造业为重要支撑的现代化产业集聚区，带动各类企业近40家入驻，帮助两地2000余名农民就近就业，为垫江就业困难群体提供优质岗位836个。结对区县积极探索实施横向生态补偿机制，为加快绿水青山建设、共促经济社会发展，实现双赢打下基础。高新区向黔江区购买森林面积指标8.46万亩，交易金额2.115亿元，并通过土交所完成628亩地票交易，增加生态收益3.2亿元。长寿区、垫江县与梁平区三方联合制定《长寿区、梁平区、垫江县环境风险防范应急联动工作方案》，共同在桃花溪碧桂园断面开展联合水质采样监测，协同开展龙溪河流域联合执法。

2.渝东北三峡库区城镇群

深入贯彻习近平生态文明思想和习近平总书记关于城乡区域发展、新型城镇化等重要论述，认真落实市委提出的"把握'四个一'重大问题""4个方面重点任务""强化战略保障"要求，渝东北城镇群生态优先绿色发展大步迈进，绿水青山"颜值"、金山银山"价值"迅速提升，国控断面水质达标率稳定在100%，绿色发展态势不断向好。2021年，GDP、固定资产投资、工业投资、社零总额等多项经济指标增速领跑全市。

全力打造长江上游重要生态屏障。一是推进千里长江"一江碧水·最美岸线"建设。印发实施《重庆市筑牢长江上游重要生态屏障"十四五"建设规划》和《重庆市重要生态系统保护和修复重大工程总体规划（2021—2035年）》，推进乡镇集中式饮用水水源地规范化建设工程，大力开展水源地保护工作，片区城市集中式饮用水水源地水质达标率保持100%。印发实施《重庆市环境保护跨区域跨流域联合执法工作机制》，组织开展川渝跨界河流河长制联合暗访、对144个河湖管理保护问题进行联合交办，持续推进川渝跨界河流污水"三排"、河道"四乱"专项整治行动，累计排查整改问题475个。加快实施跨界河流《铜钵河流域水生态环境保护川渝联防联治方案》，基本完成重庆段工程。二是推进长江沿岸"两岸青山·千里林带"建设。累计完成"两岸青山·千里林带"建设任务近17万亩，综合实施国家重点水土保持重点工程、退耕还林、矿山生态修复和土地整治及石漠化综合治理等措施，累计完成水土流失综合治理700平方公里、矿山恢复治理136公顷。实施湿地分级管理，从严控制建设项目占用湿地审批，认定梁平双桂湖、巫山大昌湖为市级重要湿地。加强三峡库区地质灾害防治，实施监测预警项目近4000处、实行"四重网格化"系统管理，推进51个治理工程。三是建立健全生态文明体制机制。印发实施《重庆市自然资源资产产权制度改革实施方案》，积极推进林票制度改革。统筹做好自然生态空间确权登记，探索创新绿色信贷、绿色债券、绿色保险和绿色要素交易等金融产品。支持城口、巫溪等区县与主城区县签订横向生态补偿提高森林覆盖率协议。

全力打造生态优先绿色发展示范区。一是大力发展"三峡制造"绿色工业。培育形成绿色建材、食品加工、电子信息、汽车制造等特色产业集群。各区县因地制宜培育发展1—3个特色优势产业，市级特色产业基地累计达21个、实现渝东北区县全覆盖。大力引育国家级专精特新"小巨人"企业，紫建电子创业板成功上市，中昆新材料获中央财政资金重点支持。二是大力发展"三峡农家"特色高效农业。建设市级以上农业科技园区9个、标准化生产基地近70万亩，培育特色农产品优势区9个、名特优新农产品17个。创建三峡柑橘特色产业集群，推动重庆三峡柑橘集团揭牌成立，成功举办第三届三峡柑橘国际交易会，上线企业570家、实现交易额24.7亿元。启动巫山脆李生产可视化数字平台建设，颁布推广巫山脆李标准化技术规程，建成优质脆李产业基地81万亩。加强农产品质量监管，农产品质量安全例行监测合格率达98.5%，畜产品检测合格率达98%以上。三是大力发展"大三峡"全域旅游业。加快奉节白帝城·瞿塘峡、巫山神女、丰都名山等5A级景区创建，累计创建A级旅游景区84个。巫山五里坡被评为世界自然遗产，成功创建丰都南天湖国家级旅游度假区、梁平百里竹海、奉节九天龙凤、云阳清水、开州汉丰湖等一批市级旅游度假区。五星级及按五星级标准打造的三峡游轮达27艘，建成并试运行万州大三峡旅游集散中心，投用大三峡文旅广电云平台，片区3A级以上景区视频监控接入率达92%。

全力打造成渝地区双城经济圈东向开放桥头堡。一是加快推进基础设施补短板，郑万高铁、渝万高铁、成达万高铁以及巫溪至陕西镇坪、奉节至湖北建始、开州至城口、开州至梁平、万州南环、巫云开、城口至巫溪高速公路等重大项目建设加快推进，渝西高铁、垫江至四川大竹、城口至四川万源高速公路前期工作有序实施。有序实施国省干线改造工程，片区内普通省道三级及以上公路占比约70%。万州机场改扩建完工，万州机场升级为4E级干线机场纳入《重庆市综合立体交通网规划纲要》和《重庆市综合交通运

三、实施协调发展　助推全面小康格局

输"十四五"规划》。二是促进高水平对内对外开放联动。全面融入、主动服务国家和重庆市对外开放战略，建设对外开放大通道，依托渝西高铁、郑万高铁等通道，共享物流、资金流、信息流，畅通对外物流大通道。打造重点开放平台，推动万州综合保税区获批设立和保税物流中心提挡升级，加快推进万州航空、水运口岸正式开放，建设万州达州"双飞地"港口、万州现代物流园、川东"无水港"、开州浦里新区等开放平台。获批设立万州综合保税区和丰都县（榨菜）外贸转型升级基地，推动实现万州经开区空间拓展。

全力打造新型城镇化典范。一是稳步推进"江城"特色城镇化发展。加强沿江城镇规划建设管理，全力推进棚户区、城镇老旧小区改造提升工程，江城、江镇、江村滨江地带品质持续提升，新增农业转移人口和其他常住人口6.4万人。稳步推进区县城补短板强弱项重大项目实施，垫江、忠县国家县城新型城镇化建设示范全面启动，实施26个特色小城镇建设计划。乡村振兴全面发力，完善产业与农户利益联结机制，加速建设11个市级乡村振兴示范镇村。全面完成农村集体产权制度改革试点，农村"三变"（资源变资产、资金变股金、农民变股东）改革试点村覆盖25%以上的行政村。城口、云阳被评为"易地扶贫搬迁工作成效明显县"。二是加快推动公共服务共建共享。持续推进重庆三峡学院更名升大学工作。整合片区职教资源，建设职业教育集团10余个，推进"3+2"等人才贯通培养项目、招生近2万人。大力发展公办幼儿园，完善普惠性民办幼儿园认定标准、扶持、日常管理等政策。开州区中医院、三峡医药高等专科学校附属中医医院成功晋级为三级中医医院，奉节县中医院、忠县中医院正抓紧开展二级晋三级中医医院工作。持续开展三级医院对口帮扶已脱贫县医院，累计派出72名高年资医务

人员，开展临床带教4620人次，接诊门、急诊患者58326人次，完成手术3928台次。

全力推进区域板块联动发展。一是推动跨区域合作平台建设。加快推进万开云同城化发展，制定实施《万开云同城化发展实施方案》《万开云一体化国土空间规划》，万州至开州南雅高速公路、万云滨江快速路等一批重点项目全面推进，开行万州经浦里隧道至开州城际公交线路、支持万开云出租车返程载客等一批便民事项加快落实。高水平打造"三峡库心·长江盆景"，印发实施《"三峡库心·长江盆景"跨区域发展规划实施方案（2020—2025年）》，"两县一区"开工项目34个、总投资约87亿元。抓紧推进长江三峡"黄金三角"文旅协同发展前期工作。二是推动渝东北川东北一体化发展。建立万达开川渝统筹示范区"三地三级"工作机制，签订合作协议120余项，抓紧制定万达开川渝统筹发展示范区建设方案。明月山绿色发展示范带建设全面启动，发布明月山绿色发展示范带建设六大类85项机会清单，巴蜀非遗文化产业园、巴谷宿集等重大项目进展顺利。

3.渝东南武陵山区城镇群

深入贯彻习近平生态文明思想和习近平总书记关于城乡区域发展、新型城镇化等重要论述，认真落实陈敏尔书记走好"四条高质量发展路子"的指示及有力有效推动各项任务落地落实的"四个要求"，渝东南城镇群文旅融合发展成效显现，"大武陵"文旅品牌进一步"擦亮"，生态保护修护扎实推进、森林覆盖率达60.2%。2021年，渝东南城镇群经济加快恢复性增长，房地产投资、社会消费零售总额等经济指标增速高于全市平均水平，一般公共预算收

三、实施协调发展 助推全面小康格局

入增长14.1%、领跑全市。

持续筑牢绿水青山生态屏障。一是大力推进生态系统保护与修复。打造乌江生态廊道，实施重点河岸防洪护岸和水土流失综合治理工程，自然岸线保有率达97.8%，完成水土流失综合治理436平方公里，片区内国控断面水质达标率保持100%。完善集中式饮用水水源地规范化建设，城市集中式饮用水水源地水质达标率达100%。打造武陵山、大娄山生态屏障区，加快推进国土绿化营造林、"两岸青山·千里林带"建设任务，大力整治岩溶地区石漠化，空气质量为优天数居全市第一。二是大力推进环境污染防治。加大乌江等流域综合治理，保持乌江、酉水河水质为Ⅱ类，龙河水质为Ⅲ类及以上。加快补齐环保基础设施短板，累计建成城市污水处理厂8座，处理规模达22.3万吨/天，全部达到一级A标及以上排放标准。加快推进矿山生态修复，支持石柱县铅锌尾矿库整治，印发秀山县锰行业淘汰落后产能等系列专项方案、强力推进锰污染治理。强化受污染耕地安全利用和严格管控，开展渝东南片区受污染耕地安全利用，在黔江、彭水、秀山开展受污染耕地安全利用示范项目建设。三是有序推进生态产品价值转化。支持有条件的区县率先开展生态产品价值实现机制试点，优先开发出售相关生态指标。其中，酉阳等地聚焦林业碳汇资源，助推"两山"价值转换；武隆等地主动适应气候变化，结合文旅、农业等开发气候产品。渝东南各区县纳入重庆市国家储备林规划建设范围，黔江、武隆被生态环境部授予第四批国家生态文明建设示范区称号，命名市级生态文明建设示范乡镇（街道）75个。

全面推进文旅融合发展。一是推进景区提挡升级。大力创建优质景区，黔江濯水古镇成功创建国家5A级景区，石柱西沱古

镇、万寿景区成功创建国家4A级旅游景区，彭水鞍子苗寨成功创建国家3A级旅游景区。石柱全力推进黄水旅游度假区创建国家级旅游度假区、开展大风堡景区提升打造工作；酉阳研究论证桃花源民俗生态旅游度假区规划调整，整合菖蒲盖资源创建国家级旅游度假区；彭水县加快推进蚩尤九黎城提挡升级和摩围山康养项目建设；秀山边城老街完成房屋修缮加固及立面改造。二是丰富文旅产品业态。推动《印象武隆》《天上黄水》等演艺节目提质升级，打造非遗主题游、红色旅游等精品旅游线路，黔江建成水车坪、万涛故居、红军渡等一批红色旅游景点；武隆开发"清凉一夏游武隆""仙女山的月亮"等主题精品线路；石柱建成王家乡西乐坪战斗遗址、三星乡三根树革命纪念馆等红色旅游参观点；彭水推出民俗风情游、苗乡养心游等8条精品旅游线路。夜间休闲游持续丰富，黔江濯水古镇开发竹筏夜游等项目，石柱成功打造秘境黄水·奇幻乐园夜游项目。三是不断提升文旅内涵。加快推进武陵山区（渝东南）土家族苗族文化生态保护实验区建设，重点打造黔江濯水古镇、武隆后坪、石柱西沱古镇、秀山西街、酉阳龚滩古镇、彭水蚩尤九黎城6个文化生态保护示范点和10个传统村落承载的非遗保护传承项目。着力加强非遗文化传承，武隆区建立石桥木叶吹奏教学班和独竹漂训练基地、浩口田家寨蜡染非遗传习所和后坪乡天池苗寨木器传习所；酉阳民歌——啊啦调传承所全面完工，龚滩古镇常态化开展面具阳戏、土家摆手舞等非遗项目的传承保护及展示展演；秀山苗族羊马节、酉阳土家面具阳戏入选第五批国家级非遗代表性项目，渝东南国家级非遗达到13项。四是提速推进重要事项和重大项目。组建武陵山文旅发展联盟、成立重庆武陵文旅融合发展有限公司，

三、实施协调发展　助推全面小康格局

圆满举办中国武陵文旅峰会活动、实现招商引资签约1400余亿元。

着力构建"文旅+"绿色产业体系。一是大力发展"文旅+"现代山地特色高效农业。实施现代山地特色高效农业示范工程，培育形成山地经果林、高山蔬菜、特色养殖等绿色农业链条，优选培育认定"一村一品"示范镇村131个。以秀山、酉阳为重点建设茶叶基地、中药材基地，建成黔江、石柱、酉阳、武隆、秀山等重点现代农业产业园。着力打造渝东南片区"巴味渝珍"农产品119个，绿色食品协会评选认定重庆名牌农产品34个。二是大力发展"文旅+"绿色制造业。围绕旅游消费特征，以游客为对象大力发展旅游文化商品、绿色康养产品等为代表的绿色加工业，黔江成功引进海通丝绸茧丝绸全产业链项目；武隆培育豆制品加工规上企业2家、市级农产品加工示范企业3家；彭水包装饮用水、秀山生物医药、石柱农产品精深加工等产业提速壮大。推动传统产业清洁化智能化改造，支持区县大数据智能化应用，推动实施汽车节能型燃油泵智能制造集成创新应用等10余个智能化改造项目。三是大力发展"文旅+"赋能商贸物流业。启动实施"城乡配送网络建设工程"，推进秀山、酉阳、石柱、武隆6个城乡智能高效配送项目建设。加快发展电子商务，支持彭水赶场、秀山村头拓展网上市场，引进武陵山区韵达智慧物流产业园等项目。秀山与西部陆海新通道公司签订"陆海新通道"秀山（武陵）集散中心共建协议，开通西部陆海新通道武陵山班列。

大力推进基础设施补短板。一是加快对外大通道建设。加快渝湘高铁重庆段至黔江段等高铁建设，提速推进渝宜高铁前期工作；石黔高速基本完工，渝湘复线彭水至酉阳段、武隆平桥至涪陵大顺

高速提速推进，累计建成"四好农村路"572.3公里。黔江机场改扩建工程稳步实施，秀山通用机场开展选址工作、酉阳通用机场选址获批。二是大力发展清洁能源。乌江白马航电枢纽、黔江五福岭风电等一批重大项目落地实施，绿电发电量占全市绿电量70%。三是大力推进一批新基建项目。深入推动双千兆城市建设，扎实推进5G、千兆光纤在重点区域的覆盖质量和范围，累计建设开通5G基站4192个。

加快推进区域城乡融合发展。一是大力实施城市提升。加快推进老城有机更新，实施城镇老旧小区改造、综合管廊等工程。推进城市精细化管理，加大城市管理问题采集覆盖面积和处置响应速度、质量，增强数字化管理效能，推进桥梁、停车场（位）、化粪池危险源等市政基础设施数字化升级改造。实施"品味城市"建设工程，酉阳重点打造"一城十景"、建立"全域桃花源，康养度假地"，秀山建成投用西街、梅江河"一江两岸"等工程。二是大力推进乡村振兴。发展新型农村集体经济，农村"三变"改革试点村累计达378个，12个乡镇开展整乡镇试点、试点村覆盖率达25%以上，年收入超过5万元的村级集体经济组织占比超40%。大力实施职业技能提升行动，组织开展农村转移劳动者培训11万人次。建设善美乡村，实施农村危房改造、农村卫生户厕工程，建设美丽宜居乡村101个。

4.新型城镇化取得明显成效

"十三五"时期，重庆市认真贯彻落实国家新型城镇化有关决策部署，印发《中共重庆市委重庆市人民政府关于贯彻落实国家新型城镇化规划的实施意见》，建立市城镇化工作暨城乡融合发展联席会议制度，充分发挥试点示范效应，城镇化水平和质量大幅提升，2020年常住人口城镇化率达到69.46%，比全国平均水平高5.57个百分点。

农业转移人口市民化成效明显。坚持就业前提，全面放宽落户条件，总体上不设指标控制、不积分排队，市内市外人员落户同权、租购房屋落户同权，除中心城区对就业年限有一定要求外，全面放开其他区县落户限制，"十三五"期间全市每年新增落户城镇人口均在20万人以上。强化城镇基本公共服务保障，推动进城落户居民"个人融入企业、子女融入学校、家庭融入社区、整体融入城市公共服务体系"。实施居住证制度，赋予持证人38项权利事项，签发居住证超过80万张。建立财政转移支付同农业转移人口市民化挂钩机制，"十三五"期间市财政对吸纳落户数量较多的城区转移支付年均增长7.7%。出台"人地挂钩"土地规划计划管理办法，差异化配置城镇建设用地指标，累计为主城新区增配建设用地超过20平方公里。

城镇化空间格局持续优化。成渝地区双城经济圈建设开篇起势，重庆主城都市区与渝东北三峡库区城镇群、渝东南武陵山区城镇群协调发展，优势互补、高质量发展的区域经济布局初步形成。重庆主城都市区功能不断优化，成为全市经济最活跃、开放程度最高、创新能力最强的区域，经济总量过千亿的区增至8个，涪陵、永川、璧山等区产业支撑有力，对人口经济聚集作用不断提升。万州、黔江区域中心城市功能不断增强，渝东北三峡库区生态优先绿色发展、渝东南武陵山区文旅融合发展扎实推进，生态产业化、产业生态化发展态势良好。坚持"共抓大保护、不搞大开发"方针，长江上游重要生态屏障建设取得新成效。

秀丽风光（重庆市生态环境局 供图）

城市综合承载能力不断增强。城市交通基础设施不断完善，高铁在建和通车里程达到1768公里，高速公路通车总里程超过3400公里，城市轨道交通成网计划提速实施，通车里程达到370公里、在建里程达到186公里。智慧城市加快建设，5G等新型基础设施加速布局，建成"全光网"城市，在全国率先实现县级以上数字化城管平台全覆盖，创建全国首个城市管理智慧化应用范例。国家历史文化名城加快建设，"两江四岸"治理提升初见成效，九龙滩、磁器口码头、长滨路东储段、大鱼海棠广场等节点建设开放，长嘉汇大景区和长江文化艺术湾区高品质建设，大田湾—文化宫—大礼堂文化风貌片区保护提升有序推进。城市更新加快推进，完成1177个城镇老旧小区改造、24.8万户棚户区改造，294个坡坎崖治理成为市民家门口的公园，92个城市边角地块建成群众身边的社区体育文化公园，300公里山城步道成为城市特色品牌，完成城镇污水管网建设改造1.46万公里，城市建成区421平方公里达到海绵城市建设要求。

城乡融合发展迈出新步伐。国家城乡融合发展试验区建设步伐加快，城乡要素自由流动、平等交换稳步推进。农村承包地确权登记颁证工作和农村集体产权制度改革整市试点全面完成，"三变"改革试点扩大到591个村，供销社、信用社、农民合作社融合发展全面推开，地票交易额突破660亿元。建立农村基础金融服务机制，以农村土地承包经营权、林权、宅基地使用权及其他资产抵押融资，累计实现农村产权抵押融资超1500亿元。推动建筑师、规划师、工程师"三师入乡"，为乡村发展与建设提供技术支撑。城镇基础设施加快向农村延伸、公共服务逐步向农村覆盖，升级改造农村电网并基本实现电网全覆盖，行政村公路通畅率、农村安全饮水人口占比均达到100%，行政村卫生室、公共服务中心、养老服务站等标准化建设实现全覆盖。2020年，全市城乡居民人均可支配收入比值降至2.45。

（四）以乡村振兴巩固全面小康的农村实践

自党的十九大作出实施乡村振兴战略重大决策部署以来，市委、市政府高度重视，带领全市上下深入学习贯彻习近平总书记关于"三农"工作重要论述和视察重庆重要讲话精神，坚持农业农村优先发展总方针，把乡村振兴与城市提升作为全市全局工作两大基本面，把乡村振兴作为重庆发展的最大潜力、城乡融合作为重庆发展的最高境界。2020年以来，面对突如其来的新冠肺炎疫情，各

全面建成小康社会重庆全景录

区县、市级各部门统筹抓好疫情防控和"三农"工作，推动乡村振兴迈出了坚实步伐。

1.统筹巩固脱贫攻坚的小康基础

2020年底，重庆14个国家扶贫开发工作重点区县、4个市级扶贫开发工作重点区县全部脱贫摘帽，1919个贫困村脱贫出列，累计动态识别的190.6万建档立卡贫困人口全部脱贫，所有贫困群众实现"两不愁"真不愁、"三保障"全保障。地处武陵山、秦巴山集中连片特困地区的12个区县摆脱贫困，18个市级深度贫困乡镇发生翻天覆地变化，区域性整体贫困得到有效解决。经过持之以恒的脱贫攻坚，贫困群众收入水平大幅提高。重庆市建档立卡贫困人口人均纯收入由2014年的4697元增加到2020年的12303元，年均增幅17.4%。14个国家扶贫开发工作重点区县农村常住居民人均可支配收入由2014年的8044元增加到2020年的15019元，年均增长10.97%。在脱贫攻坚的带动下，重庆市农村生产生活生态条件也极大改善。新修建农村公路8.4万公里，农村公路通车里程超过16万公里，所有行政村通上硬化路，村通畅率由2015年的87%提高至100%。实施农村饮水安全巩固提升工程2.1万余处，农村集中供水率达88%、自来水普及率达86%，农村贫困人口供水入户比例达99.7%。完成贫困人口易地扶贫搬迁25.2万人，改造农村危房31.17万户。建成村卫生室9914个，农村5230所义务教育阶段学校全部达标。所有贫困村通宽带、4G信号全覆盖，农村电网供电可靠率达99.8%。贫困群众出行难、饮水难、上学难、看病难、通信难等问题普遍解决。

虽然全市如期高质量完成了脱贫攻坚目标任务，但市委、市政

三、实施协调发展　助推全面小康格局

府清醒认识到,巩固拓展脱贫攻坚成果任务依然艰巨。打赢脱贫攻坚战之后,要全面推进乡村振兴,这是"三农"工作重心的历史性转移。"十四五"时期是我国全面建成小康社会、实现第一个百年奋斗目标之后,乘势而上开启全面建设社会主义现代化国家新征程、向第二个百年奋斗目标进军的第一个5年,我国发展不平衡不充分的问题仍然突出,巩固拓展脱贫攻坚成果的任务依然艰巨。重庆市要坚持以习近平新时代中国特色社会主义思想为指导,深入学习贯彻党的十九届二中、三中、四中、五中、六中全会精神,落实《中共中央关于制定国民经济和社会发展第十四个五年规划和二〇三五年远景目标的建议》要求,按照市委五届九次全会工作部署,准确把握新发展阶段,坚定不移贯彻新发展理念,积极融入新发展格局,做到不停顿、不大意、不放松,一手抓巩固拓展脱贫攻坚成果,一手抓全面推进乡村振兴,深入持久做好巩固拓展脱贫攻坚成果同乡村振兴有效衔接,乘势而上、再接再厉、接续奋斗,向着实现第二个百年奋斗目标奋勇前进。

2021年5月29日,重庆市乡村振兴局挂牌成立。随后,37个涉农区县及万盛经开区均设立乡村振兴工作机构。"四大班子"主要领导带头,20多位市领导挂帅,整合17个市级帮扶集团,选派17个驻乡工作队和18个产业指导组,聚焦17个市级乡村振兴重点帮扶乡镇、原18个市级深度贫困乡镇及所在区县,建立主城都市区同渝东北三峡库区城镇群、渝东南武陵山区城镇群"一区两群"区县对口协同发展机制。全市轮换选派驻乡驻村干部7168人,分级分类完成乡村振兴干部教育培训637期8.8万人次。全市乡村振兴系统干部积极适应形势任务变化,坚决扛起巩固拓展脱贫攻坚成果同乡村振兴有效衔接的政治责任,推动领导体制、工

作体系、政策举措、帮扶机制平稳衔接过渡，构建起巩固拓展脱贫攻坚成果同乡村振兴有效衔接的"四梁八柱"。"市领导+市级帮扶集团+协同区县+驻乡工作队+产业指导组"帮扶矩阵全面建立并发挥实效。

重庆在对脱贫攻坚与实施乡村振兴战略有机衔接试点工作经验总结的基础上，制定了巩固拓展脱贫攻坚成果同乡村振兴衔接实施意见。把巩固脱贫成果、防止返贫作为乡村振兴首要任务，全面、分类推进乡村振兴。在中央设立的5年过渡期内，重庆严格落实"四个不摘"要求，保持现有帮扶政策、资金支持、帮扶力量总体稳定，有序扩大有关政策惠及面。健全落实防止返贫监测和帮扶机制，持续开展"回头看""回头帮"，建立快速发现和响应机制，对易返贫致贫重点人群加强监测，跟踪掌握收入变化和"两不愁三保障"的情况，做到早发现、早干预、早帮扶，确保脱贫户不返贫、边缘户不致贫。持续推进脱贫攻坚总攻"十大专项行动"，确保脱贫质量。突出山地农业、山地旅游为主导的特色产业发展，继续改善脱贫地区产业发展基础条件，大力发展农村电商，深入推进农村"三变"改革试点，扎实推进"三社"融合发展，大力发展新型村级集体经济，推动"产业扶贫"逐步转向"产业振兴"。做好脱贫人口稳岗就业，加大援企稳岗工作力度，规范公益性岗位设置和管理，深化东西部劳务协作，引导群众有序转移就业。强化易地搬迁后续扶持，多渠道帮助就业，强化社会管理，促进社会融入，确保搬迁群众稳得住、有产业、有就业、逐步能致富。健全扶贫资金资产项目管理运营机制，确保公益性资产持续发挥作用、经营性资产不流失或被侵占。深化东西部协作和定点帮扶工作，坚持和完善驻村第一书记和工作队、对口支援、集团帮带、社会帮扶等机制，并根据形势和任务变化及时完善。精心编制"十四五"巩固拓展脱贫攻坚成果规划。做好巩固脱贫成果后评估工作,压紧压实全市各级党委和政府巩固脱贫攻坚成果责任,坚决守住不发生规模性返贫的底线。

2.产业振兴成为农村小康的动力之源

乡村振兴战略提出,产业振兴是实现乡村全面振兴的物质基础,乡村要振兴,关键是产业振兴。重庆大山大水大生态,民俗风情好人文,98%的丘陵山地和丰富特色的种质资源孕育了现代山地特色高效农业。从新中国成立开始到改革开放再到今天,这70多年来,全市乡村产业经历了传统农业生产、农业产业化经营、现代农业、智慧农业等不同阶段,农业发展方式发生积极转变,农业结构不断优化提升,农民收入持续快速增长,农村电商、乡村旅游业等新产业新业态蓬勃兴起,农业发展质量效益和竞争力得到显著提升。党的十八大以来,全市牢固树立新发展理念,落实高质量发展要求,坚持农业农村优先发展总方针,紧紧围绕实施乡村振兴战略,坚持与脱贫攻坚有效衔接、与城镇化联动推进,以深入推进农业供给侧结构性改革为主线,以农村一二三产业融合发展为路径,重点发展柑橘、柠檬、榨菜、生态畜牧、生态渔业、茶叶、中药材、调味品、特色水果、特色粮油等十大现代山地特色高效农业,促进农业由增产向提质转变,迈出了乡村产业振兴坚实步伐。2021年,全市第一产业增加值达1922亿元,同比增长7.8%,增速比全国平均水平高0.7个百分点;农村常住居民人均可支配收入达到18100元,同比增长10.6%,增速比全国平均水平高0.1个百分点,城乡居民收入比缩小到2.4,比上年同期缩小0.05。

传统主导产业总体稳定。"米袋子"总体充足，粮食播种面积稳定在3000万亩左右，产量保持在1075万吨以上，亩产逐年提高，2021年粮食总产量达1092.8万吨。全市人均粮食占有量352公斤，其中人均稻谷占有量159公斤，高于全国平均水平，除小麦外其他品种口粮能够实现自给。"菜篮子"有保障，大力发展高山蔬菜，加强重点蔬菜基地改造升级，持续推进蔬菜生产"药肥双减"，累计打造标准化蔬菜基地达到222万亩，全市蔬菜种植面积1129万亩、产量2009万吨，人均蔬菜占有量超过620公斤，在全国36个大中城市中稳居前列，蔬菜自给率达97%。"肉盘子"丰盛有足，坚持抓政策落实、产能落地、定期调度，毫不放松抓好非洲猪瘟等重大动物疫情防控，生猪产能全面恢复，新希望、正邦集团相继与市政府签订500万头生猪战略投资协议。2021年全市累计出栏生猪1806.9万头，存栏生猪、能繁母猪分别为1179.8万头、116.1万头。牛、羊产业总体较为稳定，年出栏分别约为55万头、450万头。禽出栏、禽肉、禽蛋量分别为2.41亿只、36.74万吨、47.87万吨。生态渔业加快发展，发展水库生态养殖51.9万亩，全市水产品产量42.4万吨。

现代山地特色高效农业加快发展。重点发展柑橘、柠檬、榨菜、生态畜牧、生态渔业、茶叶、中药材、调味品、特色水果、特色粮油十大特色高效产业，分层次打造千亿级、百亿级、上亿级产业集群，全市现代山地特色高效农业总面积达到3800万亩，全产业链综合产值达到4500亿元，其中柑橘386万亩、榨菜205万亩、柠檬46万亩、茶叶110万亩、中药材269万亩、调味品（辣椒、生姜、花椒等）加工原料在地面积194万亩、特色水果398万亩。柠

三、实施协调发展　助推全面小康格局

檬产量居全国第二位，青菜头总产量约占全国53.3%，年产销成品榨菜70万吨以上、约占全国70%以上。

农产品加工业发展强劲有力。大力发展农产品加工业，出台加工示范园区和示范企业创建管理办法，完善农产品加工体系，引导农产品加工企业向产地、销区、园区布局，提高农产品加工转化率，提升农产品附加值，促进农产品加工产业持续升级。2021年，全市农产品加工业总产值达3656.67亿元，农产品加工产值比1.5∶1，规模以上农产品加工企业1185家，规上农产品加工业实现总产值2932.09亿元，年销售收入上亿元的企业超过300家，拥有重庆中烟、理文造纸、益海嘉里等多家百亿级加工企业，农产品加工上市企业16家，43家被列为上市后备企业。努力创建中国（重庆）国际农产品加工产业园，建设农产品加工示范园区15个，其中100亿级农产品加工业示范园区7个，50亿级农产品加工业示范园区8个。

农村一二三产业融合发展成效明显。按照主导产业全产业链发展思路，贯通"产加销服"、融通"农文旅教"、连通"科工贸金"，统揽农业现代化示范区、优势特色产业集群、现代农业产业园、农业产业强镇、"一村一品"示范村镇等融合项目，持续推动农村一二三产业融合发展。累计创建国家农业现代化示范区3个、全国优势特色产业集群4个、国家现代农业产业园6个、市级现代农业产业园20个、农业产业强镇25个、"一村一品"示范村镇1123个。持续拓展农业功能，实施乡村休闲旅游精品工程，推出乡村休闲旅游精品线路132条，建设地标项目268个，培育地域产品441个。创建全国休闲农业重点县2个、全国休闲农业和乡村旅游示范县12个、全国休闲农业和乡村旅游示范点23个、中国美丽休闲乡村54个、市级休闲农业和乡村旅游示范乡镇168个、市级休闲农业和乡村旅游示范村（社区）471个、市级休闲农业和乡村旅游示范村点666个。2021年底，全市乡村休闲旅游接待游客2.3亿人次，经营收入787亿元，乡村休闲旅游业蓬勃发展。

农村流通及电商服务业增长较快。坚持线下线上联动，构建以双福农贸市场为龙头的三级农产品市场体系，建成跨区域一级农产品市场1个、二级农产品市场74个、零售终端农贸市场1686个。大力推进农产品仓储冷链物流设施建设，全市区县级物流节点达1680个、乡镇配送站891个，覆盖率达97%；建成产地集配中心150个和农产品冷链项目158个，基本构建起覆盖城乡的公益性农产品市场体系，搭建起下乡入村和进城入市的双向流通渠道。建成区县农村电商公共服务中心27个，发展乡镇及村电商服务站点6179个；建成电商产业园等集聚区近50个；"村村旺""有牛网"等涉农电商平台上线运营，全市农村网络零售额达317.72亿元、同比增长30.58%，为农产品流通提供了有力支撑。

农业科技创新强劲发力。近年来，全市坚持以科技创新为驱动促进乡村产业高质量发展，布局建设国家生猪技术创新中心、长江上游种质创制大科学中心等14个重大平台，累计创建国家级农业星创天地21家，培育市级以上技术转移示范机构达30家，全市农业科技进步贡献率提升至61%，主要农作物耕种收综合机械化率、主要农作物良种覆盖率分别达52%、97.5%。自主选育出"艳椒"辣椒、无籽沃柑、巫山脆李等具有影响力的新品种50余个，集成新技术105项，获得省部级奖11项，新品种、新技术、新设备的研发和投用，不断释放现代山地特色高效农业活力。各级农业科研机

三、实施协调发展　助推全面小康格局

构及科研人员承担科研项目926项，申请专利359项，获得省部级以上奖励67项。重庆农田宜机化改造技术获评农业农村部2020年中国农业农村十大新技术。深入实施"智慧农业·数字乡村"工程，建成益农信息社9000多个，全市行政村基本实现全覆盖，5个区县入选国家数字乡村建设试点，6个区县成为国家"互联网+"农产品出村进城工程试点县。

农产品品牌知名度逐步唱响。全市以"巴味渝珍"为龙头推动品牌创建，整体打造"巴味渝珍"农业区域公用品牌，建立"溯源防伪标签"体系，实现全程可追溯，加快构建以"巴味渝珍"为龙头、区县级农产品区域公用品牌为支撑、企业产品品牌为主体的品牌体系。截至目前，全市农业"三品一标"达6300个、重庆名牌产品483个、区县级农产品区域公用品品牌达65个。奉节脐橙、涪陵榨菜、荣昌猪入选全国"100个农产品品牌名单"，其中涪陵榨菜多年保持中国农产品区域公用品牌价值第一位。通过央视、人民日报（网）、新华社、重庆卫视等多家媒体，多渠道宣传推广农产品品牌，利用抖音、快手等新媒体开展直播带货宣传活动，利用农交会、丰收节等展示展销活动，涪陵榨菜、恒都牛肉、江小白等一大批"土字号""乡字号"特色品牌享誉全国。

农业新型经营主体持续壮大。紧扣集约化、专业化、组织化、社会化发展要求，构建以家庭农场为基础、农民合作社为纽带、龙头企业为引领的新型农业经营体系。截至目前，全市家庭农场、农民专业合作社分别达3.3万家、3.7万家，贫困村农民专业合作社覆盖率达99.6%；累计培育国家级龙头企业51家、市级龙头企业898家、区县级龙头企业3093家。

产业发展政策体系日益完善。各级党委、政府高度重视特色产

业发展，坚持农业农村优先发展，研究制定出台加快乡村产业发展的支持政策，涉及重要文件有《重庆市人民政府关于促进乡村产业振兴的实施意见》（渝府发〔2019〕38号）、《重庆市推进农业农村现代化"十四五"规划（2021—2025年）》（渝府发〔2021〕22号）、《重庆市农业农村委员会关于印发全市乡村特色产业发展实施方案的通知》（渝农发〔2019〕123号），把特色产业发展作为乡村振兴的重点，作为促进区域经济发展、产业扶贫、农民增收的整体战略进行规划部署，整合多元投入，确保乡村产业发展的人才齐聚、财力集聚、政策汇聚，形成推进乡村特色产业发展的合力，助力农业高质高效、乡村宜居宜业、农民富裕富足。

3.深化改革保障农村小康持久动力

重庆集大城市、大农村、大山区、大库区于一体，农村面积占全市面积的95%，乡村常住人口占全市常住人口的34.5%。党的十九大以来，市委、市政府深入学习贯彻习近平总书记关于"三农"工作的重要论述，认真落实习近平总书记视察重庆重要讲话精神，按照中央战略指引，把农村改革作为全市全面深化改革的重要内容，牢牢坚持以农村资源变资产、资金变股金、农民变股东"三变"改革为抓手，蹄疾步稳试点探索，鼓励基层大胆创新，以此推动农村改革系统集成、提速提效，走出了一条农民增收、农业增效、农村增值的多赢路子。

2018年，在38个涉农区县分别选择1个村开展农村"三变"改革试点。2019年，新增试点村99个村，达到137个。2020年，全市新增试点村454个，达到591个，占全市行政村总数的7.4%。2021年，全市农村"三变"改革扩面深化，试点村累计达到2234

三、实施协调发展　助推全面小康格局

个，占全市行政村24.3%。全市68个乡镇首批开展全域试点。通过探索，重庆市农村"三变"改革工作取得了可复制推广的重庆经验。农业农村部《农村改革动态》2019年第35期全文刊载了《重庆以农村"三变"改革为抓手推动新一轮农业农村改革系统集成》。中央农办《农村要情》2020年第48期全面推广重庆市农村"三变"改革的做法。2021年，重庆市农村"三变"改革工作在全国农村集体产权制度改革工作推进会议上作交流发言。中央农办、农业农村部《乡村振兴文稿》2021年第3期全文刊载《整乡推进"三变"改革激发乡村振兴活力——重庆市丰都县三建乡农村"三变"改革的实践探索》。通过近5年的基层实践，探索形成了"三变+特色产业""三变+集体经济""三变+乡村旅游""三变+康养休闲"等改革模式，涌现出了"土地股""资产股""现金股""基建股""管理股""特色风景股"等股权形式，改革推进总体蹄疾步稳，助农增收效果日益显现，改革红利正在加快释放，成为乡村振兴路上一道亮丽的风景线。

盘活了资源要素。截至2022年2月，全市累计开展试点2234个村，入股耕地、林地约267万亩，盘活集体"四荒地"等约48万亩、闲置农房10570套。累计向试点村投入各类扶持资金约19亿元，撬动社会资本22.5亿元，372万农民成为股东。奉节县平安乡文昌村通过"文昌田园"项目，引导148户农户将600亩土地以每亩21000元的标准折为股金入股项目，土地亩产值由800元提高到1500元，农户通过股金分红、务工收入等户均增收达1万元。巫溪县峰灵镇谭家村以15口闲置山坪塘入股合作社开展水产养殖，将"死资产"变成了"活资产"。

发展了特色产业。2234个试点村引入各类经营主体和城市工

113

商资本引领农业产业转型升级，培育了一批特色优势产业，建成茶叶、花椒、柑橘、水果等标准化产业基地60万亩，促进了农村电商、乡村旅游等新产业新业态蓬勃发展，推动了农业绿色化、优质化、特色化、品牌化，实现了传统种植向现代山地特色高效农业、分散经营向适度规模经营转变，三产融合发展格局正在加快形成。云阳县盘龙街道青春村建成药用银杏、脆香李、优质粮油、中药材等标准化产业基地3430亩，经济作物种植面积超过70%，产业结构不断优化。万州区太安镇凤凰社区凤凰花果山景区获批全国3A级景区，被评选为全国20条"茶乡旅游精品线路"之一，年接待游客30余万人次。

　　带动了普通农户。以股权为纽带将各种资源要素整合，引入专业化市场化主体负责开发经营，形成了企业引领三产融合、合作社提供服务支撑、家庭农场专注生产、普通农户就地务工的合股联营、分工协作、抱团发展的新型农业经营组织形态，构建了龙头企业通过土地流转、订单收购、保底分红、二次返利、股份合作、产品代销、房屋联营、吸纳就业等形式带动小农户发展，小农户以货币出资或以实物、知识产权、土地经营权、林权等作价出资入股农民专业合作社或企业的生产经营格局，2234个试点村共引入或培育市场经营主体21330个，其中企业8677个、合作社6735个、家庭农场5918个，促进了小农户和现代农业发展有机衔接。开州区临江镇福德村采取农民以地入股发展晚熟柑橘2300多亩，由合作社统一土地整治、生产服务、品牌包装、市场营销，具体生产管护按照30亩至50亩为单元，分包给50个家庭农场组织经营管理，充分体现了农业基本经营制度"统"的规模优势和"分"的生产效率。

三、实施协调发展　助推全面小康格局

丰富了发展路径。通过农村"三变"改革抓手积极探索农村集体经济"抱团发展"模式，提高薄弱村集体经济发展能力，推动集体资源整合优化和效率提升。通过"部门联村"增强农村集体经济组织经营和管理能力，提升集体经济发展水平。梁平区探索制定"部门+集体经济"的工作机制，指导318个涉农村（社区）联合成立区级农村集体经济经营管理公司，组织开展农村"三变"改革统筹、项目管理等服务，带动全区农村集体经营性收入从2018年的600余万元增长到2020年的3400万元，农民人均纯收入达到18210元。通过"村村联合"提升集体经济薄弱村的资金支撑、资源共享、信息传导和人才吸引等方面的能力，节约基础设施建设等成本，提高资源利用率。巫山县官阳镇13个低收入村利用当地"夏可纳凉、冬可赏雪"的高海拔地理优势，筹集99万元宅基地复垦资金建设酒店出租给业主经营农家乐，实现年集体租金收入14.6万元。通过由薄弱村镇提供土地、劳动力等资源，解决发达村镇土地欠缺问题；发达村镇提供资金、平台等条件，为薄弱村镇带来发展机遇，实现"飞地经济"带来"1+1>2"的放大效果。沙坪坝区覃家岗街道童家桥村与高新区大盐村合作开发6万平方米的"金凤中小企业发展园"，引进30多家企业，实现年分红700万元。

壮大了集体经济。2234个试点村积极开展农村集体产权制度改革，确认集体经济组织成员580万人，组建2234个村级集体经济组织，通过产业带动、资源开发、服务创收、租赁经营、项目拉动等多种途径，发展壮大村级集体经济。2021年，试点村集体经营性收入4.6亿元、村均20.7万元，有效激活了农村集体经济发展动力活力，改变了以往村集体无钱办事的局面，农村基层组织的凝聚

力、号召力、战斗力大为提升。万州区太安镇凤凰社区通过改革实现集体经济收入翻番,可分配盈余达40多万元,成员每股分红80元以上,集体成员的获得感、幸福感明显增强。

四、决战脱贫攻坚
决胜全面小康社会

  中国共产党从成立之日起,就坚持把为中国人民谋幸福、为中华民族谋复兴作为初心使命,团结带领中国人民为创造自己的美好生活进行了长期艰辛奋斗。改革开放后,邓小平同志提出到20世纪末在中国建立一个小康社会的奋斗目标。按照中央要求,重庆各地开展帮扶贫困人口、发展贫困山区的工作。1984年7月,市委召开"秀山会议",在总结前期工作经验的基础上出台了10条扶持贫困地区进行经济开发的措施,拉开了重庆开发式扶贫的序幕。1986年,重庆各地把扶贫开发工作纳入国民经济和社会发展"七五"计划,以国定贫困县和省定贫困县、市定贫困乡镇为重点,展开有组织、有计划、大规模的区域性开发扶贫工作。直辖以后,重庆市委、市政府在党中央的领导下,带领重庆人民全面贯彻落实党中央决策部署,从《重庆市"五三六"扶贫攻坚计划(1996—2000)》到《重庆市农村扶贫开发十年纲要(2001—2010)》再到《重庆市(武陵山片区、秦巴山片区)农村扶贫开发规划(2011—2020年)》,从"四件大事"到统筹城乡综合配套改革试验区,从"精准扶贫"到"两不愁三保障",特别是党的十八大以来,习近平总书记亲临重庆考察指导,亲切看望贫困地区干部群众,给予全市上下巨大关怀、强大动力，最终重庆人民与全国人民一道告别了延续千年的绝对贫困。2021年7月，习近平总书记代表党和人民庄严宣告，在中华大地上全面建成了小康社会，历史性地解决了绝对贫困问题。

（一）绝对贫困全面消除

重庆地处西部欠发达地区，集大城市、大农村、大山区、大库区于一体。1997年初，全市有424.6万人饮水困难，58个贫困乡、50%以上的村不通公路，20个乡不通电，282个乡不通程控电话。贫困人口人均纯收入仅539元，其中人均纯收入400元以下的有180多万人。1997年直辖后，重庆市的贫困现象十分突出，全市农业户占总户数的90.3%，村镇中农业人口占92.7%；有国家重点贫困县12个、市定贫困县9个[①]，处于温饱线以下农村贫困人口达366.42万人，贫困人口分别占全市总人口和农业人口的12.19%和14.48%，大大超过全国贫困人口5.6%的比例。并且由于受自然地理条件、历史等诸多因素制约，重庆市贫困地区经济基础薄弱，社会事业相当落后，贫困人口特别困难。市委、市政府高度重视扶贫工作，带领全市干部群众团结一心、沉心静气、埋头苦干，全面落实党中央决策部署，从发展产业、搬迁、基础设施建设、培训等方

[①] 酉阳县、秀山县、黔江县、彭水县、石柱县、城口县、巫溪县、云阳县、忠县、天城、五桥、武隆县为国定贫困县；巫山县、奉节县、开县、龙宝、枳城、李渡、丰都县、南川市、潼南县为市定（原省定）贫困县。见重庆市人民政府办公厅：《重庆年鉴1998》，第371页。

面开展扶贫工作。

2012年,党的十八大提出全面建成小康社会。而全面小康目标能否如期实现,关键取决于脱贫攻坚战能否打赢。党的十八大以来,以习近平同志为核心的党中央,把扶贫开发工作摆在治国理政的突出位置,全面打响脱贫攻坚战。结合实际,重庆脱贫工作重点在党的十八大以后从更加强调片区攻坚、整村脱贫向更加注重精准扶贫脱贫转变,市委、市政府按照"区域发展带动扶贫开发,扶贫开发促进区域发展"的基本思路,着力制定和着手组织实施重庆武陵山区和秦巴山区区域发展与扶贫攻坚规划,以武陵山、秦巴山片区为主战场,以减少贫困人口和增加贫困农民收入为主攻方向,强化了片区攻坚、整村扶贫、产业扶贫、移民转户和社会扶贫等工作;2014年,进入全面实施精准扶贫方略的阶段,制定一系列推进精准扶贫的政策措施;2015年8月,制定出台《中共重庆市委、重庆市人民政府关于精准扶贫精准脱贫的实施意见》,正式提出限时打赢脱贫攻坚战的总体目标,9个市级部门围绕总体目标制定出台13个具体操作实施的配套文件,形成"1+1+13"脱贫攻坚政策体系,为限时打赢脱贫攻坚战提供强有力的政策措施支撑。

2016年1月,习近平总书记视察重庆时讲道,"脱贫摘帽要坚持成熟一个摘一个,既要防止不思进取、等靠要,又要防止揠苗助长、图虚名"。市委、市政府深入贯彻党中央、国务院关于脱贫攻坚决策部署和习近平总书记重要指示精神,全面深化和提升脱贫攻坚工作,并根据国务院扶贫开发领导小组督查组在重庆开展脱贫攻坚督查时指出的问题,结合当时各有关区县脱贫攻坚实际,对全市脱贫攻坚工作作了新的部署。

2017年8月,市委、市政府结合全市脱贫攻坚实际,及时召开全市深化脱贫攻坚电视电话会，对全市脱贫攻坚工作进行再深化再动员再部署。出台《关于深化脱贫攻坚的意见》和调整贫困区县脱贫摘帽计划、深度贫困乡镇定点包干、脱贫攻坚问题整改等3个方案，以及领导小组成员调整通知与教育扶贫、健康扶贫、生态扶贫、易地扶贫搬迁等政策文件，初步形成"1+3+1+N"的深化脱贫攻坚政策体系，全市脱贫攻坚工作由整体全面向纵深推进，向深度贫困聚焦聚力、向最难啃的"硬骨头"精准发力。要求全市各级各部门要严格对标对表中央决策部署，按照"到2020年，确保现行标准下，农村贫困人口、贫困村全部脱贫，贫困区县全部摘帽，解决区域性整体贫困"目标，以更加扎实有效的工作纵深推进脱贫攻坚。根据中央脱贫攻坚专项巡视及其"回头看"、国务院扶贫开发领导小组督查组、贫困县退出国家第三方评估检查组反馈意见，重庆制定《全市脱贫攻坚问题整改工作方案》，同时，市委办公厅、市政府办公厅联合印发《调整我市国家扶贫开发工作重点区县脱贫摘帽计划的方案》《深度贫困乡（镇）定点包干脱贫攻坚行动方案》，调整了原定"2017年基本完成，2018年全面扫尾"的脱贫摘帽目标和14个国家扶贫开发工作重点县脱贫摘帽目标[1]，决定在14个国家扶贫开发工作重点县中确定18个综合排序最后的深度贫困乡（镇）作为脱贫攻坚"重中之重、坚中之坚"，采取市领导"定点包干"的方式，有针对性地实施脱贫攻坚行动，确定了七大攻坚行动[2]和

---

[1] 除万州区、黔江区、武隆区、丰都县、秀山县等5个区县作为2016年整体脱贫摘帽区县已接受国家评估检查外，到2017年底，开州区、云阳县、巫山县等3个区县整体脱贫摘帽；到2018年底，石柱县、奉节县等2个县整体脱贫摘帽；到2019年底，城口县、彭水县、酉阳县、巫溪县等4个县整体脱贫摘帽。

[2] 稳定脱贫提升行动、基础设施提升行动、产业扶贫提升行动、生态保护提升行动、人口素质提升行动、公共服务提升行动、村"两委"提升行动。

五项保障措施[①]。全市脱贫攻坚工作进入更加切合实际、更加扎实、更加注重脱贫质量、更加重视深度贫困乡（镇）脱贫攻坚的最后冲刺期。

2017年底，根据国家确定的贫困退出标准，严格按照重庆市制定的扶贫开发工作对象退出机制的实施方案，严格遵照确定扶贫开发工作对象退出的程序，经过严格的验收，全市贫困人口已减少到22.47万，贫困村减少到97个，扶贫开发工作重点县已减少到9个。5年中，全市农村贫困发生率已从2014年底的7.1%降到2017年的1.1%，主要按照"不愁吃、不愁穿，义务教育、基本医疗和住房有保障，家庭年人均纯收入稳定越过国家扶贫线"的标准，并结合贫困家庭脱贫前后的状况、收入来源、持续脱贫增收、住房医保教育等精准扶贫政策措施落实情况验收确定，全市有160万农村贫困人口实现稳定脱贫；主要按照"每个贫困村贫困发生率降低到3%以下"的标准，并结合贫困村基础设施、产业发展、公共服务、社会保障等方面的变化情况验收确定，全市有1821个贫困村实现整村脱贫，14个国家扶贫开发工作重点县中有万州、黔江、武隆、丰都、秀山等5个区县分批实现整体脱贫摘帽，涪陵、潼南、忠县、南川等4个市级扶贫开发工作重点县全部实现整体脱贫摘帽。

党的十九大进一步把打好脱贫攻坚战作为全面建成小康社会的三大攻坚战之一。习近平总书记强调，脱贫攻坚是一场必须打赢打好的硬仗，是我们党向全国人民作出的庄严承诺。2018年3月10日，习近平总书记参加全国人大重庆代表团审议时发表重要讲话强调，要"旗帜鲜明讲政治"，"明大德、守公德、严私德"，"要多积尺寸之功"，并希望重庆广大干部群众团结一致、沉心静气，加快

[①] 加强组织领导、强化规划引领、加大倾斜支持、加强监督管理、加强督察考核。

建设内陆开放高地、山清水秀美丽之地，努力推动高质量发展、创造高品质生活，让重庆各项工作迈上新台阶。2019年4月，习近平总书记视察重庆，深入石柱县中益乡实地了解脱贫攻坚情况，主持并召开解决"两不愁三保障"突出问题座谈会并发表重要讲话，对重庆脱贫攻坚工作给予充分肯定。习近平总书记指出，"实地了解了重庆脱贫攻坚进展和解决'两不愁三保障'突出问题情况，对重庆的脱贫攻坚工作有了些直观感受"，"党的十九大以来，重庆聚焦深度贫困地区脱贫攻坚，脱贫成效是显著的"，"重庆的脱贫攻坚工作，我心里是托底的"。习近平总书记强调，脱贫攻坚进入决胜的关键阶段，各地区各部门务必高度重视，统一思想，抓好落实，一鼓作气，顽强作战，越战越勇，着力解决"两不愁三保障"突出问题，扎实做好脱贫攻坚工作，为如期全面打赢脱贫攻坚战，如期全面建成小康社会作出新的贡献。

重庆市深学笃用习近平新时代中国特色社会主义思想，深入贯彻习近平总书记关于扶贫工作重要论述，对重庆提出的营造良好政治生态，坚持"两点"定位、"两地""两高"目标，发挥"三个作用"和推动成渝地区双城经济圈建设等重要指示要求，坚决贯彻落实党中央、国务院决策部署，坚决把脱贫攻坚作为重大政治任务，始终把脱贫攻坚作为全市头等大事和第一民生工程，坚决执行"两个确保"和"两不愁三保障"目标标准，坚决落实精准扶贫精准脱贫基本方略，全面尽锐出战，大力度、高强度推动脱贫攻坚责任落实、政策落实、工作落实。

2020年12月7日，市委理论学习中心组（扩大）举行专题学习会，强调要深入学习领会习近平总书记关于扶贫工作的重要论述，善始善终，善作善成，毫不松懈打好脱贫攻坚收官之战，推动

四、决战脱贫攻坚　决胜全面小康社会

巩固拓展脱贫攻坚成果同乡村振兴有效衔接，确保如期完成脱贫攻坚目标任务、全面建成小康社会，为全面开启社会主义现代化建设新征程奠定坚实基础。14个国家扶贫开发工作重点区县、4个市级扶贫开发工作重点区县全部脱贫摘帽，1919个贫困村脱贫出列，累计动态识别（含贫困家庭人口增加）的190.6万建档立卡贫困人口全部脱贫，所有贫困群众实现"两不愁"真不愁、"三保障"全保障。地处武陵山、秦巴山集中连片特困地区的12个区县摆脱贫困，18个市级深度贫困乡镇发生翻天覆地变化，区域性整体贫困得到有效解决。

2021年4月15日，重庆市脱贫攻坚总结表彰大会在人民大厦会堂隆重举行（苏思 摄）

2021年4月15日，重庆市脱贫攻坚总结表彰大会隆重举行，市委书记陈敏尔指出，在习近平新时代中国特色社会主义思想的科学指引下，习近平总书记领航掌舵，全市干部群众艰苦奋斗，社会各界倾力支持，重庆市与全国人民一道告别了延续千年的绝对贫

123

困。重庆的脱贫实践，是全国脱贫攻坚的生动缩影，是中国减贫奇迹的实际体现。未来要大力弘扬脱贫攻坚精神，不忘初心、牢记使命、接续奋斗，巩固拓展脱贫攻坚成果，全面推进乡村振兴，促进全体人民共同富裕，扎实推动重庆各项事业实现新发展，更好地把习近平总书记殷殷嘱托全面落实在重庆大地上。

（二）生产生活条件全面改善

改革开放以来特别是直辖以来，重庆不断增强贫困地区、贫困人口稳定脱贫和持续发展的能力水平，大力推动基础设施建设，着力改善人居环境，在确保高质量脱贫的同时，建设一个山清水秀美丽之地的新重庆。

重庆直辖初，交通发展极不平衡，骨架公路建设处于起步阶段，出口通道不畅，县际干线公路等级低、路况差，从城口县城到重庆需要3天时间，巫溪、巫山、秀山等县到重庆也需要至少1天以上的时间。为改变重庆交通发展非常滞后、地区发展极不均衡、出口通道不畅的局面，重庆市委、市政府明确提出基础设施建设以交通为重点，交通建设以公路为重点，公路建设以高速公路为重点的发展思路，使全市交通建设以前所未有的规模和发展速度迅猛推进，相继实现了"半小时主城""8小时重庆""4小时重庆"，形成"二环八射"高速公路骨架，三峡重庆库区和渝东南地区的交通条件得到极大改善，高速公路、铁路实现了从无到有，甚至少数区县修建了机场，形成了高速公路、省道、县道、乡村公路组成的道路网，其中农村公路发展尤为迅速。2003年，重庆市启动了大规模农村公路建设，全市各级党委、政府及市级相关部门紧紧围绕"修好农村路，服务城镇化，让农民兄弟走上油路和水泥路"的建设目标，加大投入、齐抓共管，农村公路建设取得显著成绩，改变了广大农村地区长期以来的对外封闭状况。党的十八大以来，习近平总书记对农村公路发展作出的重要指示更是起到助推作用。2014年3月，习近平总书记明确提出"要求农村公路建设要因地制宜、以人为本，与优化村镇布局、农村经济发展和广大农民安全便捷出行相适应"，"要进一步把农村公路建好、管好、护好、运营好"，"逐步消除制约农村发展的交通瓶颈，为广大农民脱贫致富奔小康提供更好的保障"。按照习近平总书记的指示和中央部署，重庆根据"内畅外联、互联互通"的要求，围绕西部地区率先全面建成小康社会的奋斗目标，不断加快农村公路通畅深度，重点打通贫困地区"断头路"和"瓶颈路"，一方面将农村公路规划与贫困地区的矿产资源、旅游和特色农业发展有机融合，支持建成一批县乡资源路、旅游路和产业路；另一方面推动农村通畅公路向撤并村延伸，助推贫困特色产业的形成，广泛带动贫困地区农民就业，为广大群众脱贫致富奔小康提供了基础保障。2017年，为补齐农村交通基础设施建设短板，打通农村"最后一公里"交通瓶颈，重庆制定了交通建设"三年行动计划"，出台了"四好农村路"、高速铁路、高速公路和普通干线公路4个行动工作方案。结合同年印发的《重庆市18个深度贫困乡镇交通扶贫攻坚行动方案》，重庆市"四好农村路"以公路进村入户、助推精准脱贫为重点，聚焦全面建成小康社会、乡村振兴，优先实施18个深度贫困乡镇交通项目，切实解决群众出行"最后一公里"，推动"四好农村路"向进村入户倾斜。到2020年底，"四好农村路"建设取得突破性进展，3年累计建成6.26万

巫山县竹贤乡下庄村天堑变坦途（余启平 摄）

公里，建设规模为2015年至2017年的2.1倍，全市已建总里程达16万公里，路网密度194公里每百平方公里，居西部第一，全市农村群众到达当地区县城区的出行时间平均缩短约2小时，出行距离扩大3倍，出行频率提高5倍以上。2021年，根据《推动"四好农村路"高质量发展2021年工作要点》，重庆以推动"四好农村路"高质量发展为主题，科学规划、建立了"十四五"时期区县"四好农村路"建设任务项目规划库，明确目标，落实责任，对各区县"四好农村公路"建设项目整体情况进行专项督察，进一步规范"四好农村路"建设管理。通过"四好农村路"建设，有效推动了全市农村公路与沿线重要工农业园区、重要铁路站、机场、港口、高速公路互通等节点的连接，实现了"四好农村路"对全市A级以上景区全覆盖，形成了"快旅慢游"交通网络体系，有力推动了沿线产业发展和乡村振兴。

在电力建设方面，直辖后重庆电网形成覆盖中西部地区的220千伏双环网、横贯东西的"西电东送"500千伏骨干网架、500千伏"日"字形环网，开始迈入智能电网建设。党的十八大以后，重庆电网加快智能变电站建设和特高压入渝步伐，2013年建成国家电网首座220千伏大石新一代智能变电站，2016年，重庆首座500千伏智能变电站——玉屏变电站启动投运，2017年，酒泉—湖南±800千伏特高压直流输电工程建成投运。到2020年末，重庆电网拥有220千伏及以上变电容量7325万千伏安，220千伏及以上线路长度12157.83千米，220千伏变电站覆盖所有区县，西接四川、东连湖北、南临贵州，是"西电东送"重要通道之一，复奉、锦苏、祁韶三条直流特高压线路横贯重庆，形成以500千伏网络为骨干、220千伏网络为支撑的省级和地区电网的"两横三纵"环网结构。

全面建成小康社会重庆全景录

在信息建设方面，按照国家的统一部署，重庆通信业围绕市政府提出的"全面推进富民兴渝、加快建设长江上游经济中心"的发展目标，实现通信事业飞速发展，公用通信网综合能力显著加强，"村村通电话"工程全面完成；建成覆盖全市的宽带高速城域网和数字电视基础平台；现代化基础网络打造"数字重庆"，重庆已成为中国西部的信息枢纽。

在城镇建设方面，随着重庆经济社会的快速发展，城镇化水平进一步加快，到2019年，重庆城镇常住人口2086.99万人，乡村常住人口1037.33万人，城镇人口占总人口比重（城镇化率）为66.8%，城乡差距进一步缩小。

基础设施改善的同时，重庆市人居环境也发生了翻天覆地的变化。2001年，市委、市政府出台《关于加强城市社区建设的意见》，提出主城各区要建成管理有序、服务完善、环境优美、治安良好、生活便利、人际关系和谐的新型现代化社区。2005年，中国共产党十六届五中全会提出"要按照生产发展、生活宽裕、乡风文明、村容整洁、管理民主"的要求，扎实稳步地推进社会主义新农村建设。2006年，市委、市政府结合重庆实际情况，启动了"千村推进百村示范"工程和以"三建、四改、五提高"为主要内容的社会主义新农村建设，拉开了农村人居环境整治的帷幕。

2013年，中央一号文件提出"加强农村生态建设、环境保护和综合整治，努力建设美丽乡村"。按照中央部署，重庆市于当年全面启动"美丽乡村"建设，将新农村建设与"美丽乡村"建设融合共建，按照生产、生活、生态和谐发展的要求，坚持"农民为本、生态优先、因地制宜、区县为主"的原则，以发展农村经济、改善人居环境、传承生态文化、培育文明新风为主要途径，努力打造"生态宜居、生产高效、生活美好、人文和谐"的新农村，并确定了36个部级美丽乡村创建示范点，选定115个村纳入2013年市级美丽乡村示范村建设范围，与高山生态扶贫搬迁、乡村旅游业、农村生态环境、农村民生、传承民俗文化相结合，整合涉农类基建项目、产业发展、技能培训、文教卫体事业建设资源及鼓励金融和工商资本下乡进村，开展"金融助推行动""百家龙头企业助推行动""百名农业专家助推行动""三百助推美丽乡村行动"，把美丽乡村建设作为新时期推进新农村建设的重要抓手开展创建活动。同时，市农委印发《重庆市"美丽乡村"建设规划纲要（2013—2017）》《关于全市"美丽乡村"建设工作的实施意见》《重庆市"美丽乡村"建设行动方案》《重庆市美丽乡村建设工作绩效考核办法（暂行）》等文件，建立起美丽乡村建设目标体系及工作机制。建立"五有、四无、三覆盖"目标体系，并从主导产业、田园风光、生活质量、民主管理、社会管理、公共服务等方面确定40个量化指标，确立"农民为本、生态优先、因地制宜、区县为主"的原则和"命名授牌一批、重点示范一批、面上推进一批、规划储备一批"的发展思路。尤其在改善农村生产生活环境方面，以生态家园富民工程为载体，实施"田园绿化、庭院美化、民居靓化"行动，完善新农村居民点建设规划，围绕古朴、古雅特点和体现"巴渝民居"特色风貌的要求，在具备条件的地方引导和推动民居适度集中，鼓励农户减少宅基地使用面积，实现合理、集约用地。加强基础设施建设，推进行政村通畅工程，促进镇村、村村、村社公路连网，提高农村公路通达、通畅水平。推进农村人行便道建设，对主要生产生活道路实行油化硬化。加强农村人畜饮水工程建设，支持有条件的地方普及自来水，确保农村居民饮水安全。推进农村沼气建设，实施农村清洁工程，加强农村污染治理，开展环境连片整治，鼓励和支持农户实施改厨、改厕、改圈，示范村垃圾集中收集实现全覆盖，生活污水治理覆盖率在80%以上。加大农村植树造林力度，推进房前屋后、荒山荒坡、公路河道绿化。

2018年，全国改善农村人居环境工作会议召开，中央农办、农业农村部对贯彻习近平总书记关于推广浙江"千村示范、万村整治"经验的重要指示作出了部署，印发了《农村人居环境整治三年行动方案（2018—2020年）》。重庆市委、市政府高度重视，认真贯彻落实习近平总书记重要指示精神和中央决策部署，市委书记多次主持市委常委会学习贯彻习近平总书记重要指示和李克强总理批示精神、全国改善农村人居环境工作会议精神，要求把改善农村人居环境作为实施乡村振兴战略的重大任务，作为落实习近平总书记对重庆提出的"两地""两高"目标要求的重要举措。8月，为加快推进全市农村人居环境整治，进一步提升农村人居环境水平，建设宜居宜游美丽乡村，把重庆建设成为山清水秀美丽之地，市委办公厅、市政府办公厅印发了《重庆市农村人居环境整治三年行动实施方案（2018—2020年）》，采取项目化、事项化、清单化形式，部署了农村垃圾治理、"厕所革命"、生活污水治理、村容村貌提升、农业生产废弃物资源化利用、加强村规划编制引领等6项重点任务，以及引导良好卫生习惯、完善建管机制、强化政策支持等3项保障性措施，确定了23个重点项目，特别是针对重庆实际，加大了农村户厕改造和入户道路建设力度，提出到2020年全市卫生厕所普及率达到85%，入户道路由1米左右宽的人行便道提高到1—3米宽，结合乡村振兴战略行动计划，基本实现30户以上的村聚居点入户道路"院院通""户户连"，基本解决村内道路泥泞、村

四、决战脱贫攻坚　决胜全面小康社会

民出行不便的问题。2020年底，全市3年累计投入市级及以上财政资金197.88亿元用于农村人居环境整治，各级各部门、乡镇（街道）、村（社区）按照精准施策、分级分层分类推进的原则，完成了全市7929个行政村农村人居环境整治3年行动目标任务。全市累计改造农村户厕106.9万户，建设农村公厕3077座，建成1096个生活垃圾分类示范村，建设乡镇污水管网6040公里，累计改造危房9.96万户，建设入户道路2.14万公里，建设通组公路4.4万公里，安装路灯35.5万盏；畜禽养殖废弃物资源化利用率达92.8%，农作物秸秆综合利用率达87.2%，回收废弃农膜2.2万吨。农村长期存在的脏乱差局面得到扭转，村庄环境基本实现干净整洁有序，农民群众环境卫生观念发生可喜变化，生活质量普遍提高，满意度明显提升，为全面建成小康社会提供了有力支撑。

南川区大观镇铁桥村夜景如画（重庆市农业农村委员会　供图）

2021年是"十四五"开局之年，也是全面推进乡村振兴的第一年，而改善农村人居环境是实施乡村振兴战略的第一场硬仗。

3月，中共中央办公厅、国务院办公厅转发了《中央农办、农业农村部、国家发展改革委关于深入学习浙江"千村示范、万村整治"工程经验扎实推进农村人居环境整治工作的报告》。12月5日，又印发了《农村人居环境整治提升五年行动方案（2021—2025年）》。按照中央部署和要求，重庆市坚持以习近平新时代中国特色社会主义思想为指导，深入学习贯彻习近平总书记关于改善农村人居环境的重要指示批示精神，认真贯彻落实党中央、国务院决策部署，紧扣农村人居环境整治提升各项重点任务，在抓好"6+3"重点任务基础上，继续推进农村人居环境整治提升五年行动，让人居环境整治向深处走。到2025年，力争建成39个成片推进农村人居环境整治示范片和1000个宜居村庄，让环境整治由一处美到全域美，由一时美到时时美转变。正如习近平总书记所指出的，要坚持人与自然和谐共生，走乡村绿色发展之路，让生态美起来、环境靓起来，再现山清水秀、天蓝地绿、村美人和的美丽画卷，让良好生态成为乡村振兴的支撑点。

（三）"两不愁三保障"全面落实

改革开放以来，我国大力推进扶贫开发，特别是随着《国家八七扶贫攻坚计划（1994—2000年）》和《中国农村扶贫开发纲要（2001—2010年）》的实施，扶贫事业取得了巨大成就。为进一步加快贫困地区发展，促进共同富裕，实现到2020年全面建成小康社会奋斗目标，2011年，中共中央、国务院印发了《中国农村扶贫开发纲要（2011—2020年）》，提出到2020年我国扶贫开发针对扶贫对象的总体目标是："稳定实现扶贫对象不愁吃、不愁穿，保障其义务教育、基本医疗和住房。"2015年11月召开的中央扶贫开发工作会议强调，"十三五"期间脱贫攻坚的目标是，到2020年稳定实现农村贫困人口不愁吃、不愁穿，农村贫困人口义务教育、基本医疗、住房安全有保障；同时实现贫困地区农民人均可支配收入增长幅度高于全国平均水平、基本公共服务主要领域指标接近全国平均水平。重庆市委、市政府一致高度重视扶贫工作，党的十八大以来，坚决贯彻落实党中央、国务院决策部署，坚决把脱贫攻坚作为重大政治任务，始终把脱贫攻坚作为全市头等大事和第一民生工程，坚决执行"两个确保"和"两不愁三保障"目标标准。

重庆市牢记习近平总书记殷殷嘱托，把解决"两不愁三保障"突出问题作为打赢脱贫攻坚战的基础性战役、底线性任务、标志性指标，高位推动。从健全责任落实机制、完善政策体系、调整工作目标等方面全力推动"两不愁三保障"工作。在健全责任落实机制方面，全面实行"双组长制"，党政一把手切实履行扶贫开发领导小组"双组长"职责，分别多次召开市委常委会会议、市政府常务会议、市扶贫开发领导小组会议，研究部署脱贫攻坚特别是"两不愁三保障"工作，以上率下常态化抓脱贫攻坚，由22名市领导"定点包干"指导推进贫困区县、深度贫困乡镇脱贫攻坚工作；在完善政策体系方面，按照"坚持现行脱贫标准，既不拔高，也不降低"要求，建立健全"两不愁三保障"政策体系，出台《关于贯彻落实习近平总书记在解决"两不愁三保障"突出问题座谈会上重要讲话精神的实施意见》，提出155条工作措施，市扶贫开发领导小组制定《重庆市解决"两不愁三保障"突出问题实施方案》，提出6个方面23条政策措施，并对照国家政策清单，对44条市级

发生翻天覆地变化的石柱土家族自治县中益乡（万难 龙帆 摄）

政策和33个区县1255条具体措施逐一研判，形成全市政策标准；在调整工作目标方面，坚决贯彻落实习近平总书记视察重庆时提出"要真抓实干，成熟一个摘一个"的重要指示，遵照"稳定实现贫困人口'两不愁三保障'、贫困地区基本公共服务领域主要指标接近全国平均水平"标准，实事求是地调整了全市扶贫开发工作重点区县脱贫摘帽指导计划，提出"到2017年底，开州区、云阳县、巫山县3个区县整体摘帽；到2018年底，石柱县、奉节县2个县整体摘帽；到2019年底，城口县、彭水县、酉阳县、巫溪县4个县整体摘帽。确保到2020年，实现现行标准下农村贫困人口、贫困村全部脱贫，贫困区县全部摘帽，解决区域性整体贫困"的奋斗目标。

为实现"两不愁三保障"问题动态清零，重庆市明确市级相关行业主管部门统筹指导、督促检查整改的任务，组织县乡村三级干部全面摸排、逐户核查、集中研判,对照"两不愁三保障一达标"标准,确保应进全进、应退全退,并建立全市建档立卡贫困户"两不愁三保障"问题台账,坚持按月通报整改进度,建立动态监管工作机制,使全市"两不愁三保障"排查系统实现实时更新、动态监管,对贫困户进行网格化、精细化、动态化管理,根据致贫原因与贫困户共同制订脱贫方案,做到"一户一策"。

实现"住房安全有保障",让贫困群众住上安全房。为高效推进农村危房改造工作,重庆市将农房建设放在脱贫攻坚、乡村振兴的大背景下,在改造对象认定、确保危房改造质量等方面精准发力。一是严格执行扶贫等部门"提单子"、住房城乡建设部门"改房子"的程序,建档立卡贫困户身份识别以扶贫部门认定为准,农村分散供养特困人员、低保户身份识别以民政部门认定为准,严格确定农村危房改造范围。对建档立卡贫困户,严格按照"鉴定安全、改造安全、保障安全"三种分类,采取"看、听、记、拍、传"的方法逐户核实住房安全有保障的情况。与此同时,重庆市按照应保尽保、应改尽改的原则,对建档立卡贫困户等重点对象农村危房改造实行动态覆盖。二是严格执行户申请、村评议、乡镇审核、区县审批的程序,健全公示制度,把改造对象认定置于广大群众的监督下。三是加强危房改造验收的技术指导和监督管理,编印《重庆市农村D级危房拆除重建通用图》等62套图集规范导则,严格执行乡镇逐户逐项开展质量安全巡查和区县住房城乡建设部门抽查巡查、逐户逐项竣工验收的程序,确保农村危房改造质量。四是健全农户纸质档案管理制度,实行"一户一档",确保批准一户、建档一户,及时将纸质资料信息录入《农村危房改造脱贫攻坚三年行动农户档案信息检索系统》,实现数据资料的信息化、查询便利化。2019年，重点锁定为全覆盖开展农房安全鉴定，动态消除贫困户等"四类重点对象"C、D级危房，完成建档立卡贫困户等重点对象住房安全等级鉴定84.8万户。下达贫困区县农村危房改造补助资金4.71亿元，累计完成贫困户等4类重点对象农村危房改造3.88万户。2020年，继续保质保量推进危房改造。10月，上半年9169户存量危房全部完成改造，全市47.7万户建档立卡贫困户完成住房安全核验，实现危房动态清零。"十三五"时期，重庆累计完成建档立卡贫困户等重点对象农村危房改造20.3万户，农村危房改造惠及群众上百万人。重庆市通过逐户开展住房安全有保障核验、脱贫攻坚普查等方式，确保全市建档立卡贫困户全部实现了住房安全有保障。

重庆市秀山县农家新居（唐磊 摄）

四、决战脱贫攻坚　决胜全面小康社会

实现"义务教育有保障",让所有贫困家庭义务教育阶段的孩子不失学辍学。全市紧紧围绕"义务教育有保障"和"发展教育脱贫一批",坚持向贫困学生"输血",支持贫困区县增强"造血"功能,切实阻断贫困代际传递。印发《关于精准开展义务教育控辍保学工作的通知》《关于进一步做好劝返复学学生教育教学管理工作的通知》等文件,强化政府法定职责,创新"1+N"联控联保责任体系,建立市、区(县)、校三级联控联保机制,研发市级控辍保学动态管理平台,严格按照"全覆盖"要求,实施"一县一策""一人一案",分类开展控辍保学工作,对进城务工人员随迁子女就学,重庆坚持"两为主""零门槛",实现免试划片就近入学全覆盖;建立动态监测机制,对农村、边远、贫困、民族等重点地区,对初中重点学段,农村留守儿童、家庭经济贫困儿童和困境儿童等重点群体,会同公安部门建立信息定期比对核查机制,及时发现未入学及失学适龄儿童少年,从源头上遏制失学辍学;建立特殊困难群体学生数据库,建立从学前到研究生各个教育阶段全覆盖、公办民办学校全覆盖、家庭经济困难学生全覆盖的资助政策体系,全面落实"两免一补"等教育资助政策,除落实小学、初中贫困寄宿生生活补助外,加大贫困学生资助力度,对非寄宿建卡贫困户学生补助生活费。已实现义务教育"零收费"。通过实施营养改善计划,实现贫困区县农村义务教育学生营养改善计划全覆盖。此外,大力发展公办幼儿园、普惠性民办幼儿园,做好义务教育薄弱环节的改善与能力提升,实现"幼有所育"。通过实施校舍安全工程、农村初中校舍改造工程、农村寄宿制学校建设工程、特殊教育学校建设工程等,城乡教育一体化步伐加快。打造高素质专业化创新型教师队伍,统一城乡中小学教职工编制标准,并向村小、教学点和边远

全面建成小康社会重庆全景录

农村学校倾斜,实施农村学校教师"特岗计划",创新教师培养制度,为农村小学公费定向培养"一专多能"并能胜任多门学科教学的小学教师。

实现"基本医疗有保障",贫困人口看病有地方、有医生、有制度保障。治病、救助、防病多管齐下,政府、市场、社会共同发力,大力实施健康扶贫工程,着力构建防止因病致贫返贫长效机制。压实区县责任,建立市、区县两级贫困人口参保台账,通过资助参保,确保"应保尽保"。构建了贫困人口城乡基本医疗保险、城乡居民大病保险和精准脱贫保,医疗救助制度、疾病应急救助,健康扶贫医疗基金、扶贫济困医疗基金的"三保险""两救助""两基金"多重医疗保障体系。实施大病集中救治、慢病签约服务、重病兜底保障"三个一批"分类救治,贫困人口基本参保率、大病救治率、家庭医生慢病签约服务管理率、重病兜底保障率均达100%。全面实施分级诊疗、"一站式"结算和"先诊疗后付费"制度,贫困人口得了大病、重病基本生活不受影响。加强县乡村医疗机构设施建设,实现县县都有1所二级甲等以上公立医院,乡乡都有标准化卫生院,村村都有标准化卫生室、合格村医,贫困区县远程诊疗服务全覆盖。在全国率先以省为单位统一开发贫困人口医疗救助"一站式"结算平台,实现基本医保、大病保险、民政救助、扶贫基金、商业保险互联互通,贫困人口身份自动识别,医疗费用报销金额自动核定,市内就诊医疗费用自动结算。贫困地区群众基本实现小病不出村、常见病慢性病不出县。

实现"饮水安全有保障",让所有贫困人口有水吃、吃上放心水。自实施农村饮水安全保障脱贫攻坚以来,重庆市水利局建立了"区县排查、行业核查、市级督查"动态监管机制,印发了《农村贫困人口饮水保障工作实施方案》和《关于切实解决建档立卡贫困人口饮水安全问题的通知》，统一印制"明白卡"和"销号卡"，建立市县两级动态监管台账，指导督促区县严格对标执行水量、水质、用水方便程度和供水保证率等4项指标，因户施策，逐户登记联系电话，明确工程措施、完成时限和责任人员，全覆盖解决贫困人口饮水安全。通过建设以规模化供水工程为主、小型集中供水工程为辅、分散供水工程为补充的农村供水保障体系，实现供水人口达2350.6万人；2016年起进入农村饮水安全巩固提升阶段后，通过重点支持农村修建水厂、蓄水池、改造供水管网和配套净化、消毒设施等改善农村居民饮水条件，到2020年8月，集中供水率达88%、自来水普及率达86%，农村人口供水入户比例达到97.5%，建成44.9万处农村供水工程，基本实现农村供水设施全覆盖；为补齐工程性缺水短板，2018年启动了水源工程建设三年行动，到2020年8月，累计建成水库共计3076座，总库容约126.1亿立方米，其中，大型18座、中型103座、小型2955座；为解决供水工程运行管护的问题，2019年出台了《关于建立健全农村供水工程运行管护长效机制的意见（试行）》，各区县出台了县级农村供水管理办法，从建立健全农村供水工程运行管护责任、设施建设、水质监管、运营管理、有偿用水、运行管护激励等方面推进长效管护机制建设，农村集中供水工程的"缺制度管""缺人管""缺钱管"的难题得以解决。到2020年，全市贫困人口饮水安全已达到了国家脱贫攻坚现行标准，实现贫困人口饮水安全动态"清零"，184万贫困人口饮水安全问题得以全面解决，农村饮水正从"有水喝""喝安全水"向"喝好水"转变。

（四）精准脱贫全面实现

2012年底，党中央突出强调，"小康不小康，关键看老乡，关键在贫困的老乡能不能脱贫"，承诺"决不能落下一个贫困地区、一个贫困群众"，拉开了新时代脱贫攻坚的序幕。2013年，党中央提出精准扶贫理念，创新扶贫工作机制。2015年，党中央召开扶贫开发工作会议，提出实现脱贫攻坚目标的总体要求，实行扶持对象、项目安排、资金使用、措施到户、因村派人、脱贫成效"六个精准"，实行发展生产、易地搬迁、生态补偿、发展教育、社会保障兜底"五个一批"，发出打赢脱贫攻坚战的总攻令。2017年，党的十九大把精准脱贫作为三大攻坚战之一进行全面部署，锚定全面建成小康社会目标，聚力攻克深度贫困堡垒，决战决胜脱贫攻坚。重庆按照中央部署和要求，深化落实"五个一批"，切实在扶到点上、扶到根上下功夫、见实效，确保高质量脱贫。根据不同致贫原因，深化落实发展生产脱贫一批、易地扶贫搬迁脱贫一批、生态补偿脱贫一批、发展教育脱贫一批、社会保障兜底脱贫一批"五个一批"到户到人精准帮扶措施，帮助贫困群众脱贫增收。

1. 发展生产脱贫一批

按照中央部署和要求，重庆从产业、就业、金融等方面出台政策措施，保障发展生产脱贫一批工作的顺利开展。在产业扶贫方面，主要采取特色产业扶贫、资产收益扶贫、乡村旅游扶贫、电子商务扶贫、光伏收益扶贫等政策措施；在就业扶贫方面，主要采取建立"农村贫困劳动力就业信息平台"、组织实施职业教育和就业技能培训、推进劳务协作、扶持发展扶贫车间、开发农村公益性岗位、落实各项政策补贴等政策措施；在金融扶贫方面，主要采取提供精准扶贫贷款、扶贫小额信贷、设立扶贫小额信贷风险补偿金等政策措施。

为贯彻落实好党的十九大提出的"必须树立和践行绿水青山就是金山银山的理念"，重庆围绕"山地农业、山地旅游"两大主攻方向，完善《产业扶贫规划》和《乡村旅游扶贫规划》，建立产业扶贫项目库。按照区县对接市级产业扶贫规划、乡镇对接区县产业扶贫实施方案、村级按照"一村一品"原则选择发展产业项目、农户结合自身实际选择发展产业扶贫项目"双选择、双对接"原则，深入实施特色产业推升工程。2018年，切块下达市级以上农业项目资金32.8亿元，新发展特色产业58万亩，建设乡村旅游扶贫片区55个，新培育休闲农业和乡村旅游经营主体1634个，培育引导1833家龙头企业参与产业扶贫。大力推广联户经营、委托代养、入股分红、订单收购等利益联结模式，带动贫困户20余万户。支持贫困群众因地制宜发展小加工、小餐饮、小运输、小制作、小买卖"五小"非农经济和小果园、小生态园、小瓜菜园、小水产园、小养殖园"五小"庭院经济，覆盖贫困户23.3万户。

2019年，强化以"山地农业、山地旅游"为主导的特色扶贫产业覆盖带动，引导2093家龙头企业参与产业扶贫，在14个国家级贫困区县建立电子商务公共服务中心，探索建立土地流转、资金入股、房屋联营、务工就业、保底分红、产品代销等带贫机制，90余万贫困人口通过产业持续增收；建成"扶贫车间"163个，针对贫困人口开发公益性岗位46440个，以稳定就业实现稳定脱贫。在455个村开展集体经济发展试点，新增农村"三变"改革试点村99个，选聘产业发展指导员1.58万人，健全股份合作、订单帮扶、产

全面建成小康社会重庆全景录

重庆市渝北区大盛镇青龙村生产互助农业股份合作社第一次分红大会（重庆市农业农村委员会 供图）

品代销等带贫益贫方式，实现有劳动能力、有产业项目的贫困户全覆盖。推进光伏扶贫、构树扶贫试点，直接带动贫困户3200余户。贫困区县农村常住居民人均可支配收入增幅比全市平均水平高1.1个百分点。

2020年，组织区县优化完善扶贫产业发展规划，选准并重点培育1个以上扶贫主导产业，同时深入开展"一村一品"创建，完成在贫困区县累计创建"一村一品"示范村300个以上的规划任务。脱贫攻坚取得重大胜利。

2021年是全面推进乡村振兴的第一年。3月，重庆市委、市政府正式发布《关于全面推进乡村振兴加快农业农村现代化的实施意见》，明确提出"重庆要接续推进脱贫地区乡村振兴。实施脱贫区县特色产业提升行动，支持脱贫人口和农村低收入人口就地就近就业。对接落实国家乡村振兴重点帮扶县扶持政策，确定一批市级乡村振兴重点帮扶区县、乡镇，支持区县选择部分乡镇、村作为乡村振兴重点帮扶对象，建立市级集团帮扶有关区县乡村振兴机制"。这有效地保证了脱贫攻坚取得胜利后，脱贫攻坚政策体系和工作机制同乡村振兴有效衔接、平稳过渡，保持了农村社会和谐稳定，确保了全面推进乡村振兴和农业农村现代化开好局、起好步。

2. 易地扶贫搬迁脱贫一批

易地扶贫搬迁是脱贫攻坚的标志性工程。"十三五"期间，国家计划对约1000万生活在"一方水土养不起一方人"地区的贫困人口实施易地扶贫搬迁，其中涉及重庆市的贫困群众为25.2万人。任务下达后，重庆市出台了一系列关于易地扶贫搬迁的政策和措施，划定搬迁群众、保障资金来源、明确实施路径，并在此基础上形成"12543"的工作路径，持续推进易地扶贫搬迁工作。"1"即尊重群众意愿，不搞"一刀切"；"2"即守住"两条红线"，严格控制建房面积和大额负债；"5"即引导群众有效向城区（镇）集中、向工业园区集中、向乡村旅游区集中、向农业基地集中、向农民新村集中，积极推进集中安置市级示范点建设；"4"即建设"四好住房"，确保搬迁群众入住"质量好、风貌好、环境好、配套好"的搬迁住房；"3"即绘就"三美家园"，使搬迁安置地成为"生态美、产业美、生活美"的美好新家园，积极完善搬迁安置区配套基础设施，落实后续帮扶措施。

全市精准识别搬迁对象，精准集聚搬迁政策、资金，充分尊重搬迁群众意愿，坚持"以岗定搬、以业定迁"，努力做到对建档立卡贫困人口应搬尽搬。建立财政资金、专项资金、地方债、群众自筹等"多位一体"易地扶贫搬迁融资模式。同时，围绕做好后续工作，将易地扶贫搬迁工作重心由"搬得出"转向"稳得住、能致富"，抓好产业培育、就业帮扶和社区融入，大力发展现代特色高效农业，完善利益联结机制，加大就业创业扶持力度，补齐安置点基础设施和公共服务短板，让搬迁群众既住上新房子，又过上好日子。2018年，完成搬迁安置5.9万人，实施搬迁户农房整宗地收益权收储3860户，支付收储资金1.6亿元，推动搬迁户"建新拆旧""资产变现"。2019年，全市通过建立财政资金、专项基金、地方债、群众自筹"多位一体"融资模式，全面完成"十三五"期间全市计划搬迁任务25.2万人，培训搬迁贫困人口7711人，开发公益岗位安置搬迁6112人，完成搬迁户农房整宗地收益权收储17788户。截至2019年底，25.2万贫困人口房屋主体建设任务基本完成。同步跟进搬迁后续产业发展，实施"雨雾计划"全覆盖，支持搬迁户利用居住条件改善等优势，大力发展乡村旅游等特色产业，确保每户至少有1个劳动力实现稳定就业或1—2个产业增收项目。

2020年，全市继续加大搬迁力度，上半年完成易地扶贫搬迁配套设施建设并投用、搬迁户全部搬迁入住，同时以产业和就业为重点抓好后续扶持。通过采取扎实有力、精准对路的措施和方法。2020年7月，重庆市"十三五"规划的易地扶贫搬迁任务基本完成——全市253个集中安置点6万多套住房陆续迎来了主人，25.2万贫困群众不仅搬入了新房，而且还全部落实了后续帮扶措施，其中发展特色农林业5.9万人、发展劳务经济9万人、发展现代服务业2.2万人、资产收益扶贫0.7万人、社会救助兜底保障3.8万人、其他方式5.7万人，贫困群众通过搬迁实现挪出穷窝安新居，有家有业奔小康。

搬得出，还要稳得住。在易地扶贫搬迁中，综合考虑搬迁群众生产生活需要，因地制宜推进搬迁住房建设，切实完善搬迁安置区水、电、路、信等基础设施，实现搬迁安置户安全饮水、生活用电、通信网络全覆盖。

2021年2月，中共中央、国务院下发《关于全面推进乡村振兴加快农业农村现代化的意见》，明确指出"以大中型集中安置区为重点，扎实做好易地搬迁后续帮扶工作，持续加大就业和产业扶持力度，继续完善安置区配套基础设施、产业园区配套设施、公共服务设施，切实提升社区治理能力"。随后重庆市委、市政府于3月正式发布《关于全面推进乡村振兴加快农业农村现代化的实施意见》，明确提出"要设立衔接过渡期，对摆脱贫困的区县，自脱贫之日起设立5年过渡期，过渡期内保持现有主要帮扶政策总体稳定；持续巩固拓展脱贫攻坚成果，健全防止返贫动态监测和帮扶机制，确保不发生规模性返贫致贫；扎实做好易地搬迁后续帮扶工作。加强农村低收入人口常态化帮扶，对有劳动能力的，坚持开发式帮扶，对丧失劳动能力的，以现有社会保障体系为基础，强化保障性兜底帮扶"。6月，重庆市财政局等6部门联合印发《重庆市财政衔接推进乡村振兴补助资金管理实施办法》，明确要"支持实施带动搬迁群众发展的项目，对集中安置区聘用搬迁群众的公共服务岗位和'一站式'社区综合服务设施建设等费用予以适当补助。对规划内的易地扶贫搬迁贷款和调整规范后的地方政府债券按规定予以贴息补助"。

3.生态补偿脱贫一批

立足于生态改善与脱贫致富双赢，加大贫困地区生态保护修复力度，大力发展森林康养等生态产业。2018年，落实市级以上生态效益补偿资金3.74亿元，实施天然林保护工程公益林建设、国土绿化提升行动等423万亩，新建全国森林旅游示范县2个、累计建成全国森林旅游示范县4个、全国森林康养示范基地8处、森林人家1800余家。针对贫困人口新开发生态护林员、水库管理员等公益性岗位4000个，累计提供就业岗位3.8万个。2019年，制定《关于统筹解决生态保护和脱贫双赢的指导意见》，落实生态护林员19035人，探索生态补偿机制并落实补偿资金2.25亿元。全市组织贫困人口参与退耕还林还草、天然林保护等生态工程；大力发展森林康养等生态产业，积极发展特色种养业、特色经果林、生态旅游等产业，建设乡村旅游扶贫重点村612个，努力将生态资源优势转变成农民增收致富优势。

坚持因地制宜，推动贫困地区绿色发展。制定《生态保护与脱贫攻坚双赢工作方案》，开展实地核查，对181个涉自然保护区"两不愁三保障"扶贫项目，建立工作台账，明确工作重点，对83个在建、拟建项目，按照"一案一策"原则，逐一提出处置意见。2019年底，156个项目已建成或已解决"两不愁三保障"问题，22个在建项目、3个拟建项目进展顺利。加大贫困区县专项资金投入。2019年，向14个贫困区县切块下达中央农村环境整治专项资金8850万元；争取市财政支持，向18个深度贫困乡镇下拨环保脱贫攻坚资金900万元，2017—2019年累计下达脱贫攻坚资金约2.7亿元，有力地支持了各区县脱贫攻坚工作。

聚焦坚决打好污染防治攻坚战，贫困地区生态环境质量不断提升。加强污水治理，到2019年底，全面建成乡镇污水处理厂820座，建设乡镇污水管网6900公里，实施乡镇和农村污水处理设施技术改造189座。其中，14个贫困区县建设污水管网2500余公里，实施污水处理设施技术改造29座。

四、决战脱贫攻坚 决胜全面小康社会

4.发展教育脱贫一批

坚持"扶贫先扶智、治贫先治愚"工作思路，坚持当前和长远结合、"输血"和"造血"结合，建立起市级部门横向联动、市教委与区县教委上下联动、教育部门内部联动的工作机制。

教育扶贫路上"一个都不能少"。一是全面落实控辍保学。进一步压实区县政府主体责任，建立"1+N"联控联保责任制，严格按照"全覆盖、零拒绝"的要求，"一人一案"分类开展控辍保学工作。建立健全动态监测机制，建成"两级管理、三级部署"市级控辍保学动态监测平台，九年义务教育巩固率达到95%。二是健全学生资助政策。建立从学前到研究生各教育阶段全覆盖、公民办学校全覆盖、家庭经济困难学生全覆盖的资助政策体系，全市各学段累计实施学生资助项目合计40余项，资助覆盖面广、政策体系完善，基本实现"不让一个孩子因家庭经济困难失学"的目标。5年累计资助各级各类学生3017.5万人次、资助资金328.5亿元，资助资金总量增加15.54%、资助学生总数增长16.58%，特别是174.6万人次建档立卡学生获得67.5亿元的资助、70.5万人次学生获得助学贷款金额54.5亿元、28.16万人次重庆籍建档立卡大学生获得16.9亿元免学费资助，建档立卡学生受助率由脱贫攻坚前的30%多提高到100%。三是完善学生资助资金筹集机制。全市建立起了教育部门、其他部门、社会、学校"四位一体"的资助机制。教育、财政、扶贫等部门牵头实施的学生资助是"主渠道"，统战、民政等部门实施的学生资助是"辅渠道"，基金会等社会组织实施的学生资助是"有益补充"。四是建立资助兜底机制。在全面落实国家资助政策的基础上，进一步健全困难学生资助"兜底"保障机制，全市学生统一审核确认后,对教育、民政、扶贫等相关部门新增认定的困难学生,以及在校学生因其家庭遭遇突发事件造成家庭经济困难的,学校和区县及时启动认定工作对其进行认定,通过"兜底"机制保障解决、及时资助,确保建档立卡学生上学路上一个不少。五是建立精准资助工作机制。上线"重庆市学生资助管理信息平台",实现重庆籍家庭经济困难学生招生数据、学籍数据、扶贫数据、民政数据、残联数据的"五类数据对比共享";建立统一的重庆籍家庭经济困难学生数据库,对取消乡镇村社开具贫困证明、减轻贫困家庭负担、减少虚假证明发生等起到极好效果;对市内跨区县就读建档立卡学生进行动态、精准跟踪,有效解决市内异地上学资助落实不到位、资助不及时等问题。

把教育经费投入到最需要的地方。一是在财政分担政策上倾斜。对贫困区县重点倾斜,义务教育经费保障机制地方承担部分,主城区承担80%,贫困区县仅承担20%;高中和中职公用经费,其他区县承担80%,贫困区县承担60%。二是在资金分配上倾斜。持续加大市级财政转移支付力度,缩小区县教育公共财政投入差距,公共财政教育支出县域差异系数从2015年的0.378缩减至2019年的0.328。三是在项目建设上倾斜。加大投入18个深度贫困乡镇专项资金,大力支持全市全面改薄和高职、寄宿制学校建设,高寒地区学生温暖过冬计划等,各项资金对贫困区县予以倾斜,近3年共安排区县教育资金404.39亿元,其中安排贫困区县236.51亿元,占比58.48%。

加强师资建设。一是突出农村教师招聘培养"定向化"。每年实施"农村义务教育阶段学校教师特设岗位计划""农村小学全科教师定向培养计划",不断为农村学校补充教师,并通过约定服务期限等方式有效缓解人才留不住的状况。2015—2020年，全市累计招聘"特岗教师"6463名，培养"全科教师"8615名。二是突出农村教师激励"多元化"。新增中、高级岗位重点向农村中小学投放，近3年，村校教师高级职称评审通过率基本达到100%。实施乡村教师荣誉制度，向9万余名乡村学校从教30年教师、6.4万名乡村学校从教20年教师颁发荣誉证书。定期开展模范教师、优秀教师评选，2014年和2019年，国家、市级表彰优秀乡村学校集体20个、优秀乡村教师80名。三是突出农村教师待遇"差别化"。严格执行国家政策，实施乡村教师岗位生活补助政策，市级每年安排专项资金，着力解决农村地区教师留不住的问题。该项政策惠及33个区县、3000余所学校（含村小及教学点）、近9万名乡村教师，年补助资金4亿元。四是突出农村教师培训制度化。通过国培计划、市培计划，以及访问名校、网络研修、送教下乡、学习部落、教师工作坊等多种形式，促进教师研修信息化和常态化。5年来，共投入培训经费3.46亿元，分层分类培训乡村教师10.6万余人次。

改善办学条件。深入实施18个深度贫困乡镇"1+1+1"行动计划，实施"全面改善义务教育薄弱学校基本办学条件"项目、"义务教育薄弱环节改善与能力提升"、乡镇寄宿制学校和乡村小规模学校建设、教育信息化等工程。累计投入近200亿元，新改扩建校舍面积440万平方米、运动场地471.7万平方米；18个贫困区县新增寄宿制学位1.3万余个；因地制宜完成旱厕改造248所学校，投入资金2647.9万元，改造面积1.7万平方米；全市学校"宽带网络校校通"开通率达100%，教学点数字资源实现1948个农村教学点全覆盖，在黔江、铜梁和巫溪等区县建成"同步课堂"400余个；

全市乡村办学条件显著改善，中小学校舍标准化率达到87%，40个区县全部通过国家义务教育发展基本均衡县督导认定。

帮扶贫困家庭学生就业。一是全力打通职业教育技术技能人才成长"立交桥"。支持贫困区县职教中心举办"三二分段制"和"五年制"中职段教育。着力发挥职业学校培训基地功能，依托中职学校开展各级各类职业培训。开展主城都市区优质职业学校和渝东北三峡库区城镇群、渝东南武陵山区城镇群职业学校的对口帮扶。截至2020年底，全市中职学校就读学生41.42万人，其中贫困家庭学生10.2万人，全市中职学校开设涉农专业点44个，涉农专业在校生7800余人。二是积极推荐贫困学生就业。重庆市通过举办不同类型的网络双选和专场招聘宣讲，开通"就业创业导师在线咨询平台"等方式，线上线下进行创业指导，对贫困家庭学生建立"一对一"就业帮扶台账，截至2020年底，重庆市农村建卡贫困人口14473人，就业去向落实率为93.13%，高于全市平均水平。

5.社会保障兜底脱贫一批

完善兜底"渐退制度"，筑牢基本生活保障底线，确保兜好底。按照国务院办公厅转发《民政部等部门关于做好农村最低生活保障制度与扶贫开发政策有效衔接的指导意见》精神，重庆市积极加强农村居民最低生活保障制度与扶贫开发政策在对象、标准、管理方面的有效衔接，对符合最低生活保障条件的农村贫困人口实行政策性保障兜底。同时，建立了最低生活保障渐退制度，对纳入农村最低生活保障的建档立卡贫困人口，因家庭收入发生变化，家庭月人均收入超过最低生活保障标准但低于2倍最低生活保障标准的，给予6个月的渐退期。2020年底，全市低保兜底保障24.95万人，占全市农村低保总人数的40.3%，脱贫攻坚期间，累计支出低保金超过42.8亿元。

完善兜底"分户制度"，筑牢重点群体保障防线，确保兜牢底。按照民政部、财政部、国务院扶贫办《关于在脱贫攻坚三年行动中切实做好社会救助兜底保障工作的实施意见》精神，重庆市针对未脱贫建档立卡贫困户中靠家庭供养的重度残疾人、重病患者等完全丧失劳动能力和部分丧失劳动能力的贫困人口，在脱贫攻坚期内，专门实行单人户纳入低保保障政策，加大重病、重残等符合条件贫困人口兜底保障，切实解决了重病、重残等符合条件的贫困人口基本生活。出台《关于在脱贫攻坚兜底保障中切实做好临时救助工作的通知》，对遭遇突发事件、意外伤害、重大疾病等导致基本生活陷入困境，其他社会救助制度暂时无法覆盖，或者救助之后基本生活暂时仍有严重困难的返贫对象给予临时救助，及时保障好贫困人口基本生活，强化"两不愁"、助力"三保障"，切实发挥临时救助在脱贫攻坚兜底保障中的作用。

完善兜底"调标制度"，筑牢基本生活标准增长线，确保兜住底。为保障困难群众生活水平与全市经济社会发展水平同步提升，重庆市建立了社会救助标准自然增长机制。2021年，重庆市农村低保标准达到每人每月496元［5952元/（人·年）］，高于扶贫标准线1952元，切实保障了贫困人口基本生活困难问题。在此基础上，重庆市还建立了社会救助和保障标准与物价上涨挂钩联动机制，对城乡低保对象、特困人员发放临时补贴，确保困难群众基本生活质量不因物价上涨而降低。

（五）农村基层治理能力全面升级

党的力量来自组织，组织的力量源于基层。要实现小康社会的全面建成，党的基层组织是非常重要的依靠和力量。在小康社会的全面建成中，重庆大力推进基层党组织建设，村民自治能力不断得以提升，"三乡"人才队伍不断壮大，实现了农村基层治理能力全面升级。

农村基层党组织建设提质增效。党的十八届三中全会提出"国家治理体系和治理能力现代化"，强调"全面深化改革的总目标，就是完善和发展中国特色社会主义制度、推进国家治理体系和治理能力现代化"。党的十九大报告指出，"要以提升组织力为重点，突出政治功能，把企业、农村、机关、学校、科研院所、街道社区、社会组织等基层党组织建设成为宣传党的主张、贯彻党的决定、领导基层治理、团结动员群众、推动改革发展的坚强战斗堡垒"。按照党中央的要求和部署，重庆市委、市政府全面加强基层党组织建设，在农村基层党组织建设上，牢固树立一切工作到支部的鲜明导向，围绕"组织设置标准化、队伍建设专业化、阵地建设规范化、组织生活正常化、管理服务精细化"的"五化"建设，着力推进村（居）党支部标准化、规范化建设，筑牢基层党组织战斗堡垒。

第一，推进组织设置标准化，让党员"到点到位"。优化组织设置。坚持把支部建在产业上，推广农村党组织、"三链"建设（党组织建在产业链、党员聚在产业链、农民富在产业链）等做法，扩大党的组织覆盖面和工作覆盖面。狠抓整顿提升。严格落实倒排联点制，对农村基层党组织建设实行蹲点调研、逐一研判，确定村级党组织存在"软弱涣散"问题；坚持"一把钥匙开一把锁"，结合脱贫攻坚、扫黑除恶任务，对班子不团结不协作、社会秩序混乱、产业发展空虚、集体经济薄弱等问题，坚持"一支一策"原则制定整顿方案；基本形成了按照"县级党员领导定点包干、强村结对帮带、乡镇（街道）挂牌销号、第一书记蹲点落实"的模式分类整转，推动基层支部由"弱"变"强"。提高治理能力。在推进基层党组织标准化建设的基础上，积极推广讲初心、担使命，干部带领党员干、党员带领群众干的优良作风，以脱贫攻坚促乡村振兴；大力倡导党员带头干好本职事、做好身边事、办好群众事、做好家庭事、守住底线事，努力争当建设的开拓者、和谐的营造者、幸福的贡献者、人文的传承者、清廉的践行者；着力强化农村基层党组织的政治引导、服务群众、推动社会发展、领导社会治理、引领社会风尚等作用，推动党组织领导下的农村基层治理稳步前进。

第二，推进队伍建设专业化，让事业"后继有人"。严格标准抓选用。以深入开展扫黑除恶专项斗争为契机，建立选任村（社区）干部"正负清单"和"两审两备"制度，对各个村级班子运行情况和党支部书记逐一研判、逐一"体检"，坚决把不符合村（居）干部条件的人挡在门外。多措并举抓培育。大力实施"头雁"提升行动，即以提升基层党支部书记能力素质为重点，分层分级、分行业系统每年开展党支部书记全覆盖培训学习。同时，积极借东西部扶贫协作之力，选派贫困村党支部书记到山东等地挂职学习。大力实施"领头雁"培养计划，建立后备干部培养"导师"制，由党支部书记对后备干部进行"1对1""1对N""N对1"帮带，以提高其党性修养和业务能力。精益求精抓源头。探索建立发展党员"党支部初审、基层党（工）委预审、县委组织部复审"的

"三审"机制,严格发展党员程序。大部分区县都已推行"发展党员预审清单",坚持做到工作有痕、查核有据、追责有力,较好地解决了过去程序违规、程序混乱、秩序缺失等问题。

第三,推进阵地建设规范化,让群众"有家可归"。强化物质保障。以建强党在基层的阵地为重点,打捆整合财政、民政、移民、卫生等各类资金,对便民服务中心进行全面提挡升级,使其功能日趋完善。全面落实村干部报酬待遇和村级组织办公经费,制定了村(居)组织运转经费保障工作的相关制度,将村(居)运转经费全额纳入区县财政预算,结合本地实际逐步建立起村(居)干部待遇、办公经费、服务群众等专项经费的增长机制。完善功能配置。按照"一站式"服务要求,从窗口设置、人员配备、设备设施、窗口吊牌、宣传资料等方面进行统一和规范,打造标准化党员活动室,努力达到办公设备齐全、基础资料完整、配套设施齐备、功能布局规范、标牌制度规范等要求。同时,各村(居)产业党支部与村级党组织共同使用活动阵地、共同开展活动,达到了资源共享、双向受益的目的。优化服务制度。创新和完善便民服务与社会管理服务工作思路,建立赶集日村(社区)党支部书记到镇街公共服务中心集中办公制度,为群众提供代办服务、电话预约服务、延时错时服务,做到便民服务"不打烊"、群众不跑"冤枉路"。构建"村党组织+'两委'干部+'党员中心户'+党员责任区+直接联系服务群众"的"五级网格化"服务体系,由村(居)党组织书记统筹,每名"两委"干部带领相应人数的"党员中心户",每名"党员中心户"以村民小组为责任区就近联系本小组党员和本组全体村民,努力打通关心服务群众的"最后一公里"。

第四,推进组织生活正常化,让活动"有形有效"。深化活动内容。在"两学一做"学习教育常态化制度化任务目标的驱动下，不少农村基层党组织创造性地建立了"5+6+X"学习活动模式，其中："5"即唱国歌、朗读党章、重温入党誓词、学习习近平新时代中国特色社会主义思想和党的十九大精神、缴纳党费5个"规定动作"；"6"即学习研讨、民主议事、事务公开、联系群众、志愿服务、岗位建功6项内容；"X"即凸显月度重点，各党支部紧扣该年度党内重大活动、全县中心工作、本村（居）重点工作等，确定每月活动主题，如7月以"面对面"进行反馈，"一对一"形成问题清单，"点对点"督促整改继续推进组织生活常态化、规范化、制度化。示范引领带动。按照"主题鲜明、内容具体、富有特色、针对性强"等标准，每年开展"支部主题党日"优秀案例评选活动。这一活动有效提高了组织生活的吸引力、感染力和凝聚力。同时，将参加组织生活情况作为党员干部平时考核、民主评议、表彰奖励的重要依据，让参加组织生活成为党员的自觉习惯，进一步激活"神经末梢"和"红色细胞"。

　　第五，推进管理服务精细化，让服务"无处不在"。"堡垒指数"激发支部活力。围绕脱贫攻坚、产业兴旺、生态宜居、乡风文明、治理有效、生活富裕等具体任务，把全年的各项工作由"模糊考评"变为"数字考评"，按照"党组织承诺、党组织自评、党员群众测评、乡镇（街道）和县级部门党（工）委评、亮分公示"的"一诺三评一公示"程序，每半年对"堡垒指数"进行量化考评，年底根据考评总得分，按照"好、良好、一般、差"四个层次"评星定级"。对先进党支部，确定为基层党建示范点；对良好党支部，帮助厘清思路、促进晋位升级；对一般党支部，帮助查找原因，限期整顿提升；对差的党支部，直接定为次年整顿转化的后进党组织，着力解决基层支部组织力、战斗力不强等问题。"先锋指数"激活内生动力。着眼于合格党员"四讲四有"标准，细化党员理想信念、纪律规矩、奉献作为、道德品行四个方面的20个具体指标，按照"党员承诺、个人自评、党员测评、支部考评、乡镇（街道）和县级部门党（工）委审核、亮分公示"的"一诺三评一审一公示"程序，每半年对"先锋指数"进行量化考评，年底根据考评总得分，评为优秀、合格、基本合格、不合格四个等次。对优秀党员，考虑优先向上一级推荐评先选优；对合格党员，促使比学赶超、争先晋级；对基本合格党员，积极教育引导、帮助提高；对不合格党员，情节轻微的限期整改，到期不整改的按照相关规定进行处置。"红镰"志愿服务助推发展。成立"红镰"党员志愿服务队，以结对帮扶单位党员和农村党员为主体，结合自身专业特长、兴趣爱好，广泛开展"我帮乡邻奔小康""扶志气、富脑袋、树信心""扶贫政策我宣传、结对帮扶我带头、项目建设我监督"等主题活动，充分发挥党员干部在脱贫攻坚中的先锋模范作用。

村民自治能力不断提升。自治是乡村治理体系的基础，村民是乡村治理的重要主体，乡村自治做好了，就能充分激发广大农民的积极性。2019年3月，中央全面深化改革委员会第七次会议审议通过《关于加强和改进乡村治理的指导意见》。会议强调，加强和改进乡村治理，要建立健全党委领导、政府负责、社会协同、公众参与、法治保障的现代乡村社会治理体制，抓实建强基层党组织，整顿软弱涣散的村党组织，选好配强农村党组织带头人，深化村民自治实践，发挥农民在乡村治理中的主体作用，传承发展农村优秀传统文化。2019年10月，党的十九届四中全会《决定》中提出"构建基层社会治理新格局。完善群众参与基层社会治理的制度化渠道。健全党组织领导的自治①、法治②、德治③相结合的城乡基层治理体系，健全社区管理和服务机制，推行网格化管理和服务，发挥群团组织、社会组织作用，发挥行业协会商会自律功能，实现政府治理和社会调节、居民自治良性互动，夯实基层社会治理基础"。按照中央要求，为更好地促进基层治理现代化，2019年6月，重庆市委组织部、市委宣传部、市司法局、市民政局联合出台《关于实施民主法治村（社区）自治、法治、德治"三治结合"建设行动方案》，明确提出坚持"党建引领，三治结合"的总要求，在全市11100多个村（社区）全面实施"三治结合"建设行动，到2022年全市所有村（社区）达到"三治结合"建设标准，实现在党组织领导下"自治机制全面完善、法治能力全面提升、德润人心全面显现"的工作目标。全市从4个方面采取19项具体措施，全面推进"三治结合"建设：一是加强党的领导，突出党建引领。在全市推行村（社区）党组织书记通过法定程序兼任村（居）委会主任和村级集体经济组织、合作经济组织负责人；推行"两委"成员交叉任职，规范村（社区）"两委"换届选举；加强村（社区）基层组织体系建设，将党组织建在网格上，建在业主委员会中，建在集体经济组织、合作经济组织中，充分发挥党组织的领导核心作用。二是

---

① "自治"是指在基层实行群众自治，由城乡居民直接行使民主权利，选举产生居民委员会或村民委员会等基层群众自治组织，实行自我管理、自我教育、自我服务，这是我国的一项基本政治制度。

② "法治"是指把基层社会治理纳入法治化轨道，运用法治思维和法治方式，为基层政府、自治组织和群众提供行为指引，形成办事依法、遇事找法、解决问题用法、化解矛盾靠法的法治良序，这是全面依法治国的重要基础工作。

③ "德治"是指重视发挥基层之中的道德教化作用，引导全社会积极培育和践行社会主义核心价值观，弘扬中华民族传统美德，树立道德风尚，维护社会的和谐稳定。

加强自治建设，完善自治机制。推动做好全市村（居）民委员会、村（居）务监督委员会、村（居）民小组长的依法民主选举；坚持"四议两公开"等民主决策制度；严格落实民主管理和民主监督相关制度；推行村（社区）事务阳光工程；完善村（社区）协商工作机制，深化"大事"政府快办、"小事"协商共办、"私事"群众自办的"三事分流"和群众说事、干部问事、集中议事、合力办事、民主评事的"五事工作法"等自治实践，有效保障村（居）民参与村（社区）公共事务的权利，提升村（社区）自治水平。三是加强法治建设，提升法治能力。在全市全面推进法治乡村建设，进一步提升全市村居基层治理的法治化水平；依法完善村（居）民自治章程、村规民约，确保入户率、知晓率均达到100%；加强法治宣传教育，深入实施村（社区）"法律明白人"培育工程，在每个村（社区）建设具有本地特色的法治文化阵地，经常性开展以案释法和法治文化进村（社区）活动；加强治安综合治理，营造和谐稳定的社会环境；加强村（居）法律顾问、村（社区）公共法律服务工作室建设，提升公共法律服务水平；巩固和完善村（社区）人民调解组织，推广"老马工作法"和"乡贤评理堂"，大力推进基层矛盾纠纷化解。四是加强德治建设，彰显德治功效。把社会主义核心价值观融入法治建设，广泛开展"德法相伴"活动。在村（社区）设立"失德曝光台""红黑榜""道德银行"，深化公民道德评议；广泛开展道德模范、感动人物、身边好人、最美人物等典型评选，利用身边人身边事发挥教育引领作用；深入推进移风易俗"十抵制十提倡"工作，着力淳化乡风、淳化民风、培育新风；鼓励发展乡贤组织，深入开展"乡贤善治"活动；统筹发挥社会力量协同作用，大力支持优秀志愿服务组织开展公益活动同时对群众进行法律和道德教育。

"三治结合"行动实施以来，重庆市取得了明显成效，培育出了一批基层社会治理的典型示范村（社区），包括北碚区蔡家岗街道两江名居社区、渝北区龙塔街道鲁能西社区、荣昌区广顺街道高瓷村等70个全国民主法治示范村（社区），2025个市级民主法治示范村（社区）和达到了"三治结合"建设标准的3200个村（社区）；涌现出了"百花齐放"的"三治结合"基层治理品牌，如"万州竹琴""梁山灯戏"等一大批富有地方民俗特色、群众喜闻乐见的法治文化品牌，"乡贤法治茶话会""法治院坝会""四堂互映"等系列乡村"三治结合"建设品牌，提炼出了南岸区"三事分流"、巴南区"德法相伴"等先进基层社会治理经验在全市进行推广；村居治理阵地平台实现了全面提挡升级，各村（社区）的村级组织和制度建设进一步完善，民主决策、管理进一步落实，普法阵地纳入了公共法律服务体系建设，在社区、院坝、楼栋等基层公共场所打造普法宣传电子屏1700余个，在全市61%以上的村设立2个以上法治宣传专栏，法治宣传实现传统媒体和新媒体有机结合、网上网下线上线下全覆盖的良好局面；有效助力了脱贫攻坚工作，既充分发挥了其在扶贫攻坚工作中的服务保障功能，能够确保困难群众的各项帮扶政策得到有效落实，困难群众的合法权益得到有效维护，也激发了困难群众的内生动力和基层群众互帮互助的团结力战斗力，实现扶贫与志智双扶、解难的有机融合；抗击疫情中，在基层村（社区）党组织坚强有力的组织指挥下，全市各基层村社全民动员全员参与，从自治、法治、德治各方着力各显身手，做好自我管理、自我约束，确保步调一致、统一行动，使全市的疫情防控取得了阶段性成效。同时，乡村法治建设深入推进，实施了"法润乡村—服务乡村振兴战略"行动，培育村（社区）"法律明白人"3.3万余名，举办农村骨干法治培训1000余场次，累计建成"全国民主法治示范村（社区）"89个，群众法治意识明显增强，守法用法氛围日益浓厚。

"三乡"人才队伍不断壮大。重庆市大力营造"近悦远来"良好环境，打好"乡情牌""乡愁牌""事业牌"，用足用好在乡、返乡、下乡"三乡"人才，激励各类人才在农村广阔天地大展才华。一是大力实施本土人才回引工程。围绕引得回、留得住、干得好"三个环节"，突出本土大中专毕业生、外出成功人士"两个重点"，破解农村治理人才匮乏问题。二是加大农村本土人才培育力度。启动农村致富带头人培养行动，完善数字管理、培训提升、认定激励政策，首批认定农村致富带头人2000人。健全高素质农民教育扶持机制，累计培育高素质农民22.2万名。三是加快新型农业经营主体成长。全市累计发展农民专业合作社3.77万个，成员349万户；认定家庭农场3.2万户，其中区县级以上示范家庭农场2421户；发展各类农业社会化服务组织1.1万个；培育国家级重点龙头企业51家。四是返乡就业创业逐渐升温。加强创业扶持，累计建设市级"农民工返乡创业园"60个，回引返乡就业创业农民工36万余人，引导本土人才回村挂职或创业1.5万名，返乡人才领办创办合作经济组织、小微企业3590个。五是进一步充实农村紧缺人才。每年招聘2000余名教育、卫生、农业、建设等农村紧缺专业人才。引导支持135名规划师、建筑师、工程师和艺术家"三师一家"下乡服务乡村建设，累计下乡服务6900余人次。成立56个专家服务团，组织389名专家到区县"常态化"开展专业服务。组建3419个乡村振兴实践团，通过社会实践活动助力乡村发展。

（六）农村精神面貌全面焕新

"仓廪实而知礼节，衣食足而知荣辱。"随着物质生活的逐渐富裕，人们对精神和文化的需求也越来越高。党的十八大以来，以习近平同志为核心的党中央充分发挥文化在脱贫攻坚、乡村振兴中的作用，既补文化"短板"，也促文化发展。习近平总书记强调，扶贫先扶志，扶贫必扶智。2014年，习近平总书记在江苏徐州市考察指出，农村精神文明建设很重要，物质变精神、精神变物质是辩证法的观点，实施乡村振兴战略要物质文明和精神文明一起抓，特别要注重提升农民精神风貌。2018年1月，中宣部中央文明办印发《加强农村精神文明建设 提升农民精神风貌》，部署学习贯彻习近平总书记在江苏徐州市考察时对农村精神文明建设工作的重要指示精神，进一步加强农村精神文明建设，提升农民精神风貌。

按照中央要求和部署，重庆深学笃用习近平新时代中国特色社会主义思想，全面落实习近平总书记视察重庆和参加重庆代表团审议时的重要讲话精神，积极培育和践行社会主义核心价值观，切实加强思想道德建设，深化拓展群众性精神文明创建活动，大力开展"铸魂强根"行动，加快培育文明乡风、良好家风、淳朴民风，乡村社会文明程度持续提升，谱写了农村精神文明建设的新篇，广大人民群众的精神面貌焕然一新。一是社会主义核心价值观宣传教育深入推进。用活用好"学习强国"数字农家书屋线上线下资源，扎实开展"百本好书送你读""新时代乡村阅读季"等活动。线上线下常态化举办"梦想课堂"活动，累计开展专题课程1.4万余场。二是乡村公共文化服务效能进一步提升。区县实现文化馆、图书馆、影剧院、博物馆和乡镇综合文化站、村文化室全覆盖。[①]推进"百乡千村"示范工程,建设一批乡情陈列馆,充分展现风情风物、遗产魅力、光辉事迹。累计完成1000余个乡镇(街道)、1.1万余个村(社区)综合文化服务中心的建设和提升,建成乡镇室内电影固定放映厅824个,夯实乡村公共文化服务阵地。三是移风易俗纵深推进。深入开展乡村移风易俗"十抵制十提倡"行动,劝阻大操大办、违规敛财办酒等,革除人情攀比、厚葬薄养、铺张浪费等陈规陋习。持续开展孝善立德教育,深化"孝善巴渝""家风润万家"等行动。四是乡村文化保护不断增强。完成潼南区千佛寺摩崖造像、云阳县彭氏宗祠等特色乡土文物修缮保护。合川钓鱼城遗址、涪陵白鹤梁题刻进入全国申遗重点培育项目。大足石雕等9个非遗项目成功入选第五批国家级名录。获评中国传统村落110个,中国历史文化名镇名村24个,少数民族特色村镇26个。

在脱贫攻坚中,按照习近平总书记"充分调动贫困群众积极性、主动性、创造性"的重要指示要求,坚持多措并举、志智双扶,提振深度贫困乡镇群众精气神。在18个深度贫困乡镇贯彻落实了《关于深入开展扶志扶智工作激发贫困群众内生动力的意见》,将扶贫工作与扶志扶智紧密结合,通过实施精神扶贫、着力提升技能素质、引导健康文明习惯、优化政策兑现方式等举措,引导和激发贫困群众从"要我脱贫"向"我要脱贫"转变,营造自力更生、脱贫光荣、勤劳致富的良好氛围。一是强化典型示范。建立脱贫荣誉制度,开展"感动重庆十大人物""富民兴渝贡献奖""中国好人"等评选活动,推出扶贫脱贫典型"中国

[①] 重庆社会科学院、重庆市人民政府发展研究中心主编:《重庆蓝皮书·2014年中国重庆发展报告》,重庆出版社2014年版,第233页。

好人"22个、"重庆好人"107个。举办"身边的脱贫故事"微访谈2.45万场,开展"决战决胜、奋斗有我"脱贫攻坚故事征集宣讲活动,组织3个宣讲团,挑选15名脱贫攻坚一线先进典型,开展基层脱贫攻坚先进事迹宣讲。在农民工春节返乡期间,举办脱贫攻坚"讲习所"、"农民夜校"、院坝会等,实现面对面交流、点对点宣传。二是强化技能培训。围绕"一户一人一技能"目标,开展农村实用技术、乡村旅游、手工艺技能等培训,有效提高贫困群众致富能力。三是强化村民自治。深入开展"除陋习、树新风"专项行动,建立健全村规民约,设立乡贤讲理堂、成立道德评议会、组建村民议事会,打造共建共治共享的社会治理格局。全面开展脱贫攻坚"红黑榜""五好家庭"等评议评选活动。比如,万州区龙驹镇深入治理乱办无事酒席和大办婚丧宴席陋习,实施立志立德育新风活动;云阳县泥溪镇探索建立"积分超市",群众通过自发参与志愿活动、主动改善人居环境、主动参与社会治理等赚积分,用积分兑换生活用品。四是创新扶贫资金到户补助方式,将补助资金与具体生产经营活动挂钩,全面推行财政扶贫资金改补为奖、改补为贷、改补为股、改补为保、改补为酬"五改",变"平均分配"为"多干多补",变"现金补贴"为"风险补偿",变"无偿补助"为"有借有还",变"松散带动"为"股权激励",变"不劳而获"为"劳有所获",让有意愿、有能力的贫困群众得到实实在在的扶持,防止大水漫灌,防止政策养"懒汉",以经济手段激发贫困群众内生动力。2020年通过"五改"补助到户资金30.93亿元。

通过加大宣传动员力度,积极开展就业创业培训,贫困群众内生动力显著提升。党员干部吃苦耐劳、不怕牺牲,舍小家、为大家，涌现出"时代楷模"毛相林、"全国劳动模范"王祥生、"全国脱贫攻坚先进个人"韦永胜、"全国乡镇卫生院优秀院长"蒋凤、"背包书记"田杰、"教育书记"田富、"点子书记"全克军等一大批先进典型，带动提振了群众的脱贫志气和激情。

五、建设绿水青山
绘就全面小康画卷

改革开放尤其是直辖以来，市委、市政府不断加大生态环保工作力度。党的十八大以来，市委、市政府以习近平新时代中国特色社会主义思想为指导，团结带领全市上下全面贯彻落实习近平总书记对重庆提出营造良好政治生态，坚持"两点"定位、"两地""两高"目标，发挥"三个作用"和推动成渝地区双城经济圈建设等重要指示要求，深学笃用习近平生态文明思想，准确把握新发展阶段，深入践行新发展理念，积极融入新发展格局，强化"上游意识"，担起"上游责任"，体现"上游水平"，坚决打好污染防治攻坚战，加快建设山清水秀美丽之地，全市生态环境逐步向好，在生态建设方面取得了显著成绩。

（一）生态环境治理成效明显

1997年，重庆成为直辖市。年轻的直辖市环境问题突出，一是城市环境空气质量仍然受到二氧化硫和粉尘的严重影响。1996年，城区环境空气质量仍属较重污染，区县城镇环境空气质量总体上属中度污染。原主城区（渝中区、九龙坡区、江北区、南岸区、沙坪坝区、大渡口区、渝北区、北碚区、巴南区）以及"两市一地"（万县市、涪陵市和黔江地区）城市（镇）属煤烟型污染，酸雨污染仍较严重。1996年，重庆市国控点酸雨频率为66.2%，平均pH值为4.47；工业粉尘、道路和施工扬尘对环境空气质量的影响也较明显。二是长江、嘉陵江重庆城区江段水质受生活污水影响严重，表现为生活污水中（主要是粪便污水）的大肠菌群超标，对两江水质影响非常明显；此外，非离子氨、石油类、化学需氧量以及挥发酚、总磷等污染物或指标也存在较明显的超标现象。在考虑大肠菌群指标的情况下，两江城区江段水质属重度污染至严重污染级别，郊区县断面属中度污染，两江对照断面水质属轻度污染。三是次级河流污染加重，未受污染的河流和江段越来越少。1996年，重庆市监测的28条次级河流84个监测断面中，水质属于重度污染至严重污染的断面占40%以上，属于好或较好的监测断面仅占11.8%，属于中度污染的监测断面占48.2%。

　　生态环境保护和建设作为党中央和国务院交办的"四件大事"之一，得到市委、市政府的高度重视。从"九五""十五"到"十一五"，在党中央、国务院的领导下，重庆市提出了"造就一个清新、洁净的新重庆"、打造"江城、山城"两个品牌、甩掉"火炉"和"雾都"两顶帽子的环保工作目标，认真贯彻落实中央关于坚持环境保护基本国策、实施可持续发展战略的一系列方针政策和重要部署，紧紧围绕"山水园林城市工程"和"青山绿水工程"两大战略，以主城区大气污染防治和三峡库区水环境保护为重点，实施了"蓝天""碧水""绿地"和"宁静"等一系列行动计划，全市经济、社会在快速发展的同时，环境保护工作也取得了显著成绩，

五、建设绿水青山　绘就全面小康画卷

生态环境得以持续改善。

"九五"（1996—2000年）时期，重庆市实行可持续发展战略，坚持经济发展、移民安置与保护生态环境相协调的原则，处理好人口、资源、经济、环境之间的关系，做好国土资源保护和开发以及环境保护和污染防治工作。实施水污染综合治理、大气污染控制、固体废弃物处理等三大环保工程，增加环保投入，大力发展环保产业，加强环保立法和执法监督，加大国土开发整治力度，提高抗御自然灾害的能力，保护好自然风景区，搞好资源综合开发利用。"十五"（2001—2005年）时期，重庆坚持环境保护基本国策，污染防治和生态保护并重，依法保护环境，提高全民环境意识，依靠经济增长方式转变和科技进步，以改善环境质量为立足点，保障全市环境安全。实施"碧水""清新"工程，坚持经济发展、城乡建设，移民迁建与环境保护同步规划、同步实施，严格执法监督，保障环境安全，推广清洁生产技术，发展环保产业，同时强化宣传教育，提高全民的环境保护意识。"十一五"（2006—2010年）时期，紧紧围绕建设长江上游经济中心、全面建设小康社会的战略目标，坚持环境保护基本国策，统筹经济发展、社会进步与环境保护，在发展中解决生态环境问题，在保护中促进发展。重庆坚持预防为主，综合治理，切实改变先污染后治理、边治理边污染的状况。实施"碧水""蓝天""绿地""宁静"行动计划，努力遏制生态环境恶化趋势。同时完善环保政策机制，严格实施污染物排放总量控制和排放许可制度，推行环境影响评价和"三同时"制度，加强生态环保监管，建立生态补偿机制，提高环境监测水平，强调运用经济手段推进污染治理市场化进程。

在大气污染控制方面，从"九五"到"十一五"，重庆市相继

开展了"一控双达标""五管齐下净空工程""蓝天行动"等工作。1996年,《国务院关于环境保护若干问题的决定》提出在全国实施环境保护"一控双达标"①和绿色行动计划,并连续开展严查环境违法行为专项行动。重庆市按照中央要求,1997年开始对工业污染企业要求"一控双达标",2000年发布了《重庆市人民政府关于实施"清洁能源"工程严格控制大气污染的通告》,在城市实施"清洁能源工程"。到2000年底,渝中区、渝北区完成全部燃煤锅炉、茶水炉改用清洁能源任务;全市12种污染大气、水体的主要污染物排放总量全部控制在国家下达的控制指标之内,纳入"一控双达标"考核的工业污染企业5169家,完成达标任务5143家(其中依法关停2353家),达标率为99.5%;列为国家重点考核、占全市主要污染物排放负荷65%以上的90家工业企业,完成达标任务83家,达标率为92.2%。重庆市基本完成"一控双达标"任务。

---

① 1996年《国务院关于环境保护若干问题的决定》中确定的2000年要实现的环保目标。"一控"也叫作污染物总量控制,指的是到2000年底,各省、自治区、直辖市要使本辖区主要污染物的排放量控制在国家规定的排放总量指标内。总量控制并非对所有的污染物都控制,而是对二氧化硫、工业粉尘、化学耗氧量、汞、镉等12种主要工业污染物进行控制。"双达标"指的是:一、到2000年底,全国所有的工业污染源要达到国家或地方规定的污染物排放标准。二、到2000年底,47个环保重点城市的空气和地面水按功能区达到国家规定的环境质量标准。这47个环保重点城市包括所有的直辖市、省会城市、经济特区城市以及大部分沿海开放城市和重点旅游城市。按功能区达标指的是城市中的工业区、生活区、文教区、商业区、风景旅游区、自然保护区等不是执行一个环境质量标准,而是分别达到不同的环境质量标准。例如,我国空气质量标准目前有3个级别,空气质量一级标准比较严,适用于风景旅游区、自然保护区;二级标准则宽松一些,适用于生活居住区、文教商业区;三级标准最宽松,适用于工业区,城市中不同的功能区按不同的环境质量标准来要求。

五、建设绿水青山　绘就全面小康画卷

2001年,《重庆市国民经济和社会发展第十个五年计划纲要》提出实施"清新"工程,推进清洁能源、汽车排气污染防治、工业废气治理、餐饮油烟污染防治和二次扬尘控制,加快城市中小锅炉煤改气,加快工业区域布局调整,依法关闭污染严重、危害人民健康的企业。同年,重庆市政府常务会议审议通过了主城区开展"五管齐下"的"净空"措施,开始全面推进主城区大气污染防治工作。2003年,市政府发布《关于进一步控制主城区尘污染的通告》和《进一步控制主城区尘污染实施方案》,明确了工作任务和要求,有关责任区政府和市级部门制订了严格控制尘污染的实施方案,至2003年底,"五管齐下"净空工程取得重大进展,除计划2005年完成的大气污染企业关迁改调外,其余项目都已完成。2005年,重庆市围绕主城区大气污染防治,启动实施《重庆市主城"蓝天行动"实施方案》,加强对城市扬尘污染控制、燃煤及粉(烟)尘治理、机动车排气污染控制。到年底,主城区空气质量满足二级天数的比例为72.9%。主城区共有83个街道(镇)建成基本无煤区(烟尘控制区)。总面积达344平方公里。其中主城区的渝中区、北碚区、渝北区、经济技术开发区和高新技术产业开发区已全面建成基本无煤区。随后通过采取控制扬尘污染、燃煤及粉烟尘污染、机动车污染、保护和建设城市生态环境、完善环境监管、建立和完善保障机制等措施,逐步达到净化空气的效果,并在2008年建立了空气质量分析预警机制、完成重庆市环境空气质量功能区划分工作。到2010年,重庆可吸入颗粒物、二氧化硫、二氧化氮的年均浓度分别从2001年的0.149毫克/立方米、0.108毫克/立方米、0.044毫克/立方米降至0.102毫克/立方米、0.048毫克/立方米、0.039毫克/立方米。

在水污染综合治理方面，重庆直辖后先后出台并实施了《重庆市长江三峡水污染防治条例》《重庆市三峡库区水污染防治规划》等文件，按照国务院关于三峡库区水污染防治规划的批复精神和朱镕基同志对库区水污染防治项目"五快"的要求，切实加强了三峡库区水污染防治工作。2002年4月，《三峡库区及其上游水污染防治规划》实施方案出台。2005年，重庆市围绕三峡库区水污染防治，启动实施"碧水行动"，通过采取推进水环境保护基础设施建设、次级河流和饮用水水源保护区污染综合整治、工业废水治理、污染专项整治等措施，到"十五"末，全市61个集中式饮用水水源地水质满足饮用水水源地功能要求的比例达到96.7%，"三江"干流重庆段27个断面水质均满足Ⅲ类标准，其中满足Ⅱ类的断面占81.5%。2008年1月，国务院同意并印发实施《三峡库区及其上游水污染防治规划（修订本）》，重庆市的次级河流污染综合整治、工业污染防治、污水垃圾处理等项目得到重点支持；10月，市政府审议通过了《重庆市"碧水行动"实施方案（2008—2012年）（修订稿）》，对重庆市水环境的下一步工作制定了目标和措施。到2010年，库区及其上游主要控制断面水质整体上基本达到国家地表水环境质量Ⅱ类标准，库区生态环境得到明显改善。

在加强噪声污染控制方面，重庆市政府1995年就颁布了《重庆市环境噪声污染防治管理办法》。直辖后随着城市建设的加快和机动车辆的迅速增加，噪声污染日益成为人民群众反映强烈的社会问题。2002年1月，重庆市政府发布了新的《重庆市环境噪声污染防治管理办法》，加强噪声污染控制。通过治理不断扩大噪声达标区建设范围，截至2005年，主城区累计建成环境噪声达标区131.59平方公里，全市累计建成环境噪声达标区273.2平方公里。

同时，重点加强了建筑施工噪声夜间巡查和高中考期间环境噪声监督管理，巩固机动车"禁鸣"成果，开展创建"安静小区"示范工作。2007年1月，重庆市政府印发实施《重庆市"宁静行动"实施方案》，从源头控制、传播途径控制、噪声敏感目标保护等方面着手，综合采用管理措施和技术措施，加强工业噪声、建筑施工噪声、交通噪声、社会生活噪声污染防治，加强噪声污染监管和创建，大力改善城市声环境质量。到2010年，主城区声环境质量保持稳定，建成120个"安静小区"。

在生态建设方面，重庆市全面实施了以主城区为重点的"山水园林城市"工程和以三峡库区为重点的"青山绿水"工程，提高生态环境质量，发挥生态的自我修复功能。重点建设重要公路、铁路、江河沿线绿色通道，建设主城区生态绿化圈、都市圈生态防护林，建成山水园林城市，加快推进封山植树、天然林保护、自然保护区建设，保护野生动物，抢救性保护和恢复大巴山区、武陵山区及重要水库、湖泊的生态功能，对重点资源开发地区实行强制性保护，对自然保护区和风景名胜区实行积极性保护。2006年5月，为了改善生态环境质量，提高生态环境对持续发展的支撑能力，重庆市政府印发实施《重庆市"绿地行动"实施方案（2006—2010年）》，从建设生态功能保护区、新农村建设、水土流失整治、生态环境保护等方面开展工作，并完成全市土壤污染调查和全市生物物种资源调查、整理。到2010年，全市森林面积304.94万公顷，森林覆盖率37%，建有市级以上森林公园78个，自然保护区58个。

在固体废物及放射性污染防治方面，直辖以后重庆在全市开展了危险废物的核查，摸清了危险废物的产生量、去向和污染状况。进一步强化核与辐射环境的安全监管，完成了辐射环境监督管理站的建站和核安全监督管理职能的划转，建立健全了核与辐射环境监管的各项规章制度，对核技术利用、放射性废物实行统一监管。开展了三峡库区175米水位线以下的放射性废物清库核查和集中收贮社会闲置废弃放射源，对一批危及环境安全的放射源进行了安全处置。相关的法规标准和制度体系也在不断健全。在《重庆市环境保护条例》等地方法规中专节规定固体废物污染防治、辐射安全和辐射污染防治，出台《重庆市生活垃圾管理条例》《重庆市市容环境卫生管理条例》《重庆市餐厨垃圾管理办法》《重庆市辐射污染防治办法》等地方性法规规章。

（二）生态文明体制改革不断深化

党的十八大以来，以习近平同志为核心的党中央高度重视生态文明建设和生态环境保护，把生态文明建设作为统筹推进"五位一体"总体布局和协调推进"四个全面"战略布局的重要内容。习近平总书记也十分关心重庆生态文明建设和生态环境保护，多次作出重要指示：2016年1月，视察重庆时强调，"保护好三峡库区和长江母亲河，事关重庆长远发展，事关国家发展全局"；2018年3月，参加全国两会重庆代表团审议时要求重庆"加快建设内陆开放高地、山清水秀美丽之地"；2019年4月，视察重庆时指出，"重庆是长江上游生态屏障的最后一道关口，对长江中下游地区生态安全承担着不可替代的作用"，要求"筑牢长江上游重要生态屏障""建设山清水秀美丽之地""在推进长江经济带绿色发展中发挥示范作用"；2020年1月和10月，习近平总书记先后主持召开中央财经委员会第六次会议和中央政治局会议，作出推动成渝地区双城经济圈建设的战略部署、审议《成渝地区双城经济圈建设规划纲要》，要求"强化长江上游生态大保护，推动两地生态共建和环境共保""坚持不懈抓好生态环境保护，走出一条生态优先、绿色发展的新路子，推进人与自然和谐共生"。这些重要指示，既充分肯定了重庆在全国生态文明建设大局中的地位，又为我们做好生态文明建设和生态环境保护指明了前进方向、提供了根本遵循。重庆深入学习贯彻习近平生态文明思想，始终把生态文明建设和生态环境保护工作作为重要政治任务，注重从全局谋划一域、以一域服务全局，推动全市生态文明建设走深走实。

习近平总书记十分重视生态文明体制改革工作。2015年，中央全面深化改革领导小组第十四次会议就指出，"深化生态文明体制改革，关键是要发挥制度的引导、规制、激励、约束等功能，规范各类开发、利用、保护行为，让保护者受益、让损害者受罚"。2016年，习近平总书记提出"要深化生态文明体制改革，尽快把生态文明制度的'四梁八柱'建立起来，把生态文明建设纳入制度化、法治化轨道"。

重庆深入学习领会习近平总书记关于全面深化改革的重要论述，于2014年3月在市委全面深化改革领导小组下设生态文明体制改革专项小组，负责统筹协调推进全市生态文明体制改革工作。专项小组由分管副市长任组长，市生态环境局（原市环保局）主要领导任副组长和联络员，分管副秘书长和相关市级部门负责人为成员，办公室设在市生态环境局（原市环保局）。专项小组办公室始终坚持把完善改革工作机制作为重要方法，制定《重庆市生态文明体制改革工作推进机制》《重庆市生态文明体制改革专项小组办公室工作规则》等规章制度，确立了学习贯彻、任务分解、台账管理、会商协调、督察督办等10项制度。2015年9月21日，中共中央、国务院印发了《生态文明体制改革总体方案》，提出到2020年构建起由自然资源资产产权制度、环境治理和生态保护市场体系、生态文明绩效评价考核和责任追究制度等八项制度构成的产权清晰、多元参与、激励约束并重、系统完整的生态文明制度体系，推进生态文明领域国家治理体系和治理能力现代化，完整搭建了生态文明制度体系的顶层设计，擘画了改革路线图。2017年，党的十九大召开，在十八大的基础之上再一次高瞻远瞩地提出"加快生态文明体制改革，建设美丽中国"，进一步昭示了以习近平同志为核心的党中央加强生态文明建设的意志和决心。

重庆市生态文明体制改革专项小组对标对表中央改革决策部署和市委改革工作要求，深学笃用习近平生态文明思想，全面贯彻落实习近平总书记对重庆提出营造良好政治生态，坚持"两点"定位、"两地""两高"目标，发挥"三个作用"和推动成渝地区双城经济圈建设等重要指示要求，实行台账管理、定期调度，统筹推进全市生态文明体制改革工作。

一是主要领导亲力亲为抓改革。专项小组组长、市政府副市长高度重视生态文明体制改革工作，多次主持召开专项小组会议，学习传达贯彻习近平总书记视察重庆系列重要讲话精神、中央深改委和市委深改委会议精神；多次作出指示批示，研究部署生态文明体制改革工作，严格把关重大改革方案，协调改革关键环节；多次到专项小组成员单位开展调研，听取工作情况汇报，坚持以上率下抓改革，推动各项改革任务落地落实。

二是全面贯彻落实习近平总书记视察重庆有关改革工作重要指

示精神。围绕"在推进长江经济带绿色发展中发挥示范作用"加快推进生态文明体制改革，从推进蓝天常驻、碧水长流等7个方面，出台《生态文明体制改革专项小组深入贯彻落实习近平总书记视察重庆有关改革工作重要指示精神的实施具体措施》，将7项任务细化为16个项目，逐一明确实施主体、成果形式、完成时限。建立专门任务台账月调度工作机制，统筹推进并加强督办，每年组织"回头看"，确保各项任务圆满完成。

三是进一步完善改革工作机制。制定《生态文明体制改革专项小组工作规则》《生态文明体制改革专项小组办公室工作细则》，进一步健全改革任务调度、通报、提醒等工作机制，分类建立改革任务台账，对各项改革任务推进情况动态监控。印发《关于加强和改进改革信息工作的通知》，建立信息联络员制度，组织成员单位在扎实推进各项改革任务的同时及时总结改革成效经验，积极向中央和国家部委内部刊物、中央主流媒体推介。严格按要求对承担改革任务的相关单位实施绩效考核，并对区县提出考核扣分建议。

在市委、市政府的领导下，全市自党的十八届三中全会以来累计形成生态文明体制改革文件200余个，30余个典型案例在全国复制推广，获得国家及中央部委表彰肯定300余次，逐步建立产权清晰、多元参与、激励约束并重、系统完整的生态文明制度体系，有力促进高水平保护和高质量发展。

一是聚焦筑牢长江上游重要生态屏障抓改革。深入实施河长制改革，在全国率先推行落实市、区县、乡镇（街道）三级"双总河长"制，全面建立市、区县、乡镇（街道）、村（社区）四级河长体系，分级分段设河长1.75万余名，实现"一河一长""一库一长"全覆盖，近5年市双总河长带头巡查长江、嘉陵江等河流56次，21

位市级河长巡河242次,带动全市各级河长开展巡河288万余人次,统筹协调解决河流管理保护问题5.8万余个,河长制实现从"有名有责"向"有能有效"转变。深入实施生态环境损害赔偿制度改革,构建以《重庆市生态环境损害赔偿制度改革实施方案》为基础,以赔偿事件报告、损害鉴定评估等系列制度为配套的"1+12"改革制度体系,多个案例被生态环境部、最高人民法院、司法部评选为典型案例。制定《重庆市建立市场化、多元化生态保护补偿机制实施方案》《重庆市建立流域横向生态保护补偿机制实施方案(试行)》,19条跨区域河流涉及的33个区县全部签订横向生态保护补偿协议。在全国首创并实施横向生态补偿提高森林覆盖率,形成以不同地区政府间横向生态补偿为实施主体,以森林覆盖率为指标体系的生态产品价值实现机制,建立重点生态功能区转移支付制度,实现生态服务受益地区与重点生态功能地区"双赢",相关做法得到自然资源部等肯定并向全国推广。

二是聚焦做好碳达峰、碳中和工作抓改革。大力开展气候投融资试点,会同金融机构签署近1000亿元气候投融资支持战略合作协议,编制完成《重庆市气候投融资试点工作方案》《气候投融资试点实施方案》,配套制定项目目录(指南)、技术规范,形成"2+2"试点框架体系。大力发展绿色金融,出台《重庆市绿色金融发展规划(2017—2020)》《关于加强信贷政策指导推动金融支持实体经济高质量发展的意见》,创建绿色金融改革试验区,设立重庆唯一一家绿色金融银行(兴业银行),成功发行全市首只碳中和债、全国首只清洁交通类碳中和债,全市42家金融机构推出绿色金融产品,推动绿色金融与绿色制造、绿色能源等深度融合。修订《重庆市节约能源条例》,出台《重庆市废弃农膜回收利用管理办法（试行）》，逐步建立绿色生产和消费的政策法规导向。印发《重庆市资源循环利用基地建设方案》《重庆市关于进一步加强塑料污染治理的实施意见》，严格禁、限部分塑料制品生产销售和使用，规范塑料废弃物回收利用和处置。完成万州经开区园区循环化改造示范和双桥经开区、璧山区国家低碳工业园区试点，为循环低碳发展积累经验。

三是聚焦成渝地区双城经济圈生态环境保护抓改革。两省市联合编制"六江"生态廊道建设规划大纲，嘉陵江流域生态环境保护川渝协同立法结出硕果。共同印发《川渝大气污染防治联动工作方案》，出台全国首个跨区域错峰生产方案助力大气污染联防联控走深走实。铜钵河、琼江、清流河等跨界水污染联合防治试点顺利推进，新盛河（任市河）通过联动督察整治已达到考核要求，9个由渝入川国控断面水质达标率均为100%，3个川渝共考国控断面水质保持为Ⅲ类，梁平区、达州市共治铜钵河再现水清岸绿。成立川渝环境资源司法协作巡回法庭，川渝两地放射源异地使用备案手续由"两头跑"简化为移出地"一地办"，川渝危险废物跨省市转移"白名单"制度得到国家肯定并拓展到云贵两省，联合执法应急、统一环境标准、土壤污染协同治理、"三线一单"协调实施等方面取得积极进展，长江上游生态大保护日益加强。

四是聚焦提高城乡生活品质抓改革。深化"无废城市"建设，危险废物精细化管理、"五个结合"构建全民行动体系、餐厨垃圾全量资源化利用、城镇污水污泥无害化处置、"一网多用"回收废弃农膜等5项经验做法入选全国典型模式被复制推广。创新"处理疫情城市医疗废物的应急解决方案"，重庆市获"广州国际城市创新奖"。制定出台《关于深化重庆市生活垃圾分类工作的实施方案》等，城市生活垃圾分类体系覆盖215个镇街、638万户居民，全市公共机构和中心城区实现垃圾分类全覆盖，重庆市垃圾分类工作在全国46个重点城市中排名第一档、保持西部第一，实现餐厨垃圾产生量增幅逐年降低、其他垃圾量逐年降低、家庭厨余垃圾分出量明显提升。制定《重庆市污水资源化利用实施方案》，加快污水资源化利用设施体系建设。

　　五是聚焦提升生态环境治理能力抓改革。坚持用最严格制度最严密法治保护生态环境，以系列行政规范性文件为补充的环保规章制度体系，以法治刚性约束保护生态环境。出台《重庆市环保机构监测监察执法垂直管理制度改革实施方案》《重庆市深化环境监测改革提高环境监测数据质量实施方案》，在全国率先启动环保机构垂直管理制度改革，市和区县均组建生态环境局和生态环境综合行政执法队伍，重庆改革试点经验纳入国家总体报告。设立市级生态环境保护督察机构，出台《重庆市生态环境保护督察工作实施办法》，配套出台专项督察、驻点督察、日常督察、环保约谈等20余项制度规范，推动市级生态环保督察和问题整改常态化、制度化、规范化开展，压紧压实生态环境保护"党政同责、一岗双责"和"管发展必须管环保、管生产必须管环保、管行业必须管环保"责任。生态环境保护综合行政执法改革重点任务基本完成，生态环境保护综合行政执法队伍统一换发新的制式服装，优化执法方式、提高执法效能的18个方面制度机制得到进一步完善。出台《重庆市检察机关公益诉讼案件线索举报奖励办法（试行）》《关于协作加强检察公益诉讼环境损害司法鉴定工作的意见》，畅通群众举报渠道，建立生态环境损害司法鉴定绿色通道。深入实施领导干部自然资源资产离任审计改革，相关做法获中央领导批示，相关案例获审计署表彰或纳入审计教学案例，以审计监督推动落实领导干部生态文明建设责任。

（三）生态环境质量持续改善

党的十八大以来，按照中央决策和要求，重庆于2013年印发了《重庆市环保"五大行动"实施方案（2013—2017年）》，深入实施5个方面26大类工程措施，其中"蓝天""碧水""宁静"行动以主城区为重点，"绿地""田园"行动以区县农村为重点。党的十九大以来，重庆市全面贯彻落实党中央、国务院关于环境保护一系列重大决策部署，紧紧围绕把习近平总书记殷殷嘱托全面落实在重庆大地上这条主线，提高站位、凝聚共识、挂图作战、合力攻坚，以生态环境高水平保护推动高质量发展、创造高品质生活，着力推动生态环境质量明显好转。2018年，市委、市政府召开全市深入推动长江经济带发展动员大会暨生态环境保护大会，标志重庆市生态文明建设迈入新阶段、开启新征程。同年，出台污染防治攻坚战实施方案，将环保"五大行动"融入污染防治攻坚战实施方案。在市委、市政府的领导下，全市统筹推进"建、治、管、改"各项工作，坚决打好污染防治攻坚战，聚焦碧水、蓝天、净土三大保卫战，持续开展环保"五大行动"，一批突出生态环境问题得到解决，长江上游重要生态屏障进一步筑牢，山清水秀美丽之地建设成效显著。

一是环保地方法规不断完善。坚持"立改废"并举，深入推进科学立法、民主立法、依法立法，推动生态环境保护工作有法可依、有章可循。制定《重庆市大气污染防治条例》《重庆市水污染防治条例》《重庆市建设用地土壤污染防治办法》《重庆市辐射污染防治办法》等地方性法规和政府规章，修订《重庆市环境保护条例》《重庆市环境噪声污染防治办法》，报请市政府废止《重庆市饮用水源污染防治办法》《重庆市机动车排气污染防治办法》《重庆市主城区尘污染防治办法》，深入开展《重庆市土壤污染防治条例》《重庆市固体废物污染环境防治条例》立法调研起草，进一步推动全市环保地方性法规制度体系更加科学严谨。全市以综合性环保法规《重庆市环境保护条例》为核心，以专项性环保法规《重庆市大气污染防治条例》《重庆市水污染防治条例》和环保规章《重庆市建设用地土壤污染防治办法》《重庆市环境噪声污染防治办法》《重庆市辐射污染防治办法》为配套，以系列行政规范性文件和地方生态环境标准为补充的环保地方法规规章制度标准体系日趋健全，法治对生态文明建设的引领、推动和保障作用更加凸显。按日计罚、排污许可、"双罚"制等制度设计被国家立法予以借鉴和吸纳。

同时，在川渝协同立法保护生态环境方面成效显著。为贯彻实施《中华人民共和国长江保护法》，推动成渝地区双城经济圈建设，依法加强污染跨界协同治理，共筑长江上游生态屏障，重庆市与四川省联合开展了嘉陵江流域生态环境保护协同立法。2021年11月25日，重庆市第五届人民代表大会常务委员会第二十九次会议通过了《重庆市人民代表大会常务委员会关于加强嘉陵江流域水生态环境协同保护的决定》（以下简称《决定》），自2022年1月1日起施行。《决定》明确了重庆市与四川省建立健全嘉陵江流域水生态环境保护协同机制，按照统一规划、统一标准、统一监测、统一责任、统一防治措施的要求，推进嘉陵江流域水生态环境保护。

同时，《决定》从信息共享、生态环境横向补偿、专项规划编制、水污染治理、水生态修护、水资源保护、标准、监测、河湖长、应急、执法、司法、人大监督等13个方面，对川渝两地嘉陵江流域水生态环境共标、共建、共治、共管作出了详细规定。《决定》是重庆市区域生态环境保护协同立法的首次积极尝试，也是协同立法新模式的重大成果。

二是绿色低碳发展迈出新步伐。深入学习领会习近平总书记关于"把碳达峰碳中和纳入生态文明建设整体布局和经济社会发展全局""在推动长江经济带绿色发展中发挥示范作用"的重要论述，市委、市政府坚持高质量发展不动摇，面对全市经济下行压力加大的状况和突如其来的新冠肺炎疫情冲击，都没有走粗放型增长的老路，而是更加自觉推动高质量发展，市委作出《关于深入推动科技创新支撑引领高质量发展的决定》，市委、市政府召开推动制造业高质量发展大会，出台《关于推动高质量发展的实施意见》《关于高质量创建广阳湾智创生态城的意见》《关于支持西部（重庆）科学城高质量发展的意见》等，把稳增长、调结构、推改革有机结合起来，高质量发展成色更足。"十三五"期间全市单位地区生产总值能耗累计下降19.4%，单位地区生产总值二氧化碳排放量累计下降21.88%，二氧化硫、氮氧化物、化学需氧量、氨氮排放量较2015年分别下降22.4%、18.3%、8.3%、7.4%，推动经济社会发展建立在资源高效利用和绿色低碳发展基础之上。更加注重源头管控。坚决禁止在长江干支流岸线1公里范围内新建、扩建化工园区和化工项目，禁止在长江、嘉陵江、乌江岸线1公里范围内新建重化工、纸浆制造、印染等存在环境风险的项目，禁止长江及主要支流岸线5公里范围内新布局工业园区。落实建设项目环评文件与规划环评、现有项目的环境管理、区域环境质量的"三挂钩",全力推动交通、水利等一大批重大项目落地。产业转型升级迈向纵深。全面完成30万千瓦及以上煤电机组超低排放改造,化解船舶过剩产能2万载重吨,钢铁、水泥、电解铝、平板玻璃等重点行业落后产能已全部淘汰。传统产业加速升级转型,制造业智能化、高端化、绿色化、融合化趋势更加明显,2021年高技术制造业、战略性新兴产业分别增长18.1%、18.2%,服务业增加值增长9%。"双碳"工作有序开展。加快构建重庆市碳达峰、碳中和领域"1+2+6+N"政策体系,全面梳理形成"两高"项目清单,坚决遏制"两高"项目盲目发展,能耗"双控"进度总体符合国家下达目标要求。作为西部唯一省市参与全国碳市场联建联维,碳市场碳排放指标累计成交量、成交总额分别为2791万吨、5.14亿元。建成上线全国首个覆盖碳履约、碳中和、碳普惠的"碳惠通"生态产品价值实现平台,持续深化和拓展"两山"转化路径。制定应对气候变化专项规划,编制气候投融资试点工作方案、实施方案,组建全国首个区域性气候投融资产业促进中心。绿色生产生活方式逐渐形成。实施制造业绿色发展行动,累计建成绿色园区15个、绿色工厂171个,发行绿色债券142亿元。持续深入推进七大重点领域绿色生活创建行动,在全国率先建成生活垃圾全生命周期管理链条,累计建成公共充电桩1.8万个、换电站72座,获批全国首批新能源汽车换电模式应用试点城市。加快发展绿色建筑、绿色生态住宅小区,绿色建筑占城镇新建建筑的比例大幅提升。深化"放管服"改革,推动环评文件审批"告知承诺制"改革、环评豁免审批改革广泛惠及市场主体。深化"无废城市"建设,启动成渝地区双城经济圈"无废城市"共建,构建"无废城市"固体废物管理制度体系获中央改

五、建设绿水青山 绘就全面小康画卷

革办充分肯定。

三是筑牢生态屏障见到新气象。深入学习领会习近平总书记关于"统筹山水林田湖草沙系统治理"的重要论述，坚持"共抓大保护，不搞大开发"方针，始终把修复长江生态环境摆在压倒性位置，推进"治水、育林、禁渔、防灾、护文"，严守长江上游生态屏障最后一道关口。优化发展空间格局。划定生态保护红线、永久基本农田、城镇开发边界三条控制线，率先发布"三线一单"（生态保护红线、环境质量底线、资源利用上线、生态环境准入清单）成果，把生态环境监管约束落实到国土空间层面。统筹推进生态保护红线评估调整和自然保护地优化整合，持续开展"绿盾"自然保护地强化监督工作。推进成渝地区双城经济圈共建生态网络、共治跨界污染、共商环境管理，双方签订落实生态环境保护合作协议70余项，生态共建环境共保大格局基本形成。出台《关于建立健全"一区两群"协调发展机制的实施意见》，促进各片区彰显特色、绿色发展、协同发展。加强生态保护修复。开展山水林田湖草沙生态保护修复、科学建立自然保护地体系、重庆三峡国家气象公园建设试点，实施中心城区"两江四岸""清水绿岸""四山"治理提升。持续深化落实河长制，探索建立"河长+"和"三江"常态化暗访工作机制，扎实推动"三排""三乱""三率"等问题整改，长江禁捕退捕成果持续巩固，规模性非法采砂基本绝迹。全面推行林长制，大力开展国土绿化行动和森林资源"四乱"突出问题专项整治，推进实施"两岸青山·千里林带"建设，全市森林覆盖率达54.5%、较2017年提高8.2个百分点。全面完成长江经济带废弃露天矿山生态修复和长江干线非法码头整治，重庆山水林田湖草工程试点入选中国特色生态修复案例，广阳岛生态修复主体完工、入选全国生态修复典型案例，"长江风景眼、重庆生态岛"雏形显现。加强生态文明示范创建引领。璧山区、北碚区、渝北区、黔江区、武隆区成为国家生态文明建设示范区，武隆区、广阳岛、北碚区、渝北区入选"绿水青山就是金山银山"实践创新基地，累计创建国家生态文明建设示范区和"绿水青山就是金山银山"实践创新基地9个，"山水之城·美丽之地"颜值更高、气质更佳。防范化解生态环境风险。不断深化行政执法与刑事司法联动，依法严厉打击生态环境违法犯罪行为，2018年以来重庆市生态环境部门累计作出环境行政处罚1.3万余件，办理移送行政拘留案件342件，涉嫌环境污染犯罪案201件，办理生态环境损害赔偿案件533件；公安机关侦办污染环境犯罪案件418起604人；检察机关全面推行长江生态检察官制度，起诉生态环境和资源保护刑事案件3202起5275人，办理环境公益诉讼5777件，支持行政机关开展生态环境损害赔偿磋商406件；审判机关受理审理破坏生态、污染环境各类刑事案件3265件，受理审理环境公益诉讼案件290件。毫不放松抓好常态化疫情防控工作，实现医疗机构、集中隔离点及设施环境监管服务100%全覆盖，医疗废物废水及时有效收集转运和处理处置100%全覆盖。与川、黔、鄂、湘4省建立《跨省流域上下游突发水污染事件联防联控机制》，共保长江母亲河。常年常态开展环境风险隐患排查整治，强化长江干支流沿线环境监管，未发生较大级及以上突发环境事件，牢牢守住环境安全底线，保障三峡库区环境安全。

四是污染防治攻坚取得新成果。坚决打好污染防治攻坚战，是党中央作出的重大决策部署，是决胜全面建成小康社会、全面建设社会主义现代化国家的重大历史使命。2018年，国家出台《关于全面加强生态环境保护　坚决打好污染防治攻坚战的意见》。市委、

五、建设绿水青山 绘就全面小康画卷

市政府召开深入推动长江经济带发展动员大会暨生态环境保护大会等系列会议，对标对表落实党中央、国务院生态环境保护决策部署，出台《重庆市污染防治攻坚战实施方案（2018—2020年）》，统筹"建、治、管、改"，打好碧水、蓝天、净土保卫战，深入实施环保"五大行动"。建立污染防治攻坚战指挥长制和项目责任制，市委书记任总指挥，市长任副总指挥，各项重点工程的市政府分管副市长任指挥长，牵头单位主要负责人任副指挥长。公众生态环境满意度由2017年的不足80%提高到目前的95%以上。实现水更清。党的十八大以来，重庆市深入开展"碧水行动"，实施"四治一保"，即治理城乡饮用水水源地水污染、治理工业企业水污染、治理次级河流及湖库水污染、治理城镇污水垃圾污染、保护三峡库区水环境安全，贯彻国务院"水十条"（即《水污染防治行动计划》，由国务院于2015年印发），保障了三峡库区水环境安全。党

重庆市深入开展"碧水行动"。图为鸡冠石污水处理站（重庆市生态环境局 供图）

的十九大召开后，重庆市全面贯彻落实习近平总书记关于"加快水污染治理，实施流域环境综合治理"的重大部署，深入贯彻国务院"水十条"，着力打好碧水保卫战，大力推进水污染治理、水生态修复、水资源保护"三水"共治。通过加强政策引导、构建"党政同责、一岗双责"责任体系、推进污水治理设施建设、建立激励约束机制，水生态环境质量明显改善。通过落实市第1、2、3号总河长令，强化工业、城乡生活水污染治理，长江入河排污口整治深入推进，推动临江河、璧南河、大溪河、龙溪河、梁滩河等河流水质根本好转，48段城市黑臭水体整治成效得到巩固，全市工业集聚区污水集中处理设施、建制乡镇污水处理设施、船舶码头污染物接收设施基本实现全覆盖。2021年长江干流重庆段水质保持为优，74个纳入国家考核断面水质优良比例达98.6%，高于国家考核目标1.3个百分点，排名长江经济带各省市首位，城市集中式饮用水水源地水质达标率为100%，多数昔日"臭水沟"成为群众称赞不绝的"幸福河"。实现天更蓝。党的十八大以来，按照习近平总书记提出的"要加大大气污染治理力度""从压减燃煤、严格控车、调整产业、强化管理、联防联控、依法治理等方面采取重大举措"，以及2013年国务院印发的《大气污染防治行动计划》（即"气十条"），重庆实施"四控两增"（控制工业污染、交通污染、扬尘污染、生活污染，增强监管能力、科研能力）工程措施，全面完成国家"大气十条"目标任务，在2013—2017年度的国家"大气十条"实施情况整体考核中等级为优秀。党的十九大召开后，重庆全面贯彻落实习近平总书记关于"持续实施大气污染防治行动，打赢蓝天保卫战"的重大部署，实施《重庆市贯彻国务院打赢蓝天保卫战三年行动计划实施方案》《重庆市污染防治攻坚战实施方案》，深化

五、建设绿水青山　绘就全面小康画卷

重庆市全力打好蓝天保卫战。图为蓝天白云下的重庆市人民大礼堂（重庆市生态环境局　供图）

"四控两增"举措，大气质量持续改善。通过突出控制交通、工业、扬尘和生活污染，实施网格化精细管控和空气质量精准预报，持续开展冬春季大气污染防治攻坚和夏秋季臭氧污染防控行动，强化重点区域、重点行业、重点源指导帮扶，有效地改善了区域空气质量。2021年重庆市空气质量优良天数达326天、较2017年增加23天，其中"优"的天数（146天）为2013年实施空气质量新标准以来最好水平，细颗粒物平均浓度为35微克/立方米，无重度及以上污染天数，评价空气质量6项指标连续2年全部达标，重庆实现蓝天常驻。实现土更洁。党的十八大以来，重庆市继续推进"绿地行动"，实施"三项工程"，即生态红线划定与重点生态功能区建设工程、城乡土壤修复和城乡绿化工程。2016年5月，为了切实加强土壤污染防治，逐步改善土壤环境质量，国务院印发《土壤污染防治行动计划》（即"土十条"）。重庆随后出台了《重庆市贯彻落实土

187

壤污染防治行动计划工作方案》，提出土壤风险评估、治理修复、重金属污染防治、农用地治理和能力建设五大类重点工程项目，共16大项。党的十九大召开后，重庆市全面贯彻落实习近平总书记关于"统筹山水林田湖草沙系统治理"的重大部署，强化"一守五建"工程措施，严守生态保护红线，强化重要生态功能区、生态功能退化区、城市生态系统、自然保护区和生态文明示范区建设。通过持续开展土壤污染风险管控和修复，圆满完成重点行业企业用地土壤污染状况调查，受污染耕地和污染地块安全利用率达95%以上。加强农业农村污染治理。按照党的十八大提出的大力推进生态文明建设的要求，重庆市以改善农村生产生活环境为主线，以农村生活污水治理、农村生活垃圾收运处理、畜禽养殖污染防治为重点，在全市开展"田园行动"，实施"三项整治"，即农村生活污水整治、农村生活垃圾整治、畜禽养殖污染综合整治。党的十九大召开后，重庆市全面贯彻落实习近平总书记关于"强化土壤污染管控和修复，加强农业面源污染防治，开展农村人居环境整治行动"的重大部署，突出重点区域、重点行业和重点污染物，管控土壤环境风险，强化"一查三治"工程措施，开展土壤污染状况详查，加强农用地、建设用地和固体废物污染防治。累计建成农村生活污水集中处理设施1600余座，主要农作物化肥农药使用量持续下降，畜禽粪污综合利用率、秸秆农膜回收利用率居全国前列，农村生活污水治理率在中西部地区排名首位，两个区"农村人居环境整治成效明显"获国务院办公厅表彰通报。加强危险废物规范化精细化管理，率先在全国开展跨省域"无废城市"共建，首创危险废物跨省转移"白名单"制度并拓展延伸至云贵两省，危险废物规范化管理达到A级要求。全市土壤环境质量总体稳定。

五是生态环境民生增添新福祉。深入学习领会习近平总书记关于"生态环境是关系党的使命宗旨的重大政治问题，也是关系民生的重大社会问题"的重要论述，坚持以人民为中心的发展思想，集中攻克老百姓身边的突出生态环境问题，让老百姓实实在在感受到生态环境质量改善。高标准深入实施生态环保督察。深化运行"市领导带头督、市委和市政府督查办重点督、市生态环保督察机构专职督、部门和区县分条分块督"常态化督办机制，在全国率先实现区县、市级部门和市属国有重点企业督察全覆盖。组建暗访工作专班，常态化开展"三江"流域重庆段生态环保巡访暗访，实现41个行政单元暗访暗查全覆盖。高质量系统落实督察整改任务。两轮次中央生态环保督察涉及的214项整改任务已完成189项，四轮次长江经济带生态环境警示片披露的37个问题已整改28个；市级集中督察交办的1665个问题已整改1647个，全市督察整改总体进度达90%以上。两轮次中央生态环保督察交办的5687件群众投诉举报案件办结率达到99.8%以上。高效率推进重难点问题整改。违建码头、南岸区和沙坪坝区"散乱污"企业清理整治等重点任务顺利完成；中心城区黑臭水体、餐饮船舶污染、黑石子垃圾填埋场臭气扰民等一大批群众反映的突出生态环境问题得到妥善解决；缙云山生态环境问题整改入选生态环境部"督察整改看成效"典型案例。

六、促进文化繁荣
增强全面小康动能

文化是民族的根和魂。改革开放以来，重庆市走坚持中国特色社会主义文化发展道路，文化体制改革不断取得新成果，文化事业和文化产业快速发展。党的十八大以来，重庆市紧紧围绕建设文化强市战略目标，大力培育和践行社会主义核心价值观，深入推进文化体制改革，加快推动现代公共文化服务体系建设，文化民生得到较好保障，群众的文化获得感明显增强，人民群众精神文化生活更加丰富，为全面建成小康社会提供强大的精神动力。

（一）培育和践行社会主义核心价值观

党的十八大报告对培育和践行社会主义核心价值观提出了明确要求。2013年12月，中共中央办公厅印发了《关于培育和践行社会主义核心价值观的意见》。党的十九大报告强调，要以培养担当民族复兴大任的时代新人为着眼点，强化教育引导、实践养成、制度保障，发挥社会主义核心价值观对国民教育、精神文明创建、精神文化产品创作生产传播的引领作用，把社会主义核心价值观融入社会发展各方面，转化为人们的情感认同和行为习惯。重庆市认真贯彻落实党的十八大、十九大精神和党中央决策部署，积极培育和践行社会主义核心价值观，为全市人民营造美好精神家园。

组织开展"做有梦想有追求的重庆人"主题活动。2013年4月起，为了深入宣传中国梦的精神实质，重庆以"做有梦想有追求的重庆人"为主题，开展了丰富多彩的实践活动。

举办梦想课堂、梦想沙龙、"梦想100"人生规划大赛等活动，营造"共话中国梦、分享我的梦"的公共空间，把主流价值融入广大群众的学业、事业、生活和家庭规划之中。其中梦想课堂这一项，截至2014年11月，已在全市2625个城乡社区开设社区课堂，在18家博物馆、图书馆、纪念馆等开设公开课堂，累计开课3000多次，直接受众超过20万人次。组织"富民兴渝贡献奖""感动重庆十大人物""道德模范""身边好人"等群众性评选，弘扬先进典型，激励人们自觉参与道德实践。推动生活养成教育实践，开展"粒粒皆辛苦"餐桌文明行动、"衣旧情深"闲置衣物再利用活动，利用自然保护区、湿地、公园和生态农场等开展自然体验活动，在商场、商圈、餐饮街等推行绿色低碳、合理消费的消费文化。开展"善美行业"文明行风行动、"美景美行"文明旅游行动等，推动形成良好的文明风尚。

大力开展理想信念教育。加强社会主义核心价值观网上传播，组织开展"讲述身边雷锋故事""小报画清明""影像端午·画温情""做'礼'所能及的重庆人""大学生网络文化节"等多个全视听网络文明传播活动，强化内容建设，传播积极健康向上的网络文化。把社会主义核心价值观落细落小，印发《重庆市推动社会主义核心价值观融入法治建设立法修法规划》，开展"德法相伴"系列活动。建成一批"家在社区""美丽乡村"基层宣传思想文化市级示范阵地。深入贯彻《新时代公民道德建设实施纲要》《新时代爱国主义教育实施纲要》，引导人民群众提高道德意识，增进爱党爱国的感情。开展"让烈士回家"系列活动，举办红岩精神报告会、红岩英烈事迹展等，传承红色基因，弘扬党的优良传统和作风。用好公益资源，广泛发布学习贯彻习近平总书记视察重庆重要讲话精神、"讲文明树新风"、"图说我们的价值观"、"文明礼仪我带头·争做重庆好市民"、脱贫攻坚等系列公益广告，不断扩大文明传播效应。组织开展庆祝改革开放40周年、新中国成立70周年、建党100周年等宣传教育活动，增强爱党爱国情怀。

突出抓好先进典型宣传。大力开展典型选树，推荐一批先进典型获评"全国最美奋斗者"、全国道德模范、"中国好人"等国家级荣誉称号；开展"富民兴渝贡献奖""感动重庆十大人物"等市级先进典型评选表彰。充分发挥先进典型的引领带动作用，举行"在希望的田野上"乡村振兴巡回报告会、"时代楷模"杨雪峰同志先进事迹报告会、扶贫先进典型杨骅同志先进事迹报告会、重庆市"不忘初心、牢记使命"优秀共产党员先进事迹报告会、"榜样面对面·优秀共产党员"先进事迹巡回报告会等一系列先进人物、先进事迹宣传教育活动，营造知先进、学先进、争先进的浓厚氛围。加强道德典型礼遇帮扶，"德者有得、好人好报"价值导向更加鲜明。改革先锋、时代楷模、最美退役军人、全国诚信之星、中国好人、全国新时代好少年、感动重庆人物等先进典型不断涌现。

扎实推进精神文明建设。持续开展"文明在行动·满意在重庆""文明在行动·重庆更洁净"活动，常态化开展暗访调查，整治不文明行为。对经济社会领域的失信突出问题进行集中治理，努

六、促进文化繁荣　增强全面小康动能

力提升社会诚信水平，营造诚实信用的良好氛围。开展新时代文明实践中心建设，12个区县被纳入全国试点，14个区县被确立为市级试点，非试点区县自主探索进行建设。积极推动全国文明城区（县城）创建，开展市级文明城区（县城）、文明村镇、文明单位、文明家庭、文明校园评选活动。实施移风易俗"十抵制十提倡"活动，抵制铺张浪费等不良习气；举办"新农村新生活"培训。组织红樱桃"冬日针爱"活动关爱留守儿童和孤寡老人，组织文明校园结对帮扶18个深度贫困乡镇乡村学校少年宫。广泛开展"九童圆梦""传承红色基因""我们的节日"等主题活动，用中华民族传统美德滋养时代文明风尚。开展"我们一起奔小康"、"重庆志愿服务季"、"山水之城　美丽之地"、"文明新生活"垃圾分类等主题志愿服务活动，推动形成"我为人人、人人为我"的良好社会氛围。打造"春日植爱、夏日心爱、秋日俭爱、冬日针爱"系列品牌公益项目，形成了"政府主导、区县联动、企业承办、媒体推动、社会协同、全民参与"的志愿服务模式，形成了政府部门加企事业单位以及社会组织的官方与民间相结合的社会公益运行模式。

加强未成年人思想道德建设。开展"美德少年"寻找展示活动，评选重庆市十佳美德少年和百名重庆市美德少年。开展"寻找最美教师"活动，评出一批师德师风先进典型。深入贯彻《重庆市家庭教育促进条例》，促进未成年人教育家校合作。深化"红樱桃·四季有爱"主题活动，关心关爱留守儿童、困境儿童。开展"新时代好少年"学习宣传活动，评选出一批重庆新时代好少年、全国新时代好少年，发挥榜样的模范带动作用。开展"传承红色基因　争做时代新人"主题教育活动，引导青少年自觉将红色基因贯穿于树立和践行社会主义核心价值观的实践当中，从红色文化、红色基因中汲取前行的力量，做到听党话、跟党走，成为中国特色社会主义合格建设者和可靠接班人。开展优秀童谣征集推广活动，增强未成年人爱国爱党情怀，丰富他们的精神文化生活。印发《关于开展未成年人"三结合"孝善立德教育工作的通知》，扎实推进未成年人孝善教育，传承孝善文化、养成孝善美德。组织乡村学校少年宫开展心理健康巡讲、"寻根乡愁"、"百家百校"等系列展示活动，为青少年营造良好的成长环境，促进他们身心健康成长。开展"九童年圆"系列活动，在未成年人中大力培育和践行社会主义核心价值观，加强和改进未成年人思想道德建设，发挥未成年人中先进典型的引领示范作用。建设一批乡村学校少年宫，招募一批退休教师、大学生村官、西部志愿者等到乡村学校少年宫担任辅导老师。

提升高校思想政治教育工作质量。坚持项目化推进、常态化落实的工作思路，投入500余万元开展市级试点改革，2019—2021年共建设7所试点高校、5个试点院系，打造"组织育人""课程育人"等32个"十大育人"精品项目。印发《重庆市民办高校思想政治工作质量提升工作方案》，投入90万元建设民办高校"三全育人"综合改革市级试点高校2所、市级"十大育人"精品项目10个。开展"传承红色基因　争做时代新人——红岩革命故事展演"活动、"知史爱党　知史爱国"微视频创作大赛和"永远跟党走　强国伴我行"党史知识竞赛，激励师生践行爱国情、强国志、报国行。用活"重庆大学生微讯""重庆高校思政工作者"教育平台，在高校建设一批育人公众号，利用新媒体平台积极开展网络教育，"重庆大学"等5个微信公众号入选全国首批高校类思政公众号重点建设名单，8门辅导员网络培训课程建设项目入选全国百门精品培训课程。2017年以来，重庆市1名大学生获评"全国最美大学生"、1名大学生获评"全国大学生年度人物"。

（二）推进文化体制改革

重庆市提升以公共文化服务效能为核心，扎实推进构建现代公共文化服务体系各项改革任务，不断推动公共文化服务体制机制创新，公共文化服务领域活力得到充分激发。2019年6月，全国公共文化领域重点改革任务暨旅游厕所革命工作现场推进会在重庆市召开，国家文旅部领导对重庆市多项改革推进中取得的好经验好做法给予了肯定。

健全文化管理体制机制。2014年合并市级、区县文化、广电、新闻出版等行政资源，在全国率先建立起文化"大部制"。成立市和区县两级文化行政部门，公共服务职能更加强化。树立"大公服"理念，充分发挥"大部制"优势，在整合文化系统资源基础上，建立了全市公共文化服务体系建设协调机制，21个市级部门充分发挥职能作用和资源优势，统筹推进全民阅读、全民普法、全民健身、全民科普和艺术普及、优秀传统文化传承活动。坚决落实中共中央办公厅、国务院办公厅《关于从事生产经营活动事业单位改革的指导意见》，完成173家国有经营性文化事业单位转企改制，整合33个区县有线电视网络，实现发展规划、技术标准、业务平台、市场拓展、运行维护"五统一"。推行公益性法人治理结构试点，组建市图书馆理事会，完善理事会运行机制，在文化部组织的专家评审中名列全国第三。加快政府职能转变，进一步降低文化市场准入门槛，2013年启动行政审批改革以来，取消市区（县）两级行政审批事项46项，下放市级行政审批12项，清理规范中介服务32项，确立市级权力清单事项89项，取消非行政许可项目10项，网上行政审批率实现100%，压缩审批总时限35%。实施文化市场"黑名单""红名单""警示名单"制度，对被列入黑名单的企业进行重点管控。推行"双随机一公开"监管机制，各级文化管理部门积极履行职责，加强对文化市场进行监管。推进文物保护利用改革，区县文化旅游主管部门加挂文物局牌子，争取市委编委增加市级文博单位编制63个，出台《重庆市文物督察约谈办法》，推行文物安全工作联席会议制度，建立了市级文物部门与检察机关文物保护协作机制。推进信用体系建设，铜梁、武隆入选全国文化和旅游市场信用经济发展试点地区。持续开展文化旅游市场专项整治行动，解决了长达20年的歌乐山"黑车"乱象问题，督办整改市场经营秩序问题4000余个，稳妥办理投诉举报2100余件，重庆市在2019年至2021年度全国文化市场综合执法案卷评查中排名全国第一，游客满意度位居全国第三。完善"月点评、季通报、年考核"管理机制，对全市旅游市场乱象进行"体检式"暗访拍摄，适时在市政府常务会上曝光，市政府主要领导督办整改。

　　有序推进各项改革。深化国有文艺院团改革，取"保留一批、转企一批、合并一批、划转一批、撤销一批"方式，完成8家市级文艺院团、19家区县文艺院团改革，市歌舞团、市京剧团、市话剧院等所有市级文化院团由市文化委统一管理，推动企业性质院团进行公司制、股份制改造，推行院团长面向社会进行招聘改革，组建重庆演出院线，通过在主城核心地段解放碑置换2.5万平方米办公大楼的方式解决了市歌舞团、市京剧团、市话剧团、市曲艺团4个院团"一团一场"的遗留问题。重点推进了基本公共文化服务标

六、促进文化繁荣　增强全面小康动能

准化、基层综合性文化服务中心、文化馆图书馆总分馆制建设和公共文化机构法人治理结构改革等重点改革任务。基本公共文化服务标准化和基层综合文化服务中心实现全覆盖。在全国率先推行文化馆图书馆总分馆制试点，建成39个图书馆总馆、39个文化馆总馆，1455个图书馆分馆、1119个文化馆分馆，总馆实现县级和区级两个100%建成，分馆在乡镇（街道）全覆盖的基础上，建成一批社会分馆，市级馆龙头、区域联盟以及行业社会的带动作用进一步激发。如重庆图书馆·石柱冷水风谷分馆主打"文化+交旅"，成为国内高速公路第1座服务区图书馆。持续深化公益性文化机构改革，重庆图书馆法人治理结构改革试点在文化部评审中名列第三。在重庆图书馆和涪陵区图书馆2家试点单位取得阶段性成果的基础上，进一步向区级单位辐射拓展。市级文化馆、图书馆、美术馆以及区级文化馆、图书馆全面完成法人治理结构改革。探索实施"文化企业营销创新以奖代补计划"，鼓励企业大胆运用新手段，促进文化企业提供有效供给、畅通供给渠道、对接市场需求。实施文化供给侧改革，推进"三区一降一补"，清理一批"僵尸"和空壳文化企业，清理一批兼职（任职）人员，着力补短板，突出强主业，精准防风险。推进"证照分离"改革，优化涉企行政审批21项，取消审批4项，实行告知承诺制和"一件事一次办"，让数据多跑路、群众少跑腿。持续开展文化市场综合执法改革，国有文艺院团改革取得成效，完成重庆演出有限公司首轮混改。强化法治保障，启动重庆市红色资源保护利用地方立法，出台《重庆市文化和旅游标准化工作管理办法》《重庆红岩遗址保护区管理办法》。

示范建设卓有成效。高标准、高质量推进创建工作，形成可示范、可复制、可推广的地方经验，渝中区、北碚区、江津区、南岸区成功申报国家公共文化服务体系示范区，南川区文化中心户标准化建设、九龙坡区企业共建共享公共文化服务项目、潼南县政府购买公共文化服务等8个项目成功申报国家公共文化服务体系示范项目。沙坪坝区成为国家公共文化标准化试点城市，重庆图书馆获评国家公共文化单位法人治理结构试点单位，重庆文化艺术职业学院成为全国基层文化队伍培训基地。深挖传统文化资源，充实旅游文化内涵，形成文旅融合新亮点，文图美三馆、基层综合文化服务中心以及24小时城市书房等公共文化设施成为"网红打卡点"；渝中区图书馆、江津区文化馆、奉节县平安乡文旅综合服务中心、潼南区双江镇综合文化服务中心、渝北区牛皇村综合文化服务中心、武隆区仙女山镇游客服务中心、四公里旅游集散中心有限公司等7个单位获评全国文化和旅游公共服务机构功能融合试点单位，入选数量居全国第一。统筹推进文旅融合，集合特色小镇、美丽乡村、巴渝民居、民俗文化等，规划打造了一批文化旅游设施线路以及惠民文旅演艺节目。2021年，有全国乡村旅游重点村35个、重点镇3个，全国休闲农业与乡村旅游示范县（区）累计达12个、示范点23个，市级休闲农业与乡村旅游示范乡镇139个、示范村（社区）338个、示范点506个，推荐乡村旅游重点线路125条，分别对铜梁、梁平、酉阳的乡村旅游做了重点宣传推广。

（三）建设公共文化服务体系

公共文化服务体系是满足社会公共文化需求，保障公民基本文化权利，提供公共文化产品和服务的运行管理机制系统的总称。党

六、促进文化繁荣　增强全面小康动能

的十八大以来，按照党中央、国务院决策部署，重庆市在统筹推进"五位一体"总体布局、协调推进"四个全面"战略布局中，紧紧围绕建设文化强市战略目标，坚持政府主导、社会参与、共建共享，以推动高质量发展、创造高品质生活为目标，以服务发展、服务民生为主线，以改革创新为动力，以服务均等化为手段，以公共财政为支撑，保基本、促公平、提效能，完善政策、创新机制、加大投入、搭建平台，从完善阵地功能、实施重大工程、强化内容生产、保障服务供给、打造服务品牌等方面着手，加快推动现代公共文化服务体系建设，文化民生得到较好保障，群众的文化获得感明显增强，人民群众精神文化生活更加丰富。

1.贯彻落实中央部署，政策框架基本形成

党的十八届三中全会首次提出了"现代公共文化服务体系"的概念。党的十九大提出，满足人民过上美好生活的新期待，必须提供丰富的精神食粮。这些要求赋予了公共文化服务体系建设新的内涵，更加突出了时代性、创新性和开放性的要求，对新时期公共文化服务体系建设提出了新的任务。2015年1月12日，中共中央办公厅、国务院办公厅印发了《关于加快构建现代公共文化服务体系的意见》和《国家基本公共文化服务指导标准（2015—2020年）》，明确了构建现代公共文化服务体系的总体要求、基本原则、主要思路和目标任务。重庆市深入贯彻落实文件精神，就重庆市贯彻落实《意见》和《标准》作出总体安排。2015年9月，市委办、市政府办印发了《关于加快构建现代公共文化服务体系的实施意见》和《重庆市基本公共文化服务实施标准（2015—2020年）》，明确了重庆市加快构建现代公共文化服务体系的主要思路和措施，

实现了与中央政策落地的无缝接轨。相关建设的总体目标是：到"十三五"末基本建成覆盖城乡、便捷高效、保基本、促公平的现代公共文化服务体系。市、区县（自治县）、乡镇（街道）、村（社区）四级公共文化服务设施实现网络化覆盖，公共文化服务的内容和手段更加丰富，公共文化管理、运行、保障机制更加完善，政府、市场、社会共同参与的工作格局基本形成，人民群众基本文化权益得到更好保障，基本公共文化服务均等化水平稳步提高。《重庆市基本公共文化服务实施标准（2015—2020年）》以表格、条目的形式对具体目标进行了阐述和量化。在此基础上，按照国家发展改革委、中央宣传部等21部委印发的《国家基本公共服务标准（2021年版）》要求，形成了重庆市的《重庆市基本公共服务标准（2021年版）》，确保在"十四五"末涉及指标全面达到国家指导标准和重庆市实施标准。

全面贯彻落实党中央、国务院各项决策部署，结合重庆实际加强顶层设计，坚持以制度推动公共文化服务规范化、科学化、常态化，构建起比较完备的公共文化服务政策法律体系。一是法治建设取得突破。加快推动公共文化服务立法，历经两年多的推动，《重庆市实施〈中华人民共和国公共文化服务保障法〉办法》正式出台，于2020年8月1日起正式施行，重庆市公共文化服务体系建设正式步入法治化轨道。贯彻落实《中华人民共和国公共图书馆法》，出台了《重庆市公共图书馆管理办法》。二是政策规划不断健全。公共文化服务纳入了全市国民经济和社会发展规划、社会事业发展规划、文化改革发展规划，编制了重庆市公共文化服务"十三五"发展规划、重庆市文化和旅游公共服务"十四五"规划。相继研究制定了《关于加快构建现代公共文化服务体系的意见》《重庆市基本公共文化服务实施标准》《推进基层综合性文化服务中心建设实施方案》《关于做好政府向社会力量购买公共文化服务工作的通知》《全市免费开放博物馆（纪念馆）绩效考核评估方案》《社会博物馆免费开放绩效评估方案》《区县广播电视台标准化建设实施细则和评估办法》《广播电视村村通向户户通升级实施方案》《提高基层文化惠民工程覆盖面和实效性的实施意见》，市级相关部门联合制定了《重庆市"十三五"时期贫困地区公共文化服务体系建设实施方案》《重庆市推进贫困地区村综合文化服务中心示范点建设实施方案》，明确了重庆市现代公共文化服务体系建设的总体目标、重点任务、服务标准和保障要求，为推进构建重庆市现代公共文化服务体系提供了政策保障。三是区县配套不断完善。各区县结合实际，也制定了适合本地区的相关文件和政策措施，出台了服务目录，压实工作责任，强化工作举措，明确了时间表和路线图，扎扎实实推动现代公共文化服务体系建设。

2.大力加强硬件建设，阵地设施更加完善

坚持以基层为重点，一手抓传统文化阵地提挡升级，一手抓数字文化阵地建设，加快推进标准化、均等化建设，覆盖城乡、惠及全民、便捷高效的公共文化设施网络进一步完善。一是传统阵地设施全面提挡升级。新建成重庆市群众艺术馆等9个市级文化设施，总建筑面积约22.82万平方米，总投资约19.33亿元；新改扩建区县图书馆23个、文化馆20个，图文两馆达国家等级馆率为100%；新建博物馆41个，总数达到105个；改造广播电视无线发射台站26座，完成14个贫困区县广播电视播出机构制播能力建设，实现重庆电视台11个公共频道高清播出。升级乡镇（街道）文化站、村

（社区）文化室，建成1030个乡镇（街道）、11119个村（社区）综合文化服务中心；建成乡镇惠民电影固定放映厅659个。重庆市每万人拥有的"三馆一站"面积从2012年的361平方米增至2020年的666.9平方米，高于全国平均水平。二是数字文化云建设效果显著。建成数字图书馆43个、文化馆41个。数字阅读资源总量达1542太字节（TB）；建成重庆网络电视台，用户数达500余万，日均点击量超过520万；建成交互式网络电视（IPTV）集成播控平台，用户数达200余万；进行有线网络数字化双向改造，在册用户数达到688万。依托重庆有线电视台，提挡升级巴渝文旅云。整合市级公共文化服务平台、文化旅游志愿者管理培训系统、重庆群众文化云平台，建成重庆公共文化云平台。截至2021年底，平台访问量达9917.13万人次，注册用户达964666人次，其中"80后""90后"占54.34%。三是新型公共文化空间点亮城市之美。进一步满足城乡居民对高品质文化生活的新期待，创新拓展城乡公共文化空间，建设新型文化阵地，不断拓展公共文化服务覆盖渠道。创新打造了140余家融合图书阅读、艺术展览、文化沙龙、轻食餐饮等服务的"24小时城市书房""文化驿站"等新型文化业态。在文化和旅游部公共服务司指导的"2021年长三角及全国部分城市最美公共文化空间大赛"中，重庆市推选的曾家岩书院、重庆图书馆冷水分馆被评为"最美公共文化空间奖"；13个公共文化空间被评为"百佳公共文化空间奖"；经典书店、建川博物馆被评为"优秀运营奖"。

3.坚持抓好内容生产，服务产品逐步丰富

内容是公共文化服务的核心，始终坚持抓原创，致力于推出思想

性、艺术性、观赏性俱佳的精品力作。重庆市深入学习贯彻习近平总书记关于文艺工作系列重要讲话精神，全面贯彻落实中央《关于繁荣发展社会主义文艺的意见》，坚持以人民为中心的创作导向，深入实施舞台艺术、影视剧、美术等系列精品创作计划，推出一批思想性、艺术性、观赏性俱佳的精品力作，为群众提供了更丰富的精神食粮。一是舞台艺术、美术精品亮点频现。新创排演舞台艺术重点剧目30余台，话剧《幸存者》荣获中宣部"五个一工程"优秀作品奖，舞剧《杜甫》荣获第十届中国舞蹈"荷花奖"舞剧奖，芭蕾舞剧《追寻香格里拉》荣获第五届全国少数民族文艺会演剧目银奖，魔术《幻影飞鸽》荣获第十届中国杂技金菊奖魔术节目奖，魔术《仙人摘豆》获第十三届"金手杖"魔术大会金奖，魔术《伞丛

重庆杂技艺术团有限责任公司推出的文旅驻场演出《魔幻之都·极限快乐Show》2019年5月19日起在重庆国际马戏城驻场演出（侯文斌 摄）

扇影》荣膺IBM国际魔术大赛金牌、金奖和最受观众欢迎奖三项大奖，杂技节目《星空下的女孩——舞流星》获第17届莫斯科国际青少年马戏节银象奖。美术作品雕塑《烈焰青春》荣获第三届"中国美术奖"金奖，雕塑《为新中国雕塑》、油画《家庭系列之花样年华》荣获第三届"中国美术奖"铜奖。二是影视剧作佳作频出。党的十八大以来，重庆市备案公示电视剧110部3831集，审查发行电视剧73部2361集。重庆市参与创作的《走过雪山草地》《血战湘江》《绝命后卫师》《共产党人刘少奇》《麦香》《刘伯承元帅》《毛泽东》《原乡》《聂荣臻》获得中宣部"五个一工程"奖；《海棠依旧》《热血军旗》《绝命后卫师》《周恩来在重庆》《解放大西南》《刘伯承元帅》等获"飞天奖"；《海棠依旧》《热血军旗》《绝命后卫师》《三妹》《母亲，母亲》等获"金鹰奖"；《特勤精英》《革命者》入选总局年度优秀电视剧剧本扶持引导项目。电视剧《重庆谈判》《一江水》入选总局2018—2022年百部重点电视剧选题。三是群文创作数质并举。新创作优秀群文作品3500余件，在第十一届、十二届中国艺术节上，谐剧《一分不能少》、小品《占座》、舞蹈《龙把子》获"群星奖"，获奖总数居全国前列。成功申报专项经费8187万元，其中，分12个批次实施公共数字文化地方资源项目84个，全市资源累计总量达200太字节（TB），形成了以巴渝历史文化、抗战文化、非物质文化和民俗文化为主要内容的特色数字资源库，全市分级分布式数字资源库群初具规模，数字资源保障水平明显提升，并向各级基层站点、市民提供免费服务。

4. 惠民工程深化推进，供给能力不断提高

在国家指导标准基础上，结合重庆实际，按照"内容无缺项、

六、促进文化繁荣　增强全面小康动能

人群全覆盖、标准不攀高、财力有保障、服务可持续"的原则，制定市级公共文化服务实施标准。重庆市基本公共服务公共文化服务部分涉及公共文化设施免费开放、送戏曲下乡、收听广播、观看电视、观赏电影、读书看报、残疾人文化体育服务、少数民族文化服务8项，市民读书看报、看电影、看电视、看展览、听广播、搞活动等文化权益得到保障。着眼人民需求，实施系列重大文化惠民工程，并进行创新延伸，推动工程惠及更多群众，让人民享受更多文化实惠。一是免费开放惠民便民。全市公共图书馆、文化馆和基层综合文化服务中心全部免费开放，美术馆免费开放11家，年服务群众7200万人次以上。博物馆免费开放87家，每年推出展览约200个，接待观众近3000万人次。流动舞台车（含流动舞台）、流动图书车年惠及群众230万余人次。全民阅读活动广泛开展，年开展活动8000场次，重庆图书馆与主城都市区中心城区图书馆、四川省图书馆、成都图书馆实现"一卡通"。同时，实施流动文化服务进村项目。重庆市立足农村群众基本文化需求，致力于有效解决农村公共文化服务供给薄弱的短板问题，根据农村服务人口数量和服务半径，谋划了流动文化服务进村民生实事，计划每年面向全市所有行政村，采取政府购买的形式，为每个行政村送4场文化活动。项目实施以来，年投入6000余万元，年购买3.3万场文化活动进村，惠及群众3000余万人次。同时，"渝州大舞台"每年送演出进基层活动1000场；在10所高校、100所中学、100所小学试点开展戏曲进校园活动。通过实施该项民生实事，丰富了重庆市广大农村群众的精神文化生活，实现了公共文化服务向农村贫困地区和特殊人群的倾斜，调动了社会力量参与公共文化服务体系建设的热情。二是广电惠民广泛覆盖。累计投入约2亿元，建成27个区县应急广播平台，覆盖7737个行政村，部署应急广播终端5.9万组。通过直播卫星提供100余套广播电视节目，重新建设3套本地地面数字电视节目覆盖网络，保障了免费优质提供15套地面数字电视节目的标准要求。积极服务基层，区县、乡镇、村三级累计播发约34万条次信息，为当地群众及时、有效地提供灾害预警应急广播、政务信息发布和政策宣讲等服务，特别是在新冠肺炎疫情防控、防汛抗旱中发挥了重大作用。广播电视向户户通和数字化延伸，相继实施99万套直播卫星户户通、12套中央广播电视节目无线数字化覆盖、3套重庆本地电视节目无线数字化覆盖、14个深度贫困区县广播电视播出机构制播能力提升、4个国家级深度贫困县应急广播系统建设、1.55万户民族地区有线电视数字高清互动机顶盒推广普及等系列广播电视公共服务惠民工程，广播电视传输覆盖质量和公共服务水平进一步提升。广播电视综合人口覆盖率逐年提高。截至2021年，全市广播、电视综合人口覆盖率分别达到99.42%、99.51%。全市有线电视用户达612万户，中央和重庆本地15套无线数字电视节目覆盖超过700万户群众，直播卫星户户通用户达421万户，交互式网络电视（IPTV）472万户，解决了全市人民听广播看电视的问题，实现了广播电视村村通向数字广播电视户户通的目标。三是惠民电影深受喜爱。重庆市农村惠民电影放映工程主要由四个方面组成，即行政村、中小学、社区和农民工专场放映，2014年，在全国率先启动社区公益电影全覆盖工程。在广大农村实现一村一月放映一场电影目标的基础上，农村电影惠民放映向社区拓展，每年在社区放映1.2万场，面向农民工放映600场；试点推行乡镇数字影院与惠民电影放映结合，年购买4万场商业片，启用金属银幕1000套。同时，还利用节庆活动为契机，先后开展了

六、促进文化繁荣　增强全面小康动能

元旦春节"送戏送电影"下乡、国庆专题、"农民工日"电影周、重阳节、各重大历史节点等专题活动，让广大群众集中享受电影文化。

2018年7月4日，第八届重庆市乡村文艺会演在江津四面山镇举行（侯文斌　摄）

5.打造服务品牌活动，群众参与更加广泛

以品牌活动吸引群众参与公共文化建设、享受公共文化服务。举办了重庆演出季、舞台艺术之星选拔赛、社区文化节、乡村文艺会演、戏剧曲艺大赛、美术书法摄影联展、民间文化艺术之星选拔赛、微视频大赛、印刷技能大赛等一批市级品牌文化活动。一是全民阅读活动深入人心。市委、市政府高度重视全民阅读，全市上下以阵地为基础、以内容为核心、以品牌为突破，培育市民读书风尚，增强群众文化自信，提升城市文化品位。经过多年的推动，重庆读书月、"阅读之星"市民诵读大赛、"红岩少年"读书活动等全市性群众文化品牌活动，得到了群众的广泛认可，参与人数越来越多。全市各级公共图书馆举办全民阅读品牌活动400余项，形成了

全民阅读"一区一品、一县一特色"的良好局面。"阅读之星"市民诵读大赛从2018年起已连续成功举办4届，有近50万人参赛。因取得了良好的阅读推广效果，荣获世界图书馆界最具权威、最有影响的非政府的专业性国际组织——国际图书馆协会联合会（IFLA）主办的国际营销大奖，成为全球最富启发性的十大项目之一。2021年"阅读之星"市民诵读大赛由川渝两地首次共同举办，川渝两地近9万人报名参赛，报送作品21825件，大赛线上观看人次达到100万人次。"红岩少年"读书活动已连续举办12届，实现全市38个公共图书馆每年参与全覆盖、中小学2000多所参与，活动惠及300多万少年儿童。二是全民艺术普及持久火热。充分发挥公益性文化阵地作用，举办高质量的艺术培训、展览、演出、讲座等，多维度实施"全民艺术普及"工程，吸引和带动了广大群众学习艺术知识，鉴赏艺术成果，掌握艺术技能，观看艺术展演，组建艺术团队，开展艺术创作，参与艺术活动，极大丰富了全市群众精神文化生活。全市文化馆年均开办各类免费艺术培训班1900多个，举办文化干部和文艺骨干培训500多期，开展科普、法制、时政等宣传讲座400多期，惠及群众达48.5万人次；业务干部年人均指导群众文艺达48天。积极培育群众文化品牌，以品牌活动助力全民艺术普及，举办了20届美术书法摄影联展、9届乡村文艺会演、7届戏剧曲艺大赛、6届社区文化节、4届广场舞大赛、2届街舞大赛，形成了多个有影响力的品牌活动。2021年，围绕庆祝中国共产党成立100周年主题，全市累计开展各类群众文化活动2465场，参与人次（含线上参与人次）达到2705.86万人次。其中，大家唱群众歌咏活动全市共3600余支队伍，110万名歌咏爱好者参与，整个活动累计线上参与人次达到1437.76万人次。"欢跃四季·舞动山城"重庆市广场舞展演活动全市4000多支队伍，11.5万余广场舞爱好者参赛，整个活动累计线上参与人次达到1437.76万。三是区县品牌文化活动多点开花。培育出三峡移民文化节、武陵山民族文化节、"中国·白帝城"国际诗歌节、巫山红叶节、长江三峡晒秋节、世界大河歌会等30余个区县文化品牌，年均开展活动1.5万场，参与群众3000万人次。奉节县已经连续五届与中华诗词学会举办"中国·白帝城"国际诗词大赛，坚持文化搭台、旅游赋能、经济唱戏，先后收到来自全国各省市以及意大利、新西兰等12个国家的1.5万余首诗词。奉节还与北京师范大学等108所高校共建青春国学等主题研学基地，每年接待诗词研学旅游超20万人次，进一步推动了文化和旅游深度融合发展。万州区已举办三届世界大河歌会，并成功入选文化和旅游部"百姓大舞台"网络群众文化品牌活动。四是区域品牌文化活动蓬勃发展。打造了"舞动山城"国际街舞大赛、"成渝地·巴蜀情"系列活动、巴蜀合唱节、成渝地区公共文化和旅游服务产品采购大会等文化品牌。以"成渝地·巴蜀情"品牌为引领，两地省（市）级和各区县文化旅游部门、公共文化服务机构开展了广泛的合作交流，举办"川渝乐翻天"喜剧节目交流展演、"成渝德眉资"文旅区域联动才艺赛等系列活动近百场。首届巴蜀合唱节吸引川渝等西部12省区市的27支合唱队2000余人参加活动。现场观赛观演参与人数约1万人次，开幕式当日，线上观演超1亿人次。第二届DMC"舞动山城"国际街舞大赛，来自全国各省区市的参赛选手861人参加比赛，国内外24位顶级街舞裁判参与比赛评判，颁发了3个类别共21个奖项，线上直播观众近1000万人次。2021年成渝地区公共文化和旅游服务产品采购大会来自重庆、四川、贵州、云南、广西、西藏等省区市的643家单位

（企业）携带2272个商品参展，签约意向项目1710个，签约意向金额6441.8万元。

2021年6月30日，由重庆市委宣传部、重庆市文化和旅游发展委员会主办的"永远跟党走——欢跃四季·舞动山城"2021年重庆市广场舞集中展演在涪陵区举行（侯文斌 摄）

6.着力构建长效机制，服务保障更加有力

充分履行政府职能，依法开展公共文化服务，强化人财物等保障，构建起现代公共文化服务体系建设长效机制。一是健全投入保障机制。公共财政投入适度增长，较好保障了公共文化服务体系建设和运行，将公共文化服务所需资金纳入财政预算安排。认真贯彻《公共文化领域中央与地方财政事权和支出责任划分改革方案》精神，制定实施方案，进一步加大财政转移支付力度，构建公共文化领域权责清晰、财力协调、区域均衡的市与区县财政关系。市财政局、市委宣传部、市文化旅游委、市体育局等4部门联合印发了

《重庆市公共文化服务体系建设专项资金管理办法》，进一步规范和加强了全市公共文化服务体系建设专项资金管理，提高了资金使用效率，保障了基本公共文化服务标准化、均等化。各个区县也纷纷加大财政投入力度，有效改善硬软件条件。文化基础设施建设、文化重点工程建设、公共文化场所免费开放工作以及各项、各类文化惠民活动得到较好保障。二是配备壮大工作力量。把队伍建设纳入《重庆市基本公共文化服务实施标准》进行了明确，要求公共文化机构按照职能和当地人力资源社会保障、编办等部门核准的编制数配齐工作人员。区县政府在现有编制总额内，为每个乡镇（街道）综合文化服务中心配备与公共文化服务工作任务相适应的人员编制，规模较大的乡镇（街道）可在现有人员编制基础上适当增加。村（社区）公共服务中心设有由政府购买的公益文化岗位不少于1人。经多年培育，目前重庆市已经构建了一支融"专业+业余""专职+兼职""专干+志愿"为一体的公共文化人才队伍。全市公共图书馆从业人员953人（其中专业技术人才596人、正高级职称32人、副高级职称103人、中级职称277人）；全市文化馆从业人员922人（其中专业技术人才663人、正高级职称30人、副高级职称90人、中级职称283人）；全市博物馆从业人员3229人（其中专业技术人才978人、正高级职称58人、副高级职称147人、中级职称393人）；全市乡镇（街道）综合文化站现有从业人员4108人（其中专职人员2939人、在编人员3315人、专业技术人才1032人），村（社区）购买服务岗位10859名。文化志愿者队伍也在不断壮大。建立公共文化志愿者团队2234个，志愿者达3.2万人，公共文化志愿服务产品涉及七大类7.51万个，累计受理群众"点单"预约服务13.1万次，完成配送13.1万次，惠及群众2963.8万人次，实现政府配送与群众"点单"有机结合。特殊群体文化服务进一步加强，蒲公英梦想书屋、共享工程农民工服务联盟、农民工网络购票、文化大礼包、困难群众子女艺术培训等服务活动持续开展，年惠及100万人次。年开展惠民电影放映约12万场，惠及群众约2000万人次。三是加强工作督导考核，将公共文化服务效率纳入市委、市政府对区县党委政府的考核之中，推动区县党委政府重视公共文化服务。每年对文化馆、图书馆、美术馆、博物馆（纪念馆）、乡镇综合文化站免费开放进行考核，根据考核结果给予奖惩。采取随机抽查、实地暗访形式，对基层综合文化服务中心进行效能督察，对服务效能不好的，进行通报并限期整改。定期对送流动文化进村服务项目等重大文化惠民工程进行督察，确保惠民工程收到实效。

（四）加快文化产业发展

党的十八大以来，重庆市深入贯彻落实习近平总书记对重庆提出的系列重要指示要求，深入学习领会习近平总书记关于文化产业的系列讲话精神，聚焦文化强市建设，统筹用好特色文化资源，全市文化产业发展呈现稳中有进、繁荣向好的发展态势。全市文化产业增加值由2012年的365.89亿元增长到2021年的1057.11亿元，10年净增691.22亿元，增速远高于同期GDP增速。文化产业增加值占GDP比重由3.2%上升至3.9%，全国排名由第24位上升至第13位，西部排名从第4名上升至第2名。

加强顶层设计。2016年4月，市政府注资10亿元专门成立文

六、促进文化繁荣　增强全面小康动能

投集团，作为市级国有文化资本投资运营主体，对文化产业发展进行战略性投资引导。2016年，编制出台了《重庆市文化产业"十三五"发展规划》，建立了招商引资、融合发展、集聚发展、转型升级4个项目库，储备了103个项目，总投资2000多亿元，推动重庆文化产业实现跨越式发展和突破。党的十九大后，市委、市政府进一步推动文化产业发展。2019年1月，重庆市出台《关于推动文化产业高质量发展的意见》，新设立市级文化产业专项资金，实现了文化产业专项资金零的突破。同时，将文化产业考核纳入市委、市政府实绩考核，"指挥棒"作用明显，各区县重视程度、投入强度和工作力度明显提升。2021年11月，编制出台了《重庆市文化产业发展"十四五"规划》，明确了"十四五"时期重庆市文化产业发展的总体要求、目标任务和保障措施，描绘了未来5年的美好蓝图。

积极招商引资。统筹市、区县两级资源和工作力量开展项目策划、精准招商。承接国家平台、坚持每年举办，目前已举办4届文化产业精品项目交流对接会，累计路演精品项目37个，推介优质项目560余个，签约重大项目420余个。举办2021·中国武陵文旅峰会招商推介活动，实现签约总金额1432.75亿元。带领各区县赴北京、上海、江苏、浙江、广东等地开展专题招商30余次，专门为区县、园区"量身定制"招商推介活动20余次。阿里文娱、网易游戏、伟光汇通、招商蛇口、融创集团、华侨城纷纷落地布局或追加投资，中旅、中传、中交、金科成为"千亿级"战略投资伙伴。

推动重大项目建设。建立文化产业和旅游产业重大项目动态管理库，逐步形成"数字、集聚、融合"为重点的重大项目建设格局。弹子石—龙门浩老街、重庆工业博览园、融创文旅城、十八梯传统风

貌街区、丰都南天湖度假区、金刚碑历史文化街区等重大项目相继建成投用，洋炮局1862文创园、长江文化艺术湾区等加快推进。

健全投融资体系。共设总规模52亿元的5只文旅产业股权投资引导基金，投资文旅产业项目20余个。推动重数传媒、重庆有线、新华传媒等一批文化企业在创业板或"新三板"上市。协调统筹建设银行、中国银行等12家金融机构为全市文旅产业综合授信1600亿元，重庆银行正式设立文旅特色支行。与人行重庆营管部联合印发《重庆市银行业金融机构支持文化产业和旅游产业高质量发展政策措施》。举办重庆文化产业和旅游产业金融专场对接会，10家银行为10家文旅企业放款14亿元、授信29亿元、提供债券承销支持23亿元。开展全市文旅投融资项目遴选，向银行推荐重点项目82个、融资需求552.2亿元，银行为其中48家企业放贷70.5亿元。推广"长江渝融通"贷款码（文旅融资平台），自2021年7月平台搭建以来，共为8家文旅企业放款2248万元。

培育壮大市场主体。有序推进国有经营性文化单位转企改制，做强五大国有文化集团。加大力度构建文化产业双创服务体系，3家文化"众创空间"获文化和旅游部扶持，培育大批"小而美""小而优"的小微文化企业。深入实施"互联网+""文化+"战略，促进文化创意、动漫、数字出版等新兴文化业态发展，以数字创意等新技术、新模式为特征的新兴行业发展迅猛。截至2021年底，全市文化市场主体达13.4万家，比2017年初增加4.54万家，文化领域创新创业活跃，涌现出猪八戒网、五洲世纪、商界传媒、谭木匠、凯高玩具等一大批龙头企业和品牌产品。市文投集团、猪八戒网获全国文化企业30强提名，重数传媒、华龙网、猪八戒网、五洲世纪积极筹划各类资本市场上市融资。国家级、市级文化产业示

六、促进文化繁荣　增强全面小康动能

范基地分别达7家、81家，已建成35个市级文化产业示范园区。建成綦江农民版画、巴国城、洪崖洞、猪八戒网等国家级的文化产业示范基地，建成两江新区数字出版基地、出版传媒创意中心等国家新闻出版产业基地。南滨路成功创建国家级文化产业示范园区，实现了重庆市零的突破。猪八戒网在全国首创"网络平台+孵化园区"模式，已在全国50多个城市推广落地。洪崖洞、磁器口、红岩联线、大足石刻等成为全国知名文旅品牌和集聚区，推动30个乡村文化乐园升级成为乡村文旅集聚区。

打造重大品牌活动。连续举办多届西部动漫文化节、重庆文博会、世界大河歌会、武陵山民族文化旅游节等重大特色节会，均成为文旅行业的焦点和居民消费的热点。重庆文化产业博览会升级为重庆（国际）文化旅游产业博览会，坚持举办中国西部旅游产业博览会、温泉与气候养生旅游国际研讨会，连续举办六届"重庆文化旅游惠民消费季"，指导举办重庆万石博览会、黄桷坪新年艺术节、金瓦奖/木兰奖亚洲设计美学盛典等重大品牌活动，搭建招商推介和展示交易平台，规模、效益和影响力逐年提升。

促进文旅融合。先后出台《关于加快全域旅游发展的意见》《加快推进文旅融合发展实施方案》等系列政策，市、区县两级文化旅游部门按时改革到位，文旅融合发展进入新阶段。巴蜀文化旅游走廊建设稳步推进。成功推出两季"双晒"大型文旅推介活动，推动市级文艺院团驻场旅游演出。打造《印象武隆》、《烽烟三国》《归来三峡》、《重庆1949》、话剧《雾重庆》、杂技《极限快乐Show》等旅游驻场演出，推动夏布、荣昌陶、綦江版画、城口漆器等传统工艺开发，并围绕景区集聚。成功举办重庆全球旅行商大会、重庆文化旅游惠民消费季等系列文旅交流推广活动。文化和旅游助推乡村振兴，脱贫攻坚成效凸显，建立车田乡脱贫攻坚调度指挥系统，建成非遗扶贫工坊39个，推进一批非遗项目进入景区景点。市文化旅游委被国务院授予"全国民族团结进步模范集体"称号，被全国妇联授予"全国巾帼建功先进集体"荣誉。

扩大文旅消费。深入实施扩大文化消费试点，连续6年举办"重庆文化旅游惠民消费季"，截至目前，全市各级共计投入财政资金近3.4亿元，其中市级以上财政投入4500万元，撬动社会资金9.2亿元用于举办活动、搭建平台和惠民补贴，惠及上亿人次文旅消费，直接拉动文旅消费超过103.3亿元。印发《进一步激发文化和旅游消费的行动计划》，承办全国首次夜间文旅消费考察交流活动，率先启动市级夜间文旅消费集聚区评选命名。评选命名首批11个市级夜间文旅消费集聚区，渝中区解放碑—洪崖洞街区等6个集聚区入选首批国家级夜间文化和旅游消费集聚区，数量在全国名列前茅。渝中区成功创建全国文化和旅游消费示范城市，沙坪坝区、北碚区等5个区创建成为试点城市。扩大文旅消费的创新模式和良好成效得到文化和旅游部高度肯定。

培养文旅人才。建立了文旅重点企业名录库，确立了市文旅部门领导重点联系企业机制。创新举办重庆文化旅游产业大讲坛，通过线上线下结合的模式，加强对文旅人才的培养。争取"文化和旅游部扶持项目"长江文化产业带文化和旅游高质量产业人才培训班在重庆举办。与重庆大学、西南大学等9所高校签订合作协议，联手打造文化产业孵化基地和文化产业人才培养基地，为全市文化产业高质量发展提供人才支撑和智力支持。

帮助文旅企业抗疫脱困。新冠肺炎疫情发生以来，重庆文化旅游业受到巨大冲击。市委、市政府高度重视，市领导多次对文化旅

六、促进文化繁荣　增强全面小康动能

游领域渡难关、保就业工作作出重要批示指示。市文化旅游委结合实际，会同有关部门和单位，先后研究制定了《重庆市银行业金融机构支持文化产业和旅游产业高质量发展政策措施》（渝文银发〔2021〕52号）、《支持文旅企业复工复产和生产经营的政策措施》（渝文旅发〔2021〕195号）、《支持服务业等困难行业纾困恢复十条措施》（渝发改体改〔2022〕165号）、《重庆市贯彻〈关于促进服务业领域困难行业恢复发展的若干政策〉的措施》（渝发改财金〔2022〕277号）等一系列纾困解难的政策措施，持续化解疫情对文旅企业的影响。重庆市制定的疫情防控期间中小微企业贷款贴息政策惠及一批文化旅游企业，为89家文旅企业落实贷款贴息893.32万元。协调金融机构帮助文旅企业复工复产，发布《重庆市金融机构支持文旅企业复工复产信贷政策和产品汇编》，遴选140家规上文旅企业，向金融机构推荐并解决融资难题。对接知名互联网平台，实施"重庆文旅数字赋能帮扶行动"，免费为全市503家文旅企业配备"云商城""云客服""云直播""云发布"工具，为企业数字营销长久赋能。2021年12月，文化和旅游部对重庆市推进纾困政策落实与企业创新发展工作进行了通报表扬。

（五）加强文化遗产保护利用

革命文物保护利用加快推进。市委、市政府召开全市革命文物工作会议，专题部署革命文物工作；市政府发布《重庆市红岩革命旧址保护区管理办法》；市委办公厅、市政府办公厅出台加强红色资源保护利用、文物保护利用改革、实施革命文物保护利用工程、

全面建成小康社会重庆全景录

加强革命文物高质量保护利用等系列规范性文件。通过开展革命文物专项调查，全面摸清了全市革命文物资源底数，建立起全市革命文物专项档案。全市现有不可移动革命文物417处，其中全国重点文物保护单位48处、市级文物保护单位90处、区县级文物保护单位149处、一般不可移动文物130处，分布在39个区县。[①]在此基础上，通过对全市革命文物空间布局、价值提炼等进一步深化完善，编制完成《重庆市革命文物保护利用总体规划》。完成新一批革命文物类市级文物保护单位遴选。一体推进红岩村、曾家岩、虎头岩"红色三岩"保护提升，完成31栋红岩革命文物建筑保护展示并对外开放，红岩干部学院建成投用，红岩文化公园首期项目建成开放，"红色三岩"革命文物保护利用项目荣获第三届全国革命文物保护利用十佳案例。长征国家文化公园（重庆段）建设取得阶段性成果，出台《长征国家文化公园（重庆段）专项规划》，实施文物保护、纪念馆建设、文旅开发、基础设施配套、环境整治等项目43个，其中完工18个。创新将革命文物保护利用项目纳入全市党史学习教育"我为群众办实事"责任清单，已全部完成年度目标任务，王朴烈士旧居、中共代表团驻地旧址、中法学校旧址、蜀都中学旧址、南腰界红三军司令部旧址等一批革命旧址焕发了新的光彩。依托革命旧址、革命纪念馆建成红色旅游A级景区24家，策划推出21条精品红色旅游线路。充分运用革命旧址、纪念馆和纪念设施，打造市级党史学习教育基地40个、研学线路7条，遴选"四史"讲解员500名。举办红色故事讲解员大赛、红色文物话百年全媒体宣传等特色活动，持续推进红岩革命故事展演376场次、

---

① 《重庆市召开革命文物保护利用工作新闻发布会　重庆市现有不可移动革命文物四百一十七处》，《重庆日报》2021年7月28日。

现场观众超41万人次并获评"2021全国文化遗产旅游百强案例",红岩故事宣讲团荣获2021年度"感动重庆十大人物"特别奖。

文物资源保护全面加强。摸清全市文物资源底数,全市共有不可移动文物25908处,居西部第3位、全国第11位。世界文化遗产1个(大足石刻),列入中国世界文化遗产预备名单2个(涪陵白鹤梁题刻和合川钓鱼城遗址),全国重点文物保护单位55处,市级文物保护单位282处。完成第一次全国可移动文物普查,全市165个国有收藏单位共采集登录文物470234件(套)[实际数量1482489件(册)]。完成三峡历史文化资源"起底式"调查,启动1.2万件三峡出土文物修复,完成47个三峡文物重点保护项目,万州天生城遗址、奉节白帝城遗址三峡国家考古遗址公园开工建设。钓鱼城遗址、白鹤梁题刻申遗工作持续推进。完成石窟寺专项调查,实施中小石窟保护三年行动计划,完成南岸区弹子石摩崖造像等12个重点工程。忠县皇华城遗址等考古发掘取得重要收获,"重庆巫山大溪遗址"入选全国"百年百大考古发现"名单,重庆女子考古队队长燕妮作为扎根基层文博工作者5位代表之一出席中宣部对外新闻发布会。

博物馆事业发展取得新成效。目前重庆已基本形成以中央地方共建国家级博物馆为龙头,国家一、二、三级博物馆和行业博物馆为骨干,国有博物馆为主体,非国有博物馆为补充的主体多元、结构优化、层级合理的博物馆体系。截至2021年12月,全市博物馆备案数达111家,其中国有博物馆86个,非国有博物馆25个,国家一、二、三级博物馆达23家,其中国家一级博物馆5家。重庆中国三峡博物馆成为西南唯一的中央地方共建国家级博物馆,并入选国家文化和科技融合示范基地;红岩革命历史博物馆成为全国爱国

2015年6月13日是第十个中国文化遗产日，历时近8年之久的重庆大足宝顶千手观音造像抢救性保护工程正式竣工（侯文斌 摄）

主义教育示范基地和著名的全国红色旅游经典景区；重庆自然博物馆是全国第二大综合性自然博物馆和首批全国科普教育基地；重庆白鹤梁水下博物馆是世界上首座非潜水可到达的遗址类水下博物馆，成为"共抓大保护、不搞大开发"的范例和长江历史文化的名片；大足石刻博物馆作为国家5A级旅游景区、展现世界文化遗产艺术魅力的博物馆、人类石窟艺术史上的丰碑，已成为国际知名的旅游目的地；重庆三峡移民纪念馆是全国唯一为纪念三峡百万移民而修建的专题性纪念馆。全市可移动文物普查共登录1482489件（册）。其中文物704364件，古籍图书657639册，标本、化石96494件，资料23992件。全市共有珍贵文物（标本）44962件，其中一级文物2374件，二级文物5784件，三级文物34014件，珍贵标本2790件。年均举办线上线下精品展览400余个、社教活动2000

多场次，服务线上线下观众超2亿人次。重庆中国三峡博物馆"盛筵——见证《史记》中的大西南"、重庆工业博物馆"百年风华——重庆工业发展史"等4个展览荣获全国博物馆十大陈列展览精品奖；红岩革命历史博物馆纸质藏品和纺织品文物保护修复项目获评"2021全国十佳文物藏品修复项目"。"文物映耀百年征程"——2021年文化和自然遗产日全国主场城市活动在重庆举办，故宫文物南迁纪念馆、全国首个文物保护装备产业基地等落户重庆。

非遗保护传承能力持续提升。大足石雕等9个非遗项目成功入选第五批国家级非物质文化遗产代表性项目名录，全市国家级非遗代表性项目增至53项。举办重庆非遗购物节、第六届重庆非物质文化遗产暨老字号博览会等主题活动200余场次，23件（套）非遗产品入选中国传统工艺邀请展。重庆非物质文化遗产研究基地挂牌成立，非遗曲艺书场试点工作有序推进，万州区成功申报为"中国曲艺之乡"，铜梁龙舞荣获第十四届全运会群众展演广场舞项目决赛第一名。

（六）推动广播电视和网络视听守正创新

精品力作持续涌现。坚持以人民为中心的创作导向，着力打造一批思想精深、艺术精湛、制作精良的优秀作品。其中，《绝命后卫师》等7部电视剧获得中宣部"五个一工程"奖；《共产党人刘少奇》等8部电视剧获"飞天奖"；《绝境铸剑》等9部电视剧获"金鹰奖"。《特勤精英》等3部电视剧入选总局年度优秀电视剧剧本扶持引导项目。电视剧《重庆谈判》《一江水》入选总局2018—

2022年百部重点电视剧选题。动画片《酷跑英雄》入选广电总局2018年度优秀国产电视动画片。《大后方》等3部纪录片获得"星光奖"优秀电视纪录片奖；《城门几丈高》等4部纪录片入选广电总局年度国产纪录片及创作人才扶持项目。广播剧《默默流淌的爱》《宝贝回家》《"事儿妈"宋小娥》获得中宣部"五个一工程"奖；《英雄的守护》入选中宣部庆祝中国共产党成立100周年优秀广播剧展播活动名单。《夏芳的暑假》等6部作品入选"中国广播电视大奖广播电视节目奖"；《大头小当家》《云讲自然博物馆》等18档节目入选总局年度优秀少儿节目扶持项目；《美好终将来——〈谢谢你来了〉抗疫系列特别节目》入选广电总局2020年度全国广播电视创新创优节目。《奔腾之歌——重走成渝线》《最后的军礼》等29部作品被广电总局评为优秀网络视听作品；网络电影《士兵的荣耀》，纳入广电总局"庆祝新中国成立70周年精品网络视听节目上线仪式"首推精品节目；《墨家机关术》等5部重点网络影视剧（动画片）分账票房相继破千万。

媒体融合持续深化。制定《加快推进媒体深度融合发展实施方案》，打造"两江—上游云"市级技术平台、重庆广电移动传播中心，推动重庆有线电视网络整合、IPTV集成播控平台和传输运营机构播控平台规范对接，重庆地区"全国一网"工作任务圆满完成。推动完成区县融媒体中心规范建设和传媒影视机构年度检验工作，完善互联网文化经营单位的市场准入和退出机制，推进持证机构和互联网文化经营单位依法规范运营，8个产业项目入选国家广播电视和网络视听产业发展项目库。

特色品牌持续打造。整合广电优势资源，建设影视拍摄服务一站式平台，推进"纪录片之都"建设。挂牌成立重庆沉浸式"剧本

六、促进文化繁荣　增强全面小康动能

杀"测本中心，举办沉浸式"剧本杀"全国交易大会暨成渝"剧本杀"联展，打造优秀"剧本杀"项目深度开发合作交流平台。成功举办第十三届中国西部动漫文化节，重庆市2家企业进入国家动漫企业名单。重庆广播电视集团（总台）"12320优医生"融合智慧医疗服务平台入选全国广播电视媒体融合成长项目提名。

七、增进民生福祉
共享全面小康成果

增进民生福祉是发展的根本目的。改革开放以来，特别是党的十八大以来，重庆各项社会事业紧紧围绕"多谋民生之利、多解民生之忧"，在"幼有所育、学有所教、劳有所得、病有所医、老有所养、住有所居、弱有所扶"上不断取得新进展，逐步提高城乡居民收入水平，推进治理体系和治理能力现代化，着力保证全市人民在共建共治共享中享有更多获得感、幸福感、安全感。2021年，全市城镇居民人均可支配收入43502元，比2020年增长8.7%；农村居民人均可支配收入18100元，比2020年增长10.6%。城镇居民人均消费支出29850元，比2020年增长12.8%；农村居民人均消费支出16096元，比2020年增长13.8%。全市居民恩格尔系数为33.2%。

（一）就业质量稳定提升

党的十八大以来，重庆市认真落实党中央、国务院决策部署，坚持就业优先战略和积极就业政策，就业形势总体稳定，创业氛围日益浓厚，就业创业局面与经济社会其他方面协调共进的态势逐步

七、增进民生福祉　共享全面小康成果

形成，为全面建成小康社会提供了有力支撑，为开启社会主义现代化建设新征程奠定了坚实基础。"十三五"期末，全市城乡就业人员总量达1676万人；其中城镇就业人员达1100.1万人，累计城镇新增就业人员647.5万人，较2013年净增230.6万人。全市城镇登记失业率和城镇调查失业率分别控制在4.5%、5.5%左右的较低水平。

重点群体就业保障有力。一是切实做好高校毕业生就业工作。坚持把高校毕业生就业摆在就业工作首位，积极拓宽高校毕业生就业领域，多措并举做好高校毕业生就业工作，进一步做好贫困毕业生就业工作。大力实施高校毕业生就业创业促进计划和基层成长计划，综合施策推动高校毕业生就业创业。新冠肺炎疫情防控期间，采取一系列措施全力促进高校毕业生充分就业。党的十八大以来，全市高校毕业生人数累计达189.4万人，在毕业生规模逐年攀升又面临严峻复杂就业形势的情况下，每年高校毕业生就业率均保持在90%以上，累计向26.4万名贫困毕业生发放在校求职就业创业补贴2.1亿元。二是积极推动农村劳动力转移就业。紧扣涉及农民工切身利益的突出问题，积极拓宽农村劳动者转移就业渠道，确保农民工就业平稳有序。坚持"输出劳动者，引回生产力"的思路，建立10个国家级返乡创业试点区县，60个市级农民工返乡创业示范园区，鼓励和支持农民工返乡入乡创业。用好全市1.4万名劳务经纪人，在广东、四川等主要外出务工省市设立25个驻外劳务办事机构，输出290万农民工在外省市就业。党的十八大以来，多渠道成功引导816.2万农民工转移就业，农村富余劳动力基本实现应转尽转。三是积极帮扶困难群众就业。不断加大困难群体就业援助力度，通过职业介绍、职业指导、社会保险补贴、公益性岗位托底安置等措施，有力促进困难群体就业创业。累计帮助242.6万名登记失业人员、112.6万名就业困难人员实现就业，零就业家庭实现动态清零。促进贫困群体就业，紧紧围绕"精准摸清就业需求、精准推进战'疫'战贫、精准开展就业服务、精准落实稳岗责任"要求，形成就业扶贫政策体系和帮扶体系。截至2021年，促进全市77.8万有就业能力、就业意愿脱贫人口"应转尽转"。做好去产能企业职工就业安置工作，党的十八大以来，全市去产能过程中涉及职工6.29万余人，未发生规模性失业和重大群体性事件，受影响职工得到积极妥善安置。帮扶退捕渔民转产安置，努力实现退捕渔民转产安置、技能培训、养老保险、兜底保障"四个100%"。助力残疾人就业，采取各种方式帮助残疾人实现更加广泛和稳定就业。四是统筹做好特定群体就业工作。在推动退役军人就业创业方面，2018年成立重庆市退役军人事务局，积极拓展就业服务，引进优质企业有针对性地为退役军人提供岗位。在做好妇女就业工作方

更加充分更高质量就业基地促进居民家门口就业（杨泽胜 摄）

面，聚焦女性优势产业，开展就业技能培训，拓宽妇女就业渠道，把技能、岗位、关爱送到家门口。在做好特殊群体就业工作方面，全心全意做好少数民族劳动者、退役运动员、戒毒康复人员、刑满释放人员等特殊群体就业工作；消除针对特定群体的就业歧视，积极营造公平就业环境。

创业带动就业能力持续增强。一是创业载体建设不断推进。坚持因地制宜建设各类创业孵化基地和创业园区，积极整合创业孵化载体政策资源，创新市级创业孵化基地（园区）认定和管理办法并建立年度绩效评估机制和动态管理机制。截至2021年末，累计建成市级创业孵化基地（园区）175家。二是创业融资服务不断提升。通过"扩范围、降门槛、提额度、优流程"，及时调整创业担保贷款政策，放开创业担保贷款户籍限制，将市外在渝创业人员纳入重庆市创业担保贷款政策享受范围，进一步扶持创业、扩大就业。党的十八大以来，累计发放创业担保贷款417.6亿元，扶持创业31.7万人。三是创业培训不断深入。贯彻落实创业培训"马兰花计划"，承办第一届中国创业引领者活动暨创业培训讲师全国大赛总决赛，联合四川省举办川渝创业培训教研成果展示会暨全国讲师大赛地区选拔赛启动仪式，市场化方式开展创业培训师资培养，提升创业培训师资水平。党的十八大以来，累计开展各类创业培训71.35万人次。四是创业品牌影响力不断扩大。出台《"渝创渝新"创业促进行动计划实施方案》，实施"政策助创、雏鹰培育、金融助力、服务助航、会员联动、文化厚植"六大行动，充分发挥创业带动就业倍增效应。组建重庆市创业联盟，举办5届"渝创渝新"创业大赛、4届创业峰会等系列活动近200场，吸引创业项目10万余个。启动实施创业加速计划，跟踪扶持优质创业项目，实现创服务从"扶上马"向"送一程"延伸。五是创业环境不断优化。落实"大众创业、万众创新"部署要求，积极开展国家级创业型城市、市级创业型城市、科技创业示范区县、返乡创业示范区县等创业典型载体创建，将促进创业作为推动经济发展、扩大就业渠道、保障和改善民生的重要举措。通过切实抓好组织领导、政策支持、创业培训、创业服务、工作考核"五大体系"建设，全市创业氛围更加浓厚，创业环境更加优化，创业成效更加显著，就业容量和就业质量更上一层楼。目前已经成功创建1个国家级和16个市级创业型城市。

防范化解失业风险更加有力。一是建立失业预警体系。在定期开展劳动者资源调查、建立就业失业调查统计制度的基础上，逐步建立健全失业预警体系，逐步实现失业动态监测企业覆盖所有区县。通过加强失业调控和预警，实现及时监测突发事件及经济急剧变化所影响的行业、区县的就业状况，包括失业率和失业周期的变化、停工停产企业员工状态、中低收入人群收入状况、行业景气和就业环境变化等。同时，对突发事件给就业造成的影响进行评估，有针对性地实施应对失业的紧急政策措施。二是制定《重庆市失业风险应对预案》。建立失业风险应对机制，应对经济下行压力加大、中美贸易摩擦、新冠肺炎疫情对就业的不利影响，着力预防和处置失业风险，确保全市就业形势稳定。以调查失业率、企业用工监测情况和领取失业保险金人数等重点指标为失业风险判定标准，将风险分为一般、较大、重大、特别重大四个等级，分级启动，力争做到"早发现、早报告、早处置"。建立由区县加强监测、市人力社保局提出风险等级建议、市就业工作领导小组研判启动、部署与解除应对处置工作的联动机制，确保科学决策、统筹得当、应对有

七、增进民生福祉　共享全面小康成果

力。根据四个风险等级，在公益性岗位安置、援企稳岗、稳定失业人员生活等方面储备了18条处置化解失业风险的政策，分级释放、分级应对，确保稳妥处置、落地有效、逐步化解。三是出台应对疫情稳就业政策措施。面对突如其来的新冠肺炎疫情，在党中央、国务院的坚强领导下，统筹兼顾，协调推进，出台支持企业复工复产和稳就业系列政策，提出60余条细化政策措施，围绕"减降缓补"、金融支持、财税纾困等方面形成"政策包"，实施稳岗留工和返岗复工专项行动，为企业发放"留岗红包"，千方百计"稳企业、稳岗位、保就业"，牢牢稳住重庆市就业基本盘。

重庆市困难企业稳岗返还现场发放仪式（杨泽胜 摄）

（二）教育事业加快发展

改革开放后，重庆市紧紧围绕实现"两基"目标和"提高质量"这一战略主题,始终坚持把"办人民满意教育"放在首位,不断深化教育体制改革,推动教育事业不断取得新突破。党的十八大以来,重庆市全面加强党对教育工作的领导,德智体美劳全面育人的教育体系更加完善,各级各类教育呈现良好发展态势,人民群众教育获得感进一步增强,教育服务发展能力进一步提高。截至2021年,全市共有普通高等教育学校69所,成人高校3所,中等职业学校129所(不含技工校),普通中学1123所,普通小学2717所,幼儿园5684所,特殊教育学校39所。高等教育毛入学率58.03%,高中阶段教育毛入学率98.61%,初中入学率99.60%,小学入学率99.93%,学前教育三年毛入园率91.01%。在园幼儿普惠率93.15%。九年义务教育巩固率95.67%。

1.各阶段教育取得进步

学前教育普及普惠发展。从2010年起,先后实施三期学前教育行动计划,基本形成了"广覆盖、保基本、有质量"的学前教育公共服务体系。大力实施"幼有所育"行动计划,不断扩大普惠性学前教育资源供给。2020年出台《重庆市普惠性民办幼儿园管理办法》,全市新增公办幼儿园241所,公办园在园幼儿占比达50%,普惠性幼儿园覆盖率达到88.3%,完成城镇小区配套园治理1334所,完成率达到100%,学前教育普惠资源和保教质量持续提高。深入开展幼儿园"小学化"专项治理,学前教育保教质量持续提升。

义务教育优质均衡发展。落实乡村振兴行动计划,推进城乡教育一体化发展。2018年完成义务教育"全面改薄"五年规划,累计投入129.6亿元,完成新建改扩建校舍353.1万平方米,改造室外

七、增进民生福祉　共享全面小康成果

运动场地402.1万平方米，设备设施采购投入26.33亿元，全市义务教育学校校舍标准化率达到86%；新建农村学校教师周转宿舍526套1.73万平方米，5年累计建成1.63万套57.4万平方米。推进中小学学区化、集团化办学，实现弱学校与优质学校联动发展，2020年全市集团化、学区化办学占比达到60%。稳步推进消除义务教育阶段大班额专项工作，66人以上超大班额基本消除。扎实开展义务教育薄弱环节改善与能力提升专项工作，加强乡村寄宿制学校和小规模学校建设。统筹推进城乡义务教育一体化协调发展，2020年出台《推进新时代中小学教育高质量发展的措施》及配套文件，深入实施第三期领雁工程，投入资金9.4亿元加强乡镇寄宿学校和乡村小规模学校建设，义务教育巩固率达到95.5%。开展"公参民"学校整改，坚持公益导向，回应人民群众对优质普惠义务教育的期待，按照控增量、消存量、稳变量思路，采取转设公办一批、规范举办一批、终止办学一批方式，实施分类分步治理。2021年，48所学校"公""民"全面平稳脱钩，39所转为公办学校、1所终止办学、8所继续举办为纯民办学校，新增公办学校学位11万个，惠及学生11万人，每年减少家庭学费支出22亿元；全市民办义务教育在校生规模占比由6.3%降至3.3%，提前1年半实现中央明确的到2022年底省域控制在5%的目标。全面落实中央关于"双减"工作的决策部署，2021年出台政策文件9个，按照提高学校教学质量、作业质量、课后服务质量的思路，充分发挥学校主阵地作用，印发语文等12个学科作业设计与实施指导意见，被教育部列为全国十大经典案例排名首位推广；全覆盖推进"5+2"（学校每周5天开展课后服务，每天至少开展2小时）课后服务模式，参与教师20.67万人，惠及学生300.16万人，学生参与率98.32%，位居全国

前列；扎实开展校外培训治理，推动建立市、区（县）校外教育培训专门监管机构，出台政府指导价，大力压减学科类校外培训机构1538家，压减率达99.55%；分类制定体育、文化艺术、科技类非学科培训准入引导和审批流程；推动校外培训机构及预收费全部纳入全国校外教育培训监管与服务综合平台，切实防范化解"退费难""卷款跑路"等风险隐患；加大对隐形变异学科类违法违规培训行为查处通报力度，切实维护人民群众的合法权益。

普通高中特色多样发展。制定实施高中阶段教育普及攻坚计划，不断提高高中阶段教育普及水平。统筹实施普通高中发展促进计划，立项建设普通高中课程创新基地142个、普通高中精品选修课程600门、626项普通高中教育教学改革研究课题、260个普通高中优秀学生社团、40个校本教研基地、60所新课程实施示范校，进一步提升全市普通高中育人水平。稳妥推进高考综合改革，实行新学业水平合格性考试，有序推进普通高中选课走班教学，开展学生综合素质评价工作，加强学生生涯规划教育，扎实开展普通高中新课程、新教材培训，严格按照生师比标准配齐配足普通高中教师，制定普通高中消除大班额专项规划，保障普通高考改革基础条件，建成普通高中标准化考场2905个。出台严格规范中小学招生行为、禁止普通高中收取择校费、禁止公办普通高中招收复读生等文件，对违规招生收费行为实行与教育经费、办学评价、项目安排"三挂钩"的工作机制，全面关停"择校费"收费项目财政接口。从2021年起提高普通高中生均公用经费300元，2021年全市违规招生收费问题得到根本遏制。

职业教育提挡升级。坚持把职业教育作为扩大就业、促进创业、改善民生的重要抓手，持续推进，基本形成普职规模大体相当、中高等职业教育有机衔接、学历教育与职业培训并重的职业教育发展格局。一是提升产教融合基础能力。出台关于深化产教融合的实施意见，实施高水平职教院校建设项目，加强重点专业建设，推进应用型本科和高职高专向产教融合转型发展，在应用型本科、高职和中职院校聘用专兼职"双师型"教师，实施促进学校教师和企业技术能人之间相互交流的"双千双师交流计划"。对接战略性新兴产业、现代服务业、现代农业等需要，调整专业设置，优化专业结构，提高全市中职、高职专业与产业匹配度。大力推进实训基地建设，入选国家级虚拟仿真实训基地建设项目8个，获全国示范性职业教育集团（联盟）培育单位6家，人才培养链与产业需求链有效衔接。二是深入推进校企合作。坚持市场需求导向，遴选一批中高职校企合作示范项目和兼具教学和生产双重功能、校企双主体深度合作的示范"双基地"，推动中高职院校与行业企业建立职教集团，高校与阿里巴巴、华为等知名企业共建二级学院，建设一批现代学徒制试点学校。开展"1+X"证书制度试点，组织职业学校学生参加15个证书的试点，促进教育链与产业链、创新链有机衔接，至2021年全市参与试点学生逾5.9万人。2019年印发《重庆市职业学校校企合作实施办法》，建立校企合作基本制度框架。三是健全职业教育培养体系。实施中职与高职"五年制"一体化、中职与应用本科对口贯通"3+4"分段人才培养改革试点。2018年起，启动普通本科高校与高职（专科）院校贯通分段培养智能产业高端技术技能型人才试点项目。2019年，市政府出台《重庆市深化职业教育改革实施方案》《重庆市中等职业学校教学管理规程》等文件，并与教育部签署"职教20条"备忘录，全力打造职业教育"升级版"，培养高素质技术技能人才。重庆市10所高职院校入选国家"双高"计划首批建设院校,立项建设市级高水平高职学校和专业20所、60个,优质中职学校和专业50所、130个。推进职业院校教师素质提高计划,获第二批国家级职业教育教师教学创新团队立项建设单位15个、全国首届优秀教材建设奖22本。充分发挥全国首个"一带一路"职业教育发展人文交流研究院作用,推动中非(重庆)职业教育联盟、中泰职业教育联盟发展。与山东、贵州、云南开展职业教育"鲁渝扶贫协作""渝黔合作"和"渝云合作"。2021年,教育部和重庆市人民政府联合出台了《关于推动重庆职业教育高质量发展促进技能型社会建设的意见》,为"十四五"职业教育加速发展谋好篇、绘好图。 四是继续教育务实推进。出台政策建设终身学习学分银行,组织开展全民终身学习活动,建设一批全国终身学习活动品牌。深入推进社区教育系统化、规范化、标准化,13个区县创建重庆市社区教育示范区,全市社区学院实现全覆盖。出台《关于老年教育发展的实施意见》,扎实开展老年教育工作,组织编写老年教材,建设一批老年教育培育点,遴选建设30所中职老年教育试点学校。

高等教育内涵发展。一是不断提高办学质量。市政府与教育部签署《关于共同加快推进一流大学和一流学科建设意见》,支持重庆大学、西南大学"双一流"建设。实施一流本科专业建设"双万计划",立项建设502个市级一流专业,入选全国一流本科专业198个,成功入选教育部基础学科拔尖学生培养计划2.0基地1个。2020年全市高校进入世界ESI学科排名前1%的学科累计达到43个,高校达到5所,人文社科类学科首次进入ESI学科排名前1%,新增前1‰学科1个。引进一批国内外著名高校和科研院所来重庆合作办学或共建研究院、共同申报重大科技攻关项目。

七、增进民生福祉　共享全面小康成果

加快推进重庆中医药学院筹建及长江生态环境联合研究生院、长江音乐学院建设工作，加快实施市属9所公办高校分校区建设项目。全市5所独立学院转设为普通本科高校，增设2所高职院校。出台《重庆普通本科高校分类发展与评价实施方案》，启动高校分类评价改革。持续提升办学层次，博士、硕士学位授予单位和博士、硕士学位授权点稳步增长，博士、硕士招生计划逐年增加。二是人才培养质量持续提升。出台《高水平本科教育建设专项行动计划》，依托市级高校教师发展中心，大力开展教学思想大讨论，改革教学方案。2021年立项建设本科教学改革研究项目728项、研究生教改项目217项、研究生科研创新项目521项。市级本科一流课程建成1112门，获评国家一流课程105门。加强创新创业教育，建设市级大学生创新创业训练项目1404项，获批国家级项目520项。全国创新创业典型经验示范高校4所。深入实施研究生教育创新计划，立项建设研究生教改项目209项，研究生科研创新项目565项，建设118门优质课程，162个导师团队。三是服务产业发展能力不断增强。出台《深化普通高等学校专业设置改革实施意见》，紧密对接产业发展对人才的需求，优化专业设置和招生结构，加强大数据智能化等重点专业建设，建设高水平新工科学校4所、新型二级学院17个，建设发展急需、优势突出的专业点270个、城市可持续发展能力相关专业点141个、大数据智能化类专业点162个。出台《重庆市高等学校人工智能+学科建设行动计划》，立项建设智慧教育、智能制造等30个"人工智能+"学科群。四是科研源头创新卓有成效。加强高校科研基础能力建设，深化产学研协同创新，创建一批省部共建国家重点实验室和省部共建协同创新中心，支持重庆大学超瞬态物质科学实验装置和大科学工程建设，推进环大学创新生态圈建设。加大投入力度，积极争取国家自然科学基金、国家社会科学基金、教育部人文社科项目等经费支持，增强高校原始创新能力，积极开展基础性、前沿性、探索性创新研究，全市高校屡获国家级自然科学和科技进步奖项。市政府出台《关于进一步促进高校科研院所科技成果转化的若干措施》，破除高校科技成果转移转化制度藩篱。鼓励支持高校服务地方经济社会发展，2020年14所高校28个科研创新平台落地西部（重庆）科学城，全年1483项科技成果服务于制造业、集成电路业等新兴产业和支柱产业。五是成渝地区双城经济圈教育协同发展。成渝地区签署教育协同发展协议70余份，成立教育联盟20个，组建跨省市职教集团4个。实施"11+11联建"项目，成都、重庆各11所本科高校，聚焦60余个优势特色学科开展深度合作，实施六项重大改革，成渝教育协同发展初具成效。

2.教师队伍建设卓有成效

全市大力实施"科教兴渝"和"人才强市"战略，落实教育优先发展的战略地位，各级各类教师队伍整体素质得到明显提高。2021年，全市专任教师数39.74万人，比2015年增长16.7%。

师德师风建设切实有效。强化教师理想信念教育，健全师德建设长效机制，推行师德考核负面清单制度，严格执行师德"一票否决制"。把师德作为教师职称评聘、表彰奖励、评优评先的重要依据，建立师德师风群众举报问题查处机制，严肃查处违反师德师风问题教师。加大对优秀教师表彰和先进事迹的宣传力度，开展重庆市教书育人楷模评选，一批教师获得国家级荣誉；组织举行"时代楷模"王红旭同志先进事迹报告会，其"用生命托举生命"的感人事迹在全国引起强烈反响。落实教育部关于新时代教师职业行为十项准则要求，开展中小学教师有偿补课专项治理，进一步规范中小学教师从教行为。扎实开展中小学有偿补课和教师违规收受礼金专项整治，立案督办一批师德违规案件，起到极大的警示教育作用。开展减轻中小学教师不合理工作负担整治，出台《重庆市中小学教师减负清单》，营造教育教学良好环境。

教师管理制度深入创新。出台《关于全面深化新时代教师队伍建设改革的实施意见》《重庆市教师教育振兴行动计划（2019—2022年）》等文件。启动实施高校周转编制制度，17所高校投放2219个周转编制。下放市属高校教师职称评审权和高校岗位管理权，2018年首批承接教授、副教授职称评审权学校19所。扎实推进高校教师考核评价改革，1所高校被评选为全国示范学校。统一调整基础绩效水平，实现渝东南、渝东北贫困地区中小学教师基础绩效水平与主城区一致。创新教师培养工作，培养一批学前教育公费师范生、乡村学校"特岗教师"和小学全科教师。注重教师素质提升，通过"国培计划"开展乡村教师培训，市级加大培训投入大规模开展教师培训。出台《关于全面推行义务教育阶段教师"县管校聘"管理改革的指导意见（试行）的通知》，指导高校全部承接教师职称评审权。深化名师建设，建立一批名师乡村工作室和教育部"国培计划"名师领航工作室，与青海、甘肃、四川等地区开展名师建设等多领域合作，从贫困区县选派一批骨干教师到山东大学集中培训。

乡村教师队伍建设全面加强。党的十八大以来，重庆市在加强农村教师队伍建设上采取了一系列措施，在确保教师"下得去"方

全面建成小康社会重庆全景录

面实施"双特"计划①、"三区支教"计划、"全科教师"培养计划,为农村学校输送了一批教育人才;在确保教师"留得住"方面,采取了增加特设岗位解决中小学教师"已聘未评"问题、逐步改善农村教师住宿问题、提高乡村教师待遇等措施;在确保"教得好"方面,实施农村教师全员培训计划、农村薄弱学科轮训计划。通过这些措施,农村教师队伍建设上存在的问题得到有效缓解。2014年,出台《重庆市人民政府关于加强农村教师队伍建设的意见》,在继续保留之前有效做法的基础上,提出按照生师比和班师比相结合的方式来核定编制、推进教师交流轮岗和城镇学校教师支教、加大对农村教师队伍建设的经费投入、定期组织农村教师体检等新举措。此后,在继续实施农村小学全科教师培养、乡村学校"特岗教师"计划等的基础上,又推出学前教育公费师范生培养、建立名师乡村工作室、乡村教师荣誉制度等一系列政策措施,同时不断提高乡村教师待遇,促进乡村教师队伍质量明显提高,教师安心从教、热心从教得到有效保障。

高水平师资建设加速推进。围绕重点学科、创新平台聚焦一流团队和人才,完善高校人才项目体系,组织实施教育领军人才培养计划,首批入选重庆英才计划189人。一批优秀人才入选"万人计划"、百千万人才工程、"国家杰出青年科学基金"等国家高层次人才支持计划,国家级博士后科研流动站和在站博士后快速增长。选聘一批巴渝学者特聘教授,一批教师入选国家级人才项目和省级人才项目。出台重庆市加快高等学校高层次人才队伍建设支持措施,柔性引进一批海内外院士,引进一批市外高校、院所学科领军人

---

① 农村义务教育阶段学校教师特设岗位计划和重庆市中小学特色学科教师配备计划。

才、优秀青年博士、海外知名专家、知名高校优秀博士或副教授。

教师保障制度更加健全。推进实施高校编制周转制度。全面下放市属高校教师职称评审权。落实高校思政课教师和辅导员待遇，单独核增岗位绩效，并单列管理。启动中小学校长职级制改革试点。实施教师养老保险改革，全市教师纳入机关事业单位养老保险体系。分类分档提高乡村教师岗位生活补助，按规定对33个区县近9万名乡村教师发放补助，全市实现了"义务教育教师平均工资水平不低于学校所在地公务员平均工资水平"，确保乡村教师"下得去""留得住""教得好"。

3.教育改革深入推进

教育综合改革机制全面建立。市委出台《关于深化教育体制机制改革的实施意见》，明确教育体制机制改革任务26项，形成责任清单。逐年推动各项重点改革任务落实落地。健全国家、市、区县教育改革试点体系，形成"申报立项—具体实施—总结评估—宣传推广"的试点建设框架，到2021年累计开展市级教育改革试点260项，其中结题145项，总结推广成果76项。启动实施校办企业综合改革，"一校一策、一企一案"制定改革方案。建立教育评价配套政策体系、人才体系和问效体系，在全国率先组建全市教育评价改革咨询指导委员会、率先实施市级集中督察和区县交叉督察，深入开展教育评价改革试点，坚决破除"五唯"顽瘴痼疾。深入推进教育督导体制机制改革，在全国率先印发"十四五"期间义务教育质量监测方案，推动教育高质量发展作用凸显。

教育教学改革成果不断涌现。在2018年国家教学成果奖评选中，重庆获基础教育教学成果奖18项，其中巴蜀小学获特等奖

（全国仅2个），职业教育教学成果获奖19项，高等教育教学成果获奖14项。组队参加全国职业院校教师教学能力大赛，中职组获奖总数并列全国第一；参加全国职业院校学生技能大赛，获奖数继续位居中西部第一。探索信息技术与课堂教学深度融合，实施"课堂文化"创建项目，持续推进"一师一优课、一课一名师"活动，入选教育部优课数量排名全国第九，西部第一。谢家湾小学还获得了中国政府质量奖。

考试招生制度改革稳妥推进。出台《重庆市深化普通高等学校考试招生综合改革实施方案》及《重庆市普通高中学业水平考试实施方案》《重庆市普通高中学生综合素质评价实施方案》《重庆市2021年普通高校招生统一考试及录取工作实施方案》等9个配套方案，高考综合改革实现平稳落地。高职分类考试招生全面实施，已成为重庆市高等职业教育招生的主渠道。持续深化高考加分改革，地方加分项目将于2023年全部取消。严格执行划片招生就近入学政策，全市义务教育就近入学比例达97.8%，其余选择到民办学校就读。印发《关于深化高中阶段学校考试招生制度改革的实施意见》。印发《关于规范义务教育学校招生入学工作的实施意见》，"公民同招"改革平稳实施。

教育信息化建设加快实施。完成重庆教育服务门户及综合业务支撑云平台一期建设，建成重庆教育宽带网。利用网络技术促进优质课程共享，评选中小学市级视频优质课1977节，高校在线开放课程平台开通微信移动学习端。深化"渝教云"公共服务体系建设，市级教育信息系统迁移上云稳步推进，重庆教育宽带网加快覆盖。"渝教云"综合服务平台初步实现数据交换汇聚、实时数据分析等功能，职业教育服务平台正式投用。大力发展智慧教育，市政

七、增进民生福祉　共享全面小康成果

府办公厅出台《重庆市智慧教育五年工作方案》，市级智慧校园建设学校达200所。

教育开放力度持续加大。重庆市出台《加强和改进中外人文交流工作实施方案》，市政府与教育部签署《推进共建"一带一路"教育行动国际合作备忘录》，市教委与教育部中外人文交流中心在全国率先签署战略合作协议，部市共建一批中外人文交流教育实验区、行业中外人文交流研究院。加快引进海外优质教育资源，中外合作办学项目不断增加，引进一批海外高水平专家。持续打造"留学重庆"品牌，2019年在渝国际学生规模首次突破万人，达1.03万人，生源国别150余个。增强教育国际影响力，发挥海外孔子学院（课堂）窗口作用，讲好中国故事；每年公派一批师生出国留学访学。市政府与教育部签署《开展德国企业和院校在华举办职业教育试点工作合作备忘录》，积极参与"一带一路"教育行动计划，启动高校国际化人文特色建设项目，成立中泰职业教育联盟，全国首个部市共建中外人文交流与涉外法律研究中心落户重庆。深入推进成渝地区双城经济圈建设教育协同发展，出台"成渝地区教育协同发展十大行动计划"，两地共建学科项目60余个、共结双城联盟10个、参与共商活动2000余人次。出台新时代教育对外开放工作实施方案，成立陆海新通道职业教育国际合作联盟、全国首个跨省域的孔子学院工作联盟等4个。

（三）全民健康托起全面小康

改革开放后，重庆市大力推进医疗卫生服务体系建设，建立健全了市、区县、乡镇、村四级医疗卫生服务网络，优化了医疗卫生资源布局，显著改善了人民群众就医环境。党的十八大以来，重庆市深入实施健康中国战略和全民健身战略，把保障人民健康放在优先发展的战略位置，坚持预防为主的方针，加强卫生健康体系建设，织牢公共卫生防护网，为人民群众提供全方位全周期健康服务，推动全市卫生健康事业高质量发展。2021年末，全市共有各级各类医疗卫生机构21358个。其中，医院858个，社区卫生服务中心（站）577个，乡镇卫生院819个，村卫生室9492个。医疗卫生机构实有床位数24.07万张。其中，医院床位17.81万张，乡镇卫生院床位4.56万张。全市共有卫生技术人员24.41万人。其中，执业医师和执业助理医师9.17万人，注册护士11.34万人。

1.增强基层卫生服务能力

基层医疗卫生服务体系不断完善。2014年底实现乡镇卫生院和社区卫生服务中心标准化建设全覆盖，到2016年底全面完成8000所行政村卫生室标准化建设，形成"一街道一中心、一镇一院、一村一室"的网络布局，建立"农村30分钟、城市15分钟"的医疗卫生服务圈。推进区县域医共体"三通"（医通、人通、财通）建设，进一步完善县域医疗卫生服务体系，提高县域医疗卫生资源配置和使用效率。

基层医疗卫生服务能力持续提升。实施中央专项资金中西部地区农村卫生人员培训项目，对区县及乡镇卫生院管理人员、乡镇卫生院骨干、乡村医生开展了管理知识、传染病知识、急诊急救、公共卫生、合理用药等培训。2014年，出台《关于加强基层医疗卫生机构人才队伍建设的意见》，开展基层全科医生职称改革，163

名基层全科医生获评高级职称，其中正高18人，实现零的突破，基层卫生人员综合素质和职称结构明显改善。开展基层医疗卫生机构递进式等级评审，创建甲级基层医疗卫生机构122所，乙级基层医疗卫生机构192所，丙级基层医疗卫生机构130所；五星级村卫生室183所，四星级村卫生室1045所，三星级村卫生室5182所。实施乡村振兴战略行动计划，为基层医疗机构添置数字化设备，建设数字化接种门诊和污水处理设施，加大人才招聘力度，开展基层医务人员轮训，不断提升基层医疗卫生机构服务能力。

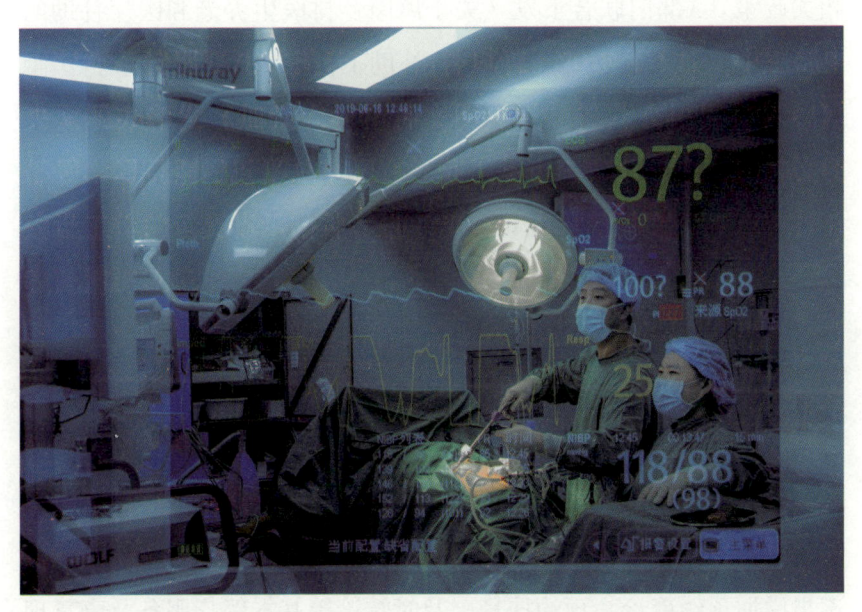

彭水县汉葭街道社区卫生服务中心开展胆囊切除手术（刘林波 摄）

基层医疗卫生服务机构运行新机制基本建立。2012年，全国首家以省级政府名义出台了《重庆市乡镇卫生院管理办法（试行）》和《重庆市村卫生室管理办法（试行）》等政府规范性文件，明确乡镇卫生院等基层医疗机构为公益一类医疗卫生事业单位，区县人民政府负责保障乡镇卫生院基本建设、设备购置、人员经费、公共卫生服务业务经费等日常运行经费。市、区县两级建立专项资金，用于乡镇卫生院和村卫生室设施设备更新与维护。基层多渠道补偿机制不断健全，维护公益性、调动积极性、保障可持续性的运行管理新机制全面建立。通过建立村卫生室政府专项补助等5个渠道和购买服务机制，提高了村医工作积极性，促进了医疗卫生服务任务落实。2016年市政府出台《关于进一步加强乡村医生队伍建设的实施意见》，明确乡村医生准入、培养、使用、管理等相关政策。3部门联合下发《关于离岗乡村医生养老和医疗补助的通知》，启动离岗村医养老和医疗补助工作，进一步畅通乡村医生退出渠道。建立激励性财政补偿和绩效分配机制，探索推进"保基本、买服务"的激励性财政补偿政策改革；出台政策允许基层医疗卫生机构收支结余的60%可以发放人员奖励，家庭医生签约服务费不纳入绩效工资总量管理。以等级评审为核心，开展基层"美丽医院"建设等活动，建立基层医疗卫生机构持续改进机制。

　　家庭医生签约服务惠及百姓。家庭医生签约服务工作重心从农村逐步转向城市。服务对象从农村地区留守老年人、儿童和特困人员，逐步扩大到以高血压、糖尿病和计划生育特殊家庭、建档立卡贫困户等为主的重点人群。服务内容从以基本公共卫生服务为主，逐步增加预约就诊、预约挂号、及时转诊等基本医疗服务及康复理疗、居家护理、托老关怀等个性化的健康管理服务。2011年10月，《重庆市人民政府关于建立全科医生制度的实施意见》颁布后，各区县陆续启动社区全科医生团队签约服务试点。2013年，原市卫生局出台《关于开展乡村医生签约服务试点转变农村基层卫生服务模式的指导意见》，推动了农村地区乡村医生签约服务。2016年，

七、增进民生福祉　共享全面小康成果

原市卫生计生委、市财政局、市人力社保局等7部门联合出台《关于推进家庭医生签约服务的实施意见》，以基本公共卫生服务、基本医疗服务和健康管理为重点的家庭医生签约服务在重庆市全面启动。到2018年，家庭医生制度初步建立，签约服务格局基本形成，服务对象和服务内容逐步拓展，服务方式日渐丰富。2019年以来，通过推进定点定时签约、个性化有偿签约，推广健康积分制度，打造精品家庭医生团队，完善市级家庭医生预约"号源池"系统，建设全市家庭医生签约服务智能化软件平台，促进公共卫生系统与家庭医生系统互联互通等方式，不断提升家庭医生服务能力和品质。

2.深化医药卫生体制改革

公立医院综合改革实现全覆盖。2017年9月，全市所有公立医院（包括部队医院、国企医院）全面实施公立医院综合改革，以"两取消、一调整、六配套、一建立"为主要内容，通过调整医疗服务价格、加大政府投入、改革医保支付方式、降低医院运行成本等，建立科学合理的补偿机制，初步实现公立医院良性运行、医保基金可承受、群众整体负担不增加的目标。2019年12月，在全面取消药品加成的基础上，全市1345个公立医疗机构全面取消医用耗材加成，同步调整1842项手术治疗类医疗服务项目价格。探索建立现代医院管理制度，组建市、区县两级医院党建工作指导委员会，强化公立医院党的建设和党的领导，公立医院党组织覆盖率100%。在4个建立健全现代医院管理制度国家试点医院的基础上，对另外52家医院开展市级试点。508家医院完成章程制定，全市三级公立医院全面实行预算管理，31家公立医院落实总会计师制。稳步推进人事薪酬制度改革，人员总量备案管理试点扩面，试点医院总数达到37家，占全市公立医院的四分之一。按照"两个允许"的要求，自2017年起，三年分三批先后将67家公立医院纳入薪酬制度改革试点范围，创新实施"基础绩效+超额绩效"模式，合理确定薪酬水平，建立考核动态调整机制，于2022年全面推开。

分级诊疗制度建设逐步深入。2017年，重庆市出台医联体建设实施意见，打造医疗集团、县域医疗共同体、区域专科联盟、远程医疗协作网4种医联体模式。在改革中，形成了以重医附一院"1+3+11"为代表的城市紧密型医疗集团，以区县人民医院、中医院和社区卫生服务中心、乡镇卫生院组建的区县域内医共体，以重医附属儿童医院组建的覆盖西部10个省市"西部儿科联盟"为代表的跨区域专科联盟，以重医附二院与巫山县人民医院为代表的远程医疗协作。全市所有区县都建立了区县域内医共体，所有市级医疗机构都在医联体建设上进行了积极探索，初步建立医联体内的双向转诊制度。做实家庭医生签约服务，市委、市政府将家庭医生签约纳入了民生实事予以推进，以基层医疗机构全科医生、执业医师和乡村医生为主体，以基本医疗、公共卫生和健康管理为重点，开展分类签约、有偿签约、个性化签约。同步推进66个病种基层首诊、家庭医生签约经费补助、基本医保门诊统筹等分级诊疗配套政策落实。目前区县域内就诊率达90%以上。截至2021年底，建成不同形式的医疗联合体341个，其中城市医疗集团19个，县域医共体149个，专科联盟105个，面向边远贫困地区的远程医疗协作网68个。

全民医疗保障制度更加完善。在提前完成国家医保政策的"城乡统筹"、"省级统筹"、建立大病保险的基础上，继续深化改革，提高健康保障水平。城乡居民医保政府年人均补助标准不断提高，

七、增进民生福祉　共享全面小康成果

城乡医保覆盖率达95%以上，将慢性乙型肝炎病毒感染等特病病种新增纳入医保特殊疾病范围予以保障。2020年12月1日起，将6种重性精神病中的分裂情感障碍、癫痫所致精神障碍、精神发育迟滞伴发精神障碍和阿尔茨海默病纳入重庆市基本医疗保险门诊特殊疾病范围。重庆市被人社部纳入全国医保跨省联网结算平台首批试点省市，已实现职工医保和居民医保与全国联网，解决了群众异地就医垫资等问题。调整大病保险政策，明确2017年1月1日起城乡居民大病保险最低报销比例由40%提高到50%。2019年9月1日起，对于参保人员在一个自然年度内发生的、符合重庆市大病保险报销的自付费用，首次或累计超过起付标准以上的部分，报销比例提高至60%。完善医疗救助体系，调整资助参保政策、提高救助比例和封顶线、扩大救助病种范围。实现基本医保、大病保险、医疗救助"一站式"即时联网结算和无缝衔接。深化医保支付方式改革，医保基金总额预算向基层倾斜，提升职工和居民医保基金倾斜基层医疗机构比例。实施100个单病种收付费改革，患者不承担住院门槛费，定额内报销不受医保目录限制，减轻了患者负担。2019年启动实施按疾病诊断相关分组（DRG）付费改革试点，在5家医院开展日间手术医疗试点，在4个区县试点长期护理保险，将高血压、糖尿病等门诊用药纳入医保报销。从2022年1月1日起，将长期护理保险试点工作由原来的4个区县职工医保参保人员扩大到全市所有区县职工医保参保人员。2021年3月、7月，建立了高血压、糖尿病门诊用药专项保障机制，覆盖居民医保、职工医保所有参保群体。

药品供应保障制度进一步健全。出台《关于进一步改革完善药品生产流通使用政策实施意见》，完善提高药品质量疗效、规范药品流通秩序、严格管理用药行为等方面的政策措施。一是提高药品质量疗效。加大药品质量安全监管，支持鼓励企业和科研机构研发新药及关键技术，稳妥有序推进仿制药质量和疗效一致性评价工作，支持引导医疗机构开展药物临床试验机构建设。目前，重庆市98个品规仿制药通过或视同通过一致性评价，建成药物临床试验机构26家，生物等效性实验室10家，国家药监局批准创新医疗器械产品2个。首次进口药品和生物制品口岸落户重庆市，重庆成为继北京、上海、广州之后，全国第四个、西部地区首个药品和生物制品首进口岸城市。二是实现基本药物制度全覆盖。2011年，在所有政府办基层医疗机构和村卫生室实施基本药物制度，实行药品"零差率"销售，成为全国第9个覆盖所有政府办基层医疗卫生机构、第1个覆盖所有村卫生室的省市，得到了国务院医改办和原卫生部的高度认可。三是创建重庆药品交易所。2010年，成立重庆药交所，实行在线注册、在线挂牌、在线交易、在线结算、在线评价、在线监管的实时常态化交易。目前，药交所已建设成集医药交易、监管、大数据、金融结算、供应链、医药智能物流为一体的全新互联网医药电子商务平台，实现药品、器械、耗材、试剂等产品上线交易。药品总体挂牌价处于全国中下水平，药品供应保障秩序良好。四是实现"两票制"电子监管。以重庆药交所药品交易可追溯系统为载体，于2017年5月完成药械交易信息全程追溯体系暨医药智能物流公共信息服务平台的系统建设，打通药品交易系统、税务票据系统、药品流通企业进销存（ERP）系统、医院HIS系统。五是开展国家组织药品集中采购试点。2019年，重庆市作为全国11个试点城市之一，启动国家组织药品集中采购和使用试点工作，全市25个中选药品累计采购量超额完成国家计划采购量任务，节省药品费近5亿元，同时将118个国家谈判药品纳入医保目录。

3.完善公共卫生服务体系

提升疾病防控能力。出台等级疾病预防控制机构建设实施意见，制定公共卫生重点专科（学科）管理实施细则和评审指标，明确医疗机构公共卫生职责清单，让公共卫生与医疗服务发展并驾齐驱，有了等级的引领、学科的支撑、医防的融合。建立重庆市疫苗管理部门联席会议制度，形成权责清晰、运行高效的疫苗生命周期质量安全管理体系，作为全国7个试点省市之一，重庆市率先完成疫苗信息化追溯体系建设，实现全市疫苗正、反向追溯管理，加大基层疾病检测、冷链设施设备投入，建设数字化接种门诊，实现疫苗冷链温度自动控制监控全覆盖，完善疫苗采购机制，保障新冠疫苗，麻腮风、狂犬病等免疫规划和非免疫规划疫苗供应。加强基层疾病检测设施设备建设，建设数字化接种门诊，实现疫苗冷链温度自动控制监控全覆盖。建立疫苗预防接种监管工作机制，实现全市卫生健康系统疫苗全流程可追溯管理。完善疾病联防联控机制，完成地方病三年攻坚行动任务，慢性综合防控示范区覆盖率全国第二，实现碘缺乏病、地氟病、克山病消除或控制目标，完成消除麻风病危害规划终期评估，尘肺病攻坚行动取得明显成效。关爱群众心理健康，开展严重精神障碍患者管理服务专项行动，进行社会心理服务体系建设试点。全域开展学生常见病及危害因素监测，统筹推进空气、土壤、饮水、公共场所、环境和生物样本监测评价，定期公布居民饮水安全监测结果。2021年全市人均基本公共卫生服务补助标准提高到79元。

强化应急能力建设。推进覆盖乡镇的全市航空医疗救援体系建设，建立水上紧急医学救援队伍，建成水陆空立体医学救援体系。在全国首创建成背囊化卫生快速反应队伍体系，构建起梯次化响应的卫生应急力量体系。加强制度建设，强化能力培训，建设"120"信息系统，建成全国省域一体化、规模最大的院前急救网络，院前急救平均响应时间从28分钟缩短到19分钟。实施卫生应急队伍和指挥中心标准化建设，制定突发公共卫生事件应急预案，积极开展卫生应急实战化演练，健全卫生应急队伍和专家日常、节假日备勤、暴雨洪灾备勤等制度，卫生应急管理能力不断提升。推进公众卫生应急技能提升，编写出版公众卫生应急技能培训教材，开展公众卫生应急技能培训示范基地创建，在机场、火车站、地铁站等人群密集场所安装一批自动除颤仪。

健康扶贫助力脱贫攻坚。聚焦"基本医疗有保障"，坚持精准施策、精准帮扶、精准投入，一体化部署、一体化推进，健全"三保险""两救助""两基金"的多重医疗保障体系，实行"两升两降一取消"倾斜报销办法，落实资助参保政策，扩大大病专项救治病种，慢病管理扩面提质，重病兜底统筹利用扶贫医疗基金、商业补充保险进行再报销和利用慈善资金、财政补助、社会捐助进行再救助，实行"先诊疗后付费"制度，医院广泛设立贫困患者综合服务窗口，医疗费用结算实现"一站式"平台结算，实现区县二级甲等医院、标准化乡镇卫生院和行政村卫生室全覆盖，农村贫困人口大病集中救治率、慢病签约服务率、重病兜底保障率均为100%。脱贫攻坚取得全面胜利后，继续巩固拓展健康扶贫成果，保持政策总体稳定，基本医疗持续得到保障。

经受新冠肺炎疫情考验。2020年初，新冠肺炎疫情暴发后，

七、增进民生福祉　共享全面小康成果

市委、市政府积极贯彻习近平总书记指示要求和党中央决策部署，第一时间成立"指挥部"，及时启动突发公共卫生事件Ⅰ级响应，发挥卫生健康系统始终发挥主力军作用，仅用3天时间，就构建起"4+46+178"医疗救治体系，落实"四早""四集中"原则，加强中西医协作，1个月实现本地新增确诊病例"零增长"，2个月实现本地确诊病例、住院病例"双清零"，治愈率达98.8%，公立医疗机构医务人员"零感染"，圆满完成援鄂、援外等任务，与7国视频连线10场次。开展应急审批，提升全市医用口罩产能，医用防护服、隔离衣生产实现"零突破"，3个新冠肺炎防控用医疗机构中药制剂获批；1个新冠病毒核酸检测试剂、2个新冠病毒抗体检测试剂、2个新冠病毒抗原检测试剂获得国家药监局批准，有效助力疫情防控。最大限度保护人民生命安全，全力以赴助力复工复产。重庆市进一步加强公共卫生服务基础设施建设，启动市疾控中

奥体中心大型新冠疫苗临时接种点（陈林　摄）

心能力提升三年行动，加快推进4家应急医院建设，加强区县级疾控中心公共卫生防控能力建设。

4.大力开展爱国卫生运动

城乡环境卫生面貌明显改善。按照全国爱卫会部署，2010—2012年、2015—2020年，重庆市分别以"治脏、治乱、治差"，农村生活垃圾、污水处理设施建设、农村改厕为重点先后开展两轮城乡环境卫生整洁行动。截至2020年12月，全市建制镇生活垃圾无害化处理率为100%，建制镇生活污水处理率为85%，对生活垃圾进行处理的行政村比例为99.9%，农村生活污水受益农户覆盖率为78.7%，农村自来水普及率为86%。水域环卫管理迈上新台阶，基本实现了全市通航河段生活垃圾集中上岸处置目标。全市城乡环境基础设施进一步完善，卫生面貌明显改善，群众文明卫生意识进一步增强。

农村"厕所革命"取得突破。农村改厕工作是城乡环境卫生整洁行动的重要内容。2016—2017年，农村改厕作为全市25件重大民生实事推进。从2018年起，将改厕纳入农村人居环境整治三年行动。按照"市级财政引导、区县主体自筹、群众投工出劳"的原则，整合乡村振兴战略、脱贫攻坚、易地扶贫搬迁、农村旧房改造等资源，争取中央奖补资金，多渠道配套改厕资金。从2017年起，连续多年把农村卫生厕所改造建设纳入区县党政绩效目标考核内容，开展日常督导、片区检查和年终考核，开展第三方质量评估。按照国家标准规范，明确卫生厕所建设标准，举办各级农村改厕工作技术培训班。加强宣传引导，营造积极改厕氛围。2015年以来，全市累计改厕145.22万户，农村卫生厕所普及率从2014年底的

七、增进民生福祉　共享全面小康成果

64.5%提升到2020年底的82.9%。

卫生城镇创建扎实有效。卫生城镇创建是爱国卫生工作的重要内容，是改善民生和服务民生的有力举措。出台《关于印发深化主城区市容环境综合整治工作方案的通知》，督导区县抓好街面秩序、环境卫生、市容市貌、市政设施等工作，为国家卫生区县城创建奠定基础。紧密结合新农村建设、美丽乡村建设和村庄连片整治等工作，深入开展城乡环境卫生整洁行动和健康镇村建设，不断加快农村生活垃圾和污水处理、农贸市场、村镇道路、农村改厕、饮水安全工程等硬件基础建设，为国家卫生乡镇的创建提供条件。将项目资源向创建国家卫生县城和乡镇、偏远区县及乡镇的单位重点倾斜，支持和帮助这部分区县及乡镇的卫生创建工作。夯实基础，提质升效，有序推进健康城镇建设。目前，全市国家卫生区20个，建成率为74%，全国累计排名第8位，覆盖率排名第11位；国家卫生县城10个、国家卫生乡镇55个，国家卫生县城（乡镇）建成率为7.8%，全国累计排名第14位、覆盖率排名第15位；市级卫生乡

垫江县进行病媒生物孳生环境消杀（垫江县爱卫办　供图）

镇349个，建成率为42%。

此外，病媒生物防制向纵深推进，组织开展百万农户三年集中统一灭蟑螂、食品生产经营单位除四害示范单位创建、农贸市场、学校病媒生物专项防制行动等专项防制活动，建立病媒生物专业防制机制，开展有害生物防制从业人员职业技能培训，全市各区县开展病媒生物监测。控烟履约进展迅速，全市累计建成无烟党政机关1906家，覆盖率为42.5%，比健康中国重庆行动的目标提高12.5个百分点；建成无烟学校2649家，无烟企业104家，无烟卫生健康机构建设覆盖率达100%。社会健康管理不断增强，开展倡导文明健康绿色环保生活方式活动，积极举办爱国卫生活动和主题宣传，强化"我是健康第一责任人"意识，推进爱国卫生运动从环境卫生治理向全面社会健康管理转变。

5.积极推动全民健身运动

党的十八大以来，党中央、国务院把体育作为实现中国梦的重要内容，把全民健身作为全面建成小康社会的重要战略。重庆市深入实施健康中国战略和全民健身国家战略，全面开展健康中国重庆行动，出台了一系列发展体育事业的政策举措，全民健身取得新成效。

加强体育健身组织和指导。市、区（县）两级体育总会实现全覆盖，市级单项体育协会达到59个，以市体育总会为枢纽，各级各类单项、行业和人群体育协会为支撑，基层体育组织为主体的全民健身组织网络基本形成。加强对各级各类体育健身协会指导，每年安排4次一级社会体育指导员培训，各区县进行二、三级社会体育指导员的培训，每年培训社会体育指导员4500人以上，并对培

七、增进民生福祉　共享全面小康成果

训的社会体育指导员注册管理。引导体育协会、基层体育组织积极参与或承办全民健身活动，每年组织的马拉松赛事、全民健身运动会、"全民健身月"系列赛事活动，59个市级体育协会参与或承办率达80%以上。鼓励和支持社会力量通过投资或捐助设施设备、兴办实体、资助项目、赞助活动、提供产品和服务等方式参与全民健身，为社会体育指导员开展工作搭建平台，采取开展全民健身志愿服务活动的方式，组织优秀社会体育指导员深入一线，广泛开展市民喜闻乐见的体育项目指导。

完善体育健身设施。坚持把建设群众身边的健身场地设施作为发展群众体育的一项基础性工作，着力解决"去哪儿"健身的问题，坚持统筹规划，合理布局，大力推动群众身边健身设施建设。每年建设和更新一批农民体育健身工程、乡镇体育健身广场、社区健身点、各类足球场地和全民健身中心，以及各级各类体育公园、健身步道、智慧路径等全民健身设施。大力推动群众身边设施便捷、功能完善、服务优质、就近就便、小型多样的全民健身设施建设，村（社区）、乡镇（街道）、区县、市级四级全民健身场馆设施构架形成。为解决主城城区健身场地匮乏问题，在重庆主城区清理出城市"边角地"92宗共1855亩，建设社区体育文化公园92个。结合重庆经济社会发展现状，利用PPP模式，吸引社会力量投资建设和运营管理全民健身体育场馆。设立全市中小型体育场馆免费低收费补助资金，实现了全市69个大型体育场馆免费低收费向市民开放。积极会同教育部门不断加强学校体育设施日常开放管理。根据2021年体育场地调查统计，重庆市共有体育场地13.66万个，总面积6675.00万平方米，人均体育场地面积为2.08平方米。

开展体育健身活动。大力开展"区区有品牌，县县有特色"创建活动，抓"扩面"、固"品牌"，积极指导和组织开展类型多样的全民健身赛事活动，青少年、职工、老年人、农民、残疾人、少数民族等各类人群的体育健身活动蓬勃开展，每年举办县级及以上全民健身赛事和活动次数达1100余场（次）以上，全市经常参加体育锻炼人数比例达47.65%，市民身体素质明显改善。

渝北区全民健身中心（重庆市体育局 供图）

一是成功打造了重庆国际马拉松赛、世界杯攀岩赛、武隆国际户外运动公开赛、重庆长寿湖国际铁人三项赛等品牌赛事活动。重庆国际马拉松赛于2017年成功打造为国内金标和国际金标"双金标"赛事，并成为中国马拉松四大满贯成员之一。

二是依托山水城市的特点和四季不同的气候特征，按照因地制宜、群众喜爱、特色鲜明的原则，每年开展马拉松、山地户外、龙舟、自行车、铁人三项、轮滑、冰雪等群众喜闻乐见的系列赛事活动70余项。

七、增进民生福祉　共享全面小康成果

2019年11月9—10日，2019年中华龙舟大赛总决赛（重庆·合川）在合川区涪江水域举行，共有来自上海、广东、江苏等全国40支龙舟队伍参赛。图为龙舟大赛现场（合川区体育局　供图）

三是定期举办重庆市全民健身运动会、重庆市老年人运动会、残疾人运动会、智力运动会、青少年体育冬夏令营活动、重庆市龙舟系列赛、马拉松系列赛等，在"全民健身月"期间组织开展丰富多彩的健身指导和交流活动，积极宣传居家健身。

四是圆满完成"十二运""十三运""十四运"群众项目参赛目标任务，有效引领和带动群体参与全民健身的积极性，成功承办"十三运"群众项目攀岩决赛。

五是围绕成渝双城经济圈建设，推进群体品牌赛事共建共享。推进与四川户外品牌赛事合作，定期共同举办"铁人三项赛"，打造棋牌、武术、路跑、体育舞蹈等赛事，实现资源共享、互惠互利。

全面建成小康社会重庆全景录

重庆市全民健身运动会工间操比赛（重庆市社会体育指导中心 供图）

（四）社会保障惠及全民

改革开放后，重庆市社会保障制度的建设经历了从无到有，覆盖群体从城到乡，城乡制度从分到合，基金规模从小到大，保障水平从低到高的发展过程。党的十八大以来，重庆市始终坚持围绕民生工作大局，充分发挥社会事业在促进社会公平、维护社会稳定、增进社会和谐中的作用，不断完善城乡居民社会养老保险等制度，不断提高公共服务的供给能力和水平，社会救助、社会保障和社会福利事业不断完善和健全。

1.社会保险体系不断完善

社会保险制度更加健全。一是养老保险制度不断完善。按照国

七、增进民生福祉 共享全面小康成果

家统一部署，贯彻落实完善基本养老保险个人账户制度，规范统一个人账户记账利率，规范个人账户支付。积极对接国家关于职工基础养老金全国统筹政策，贯彻落实中央调剂金制度，完善征地安置人员等养老保险政策。破解"双轨制"，出台重庆市机关事业单位养老保险制度改革实施办法和若干问题的处理意见等系列配套政策。完善城乡居民养老保险政策，通过13档分档缴费、政府梯次补助，构建起"多缴多得、长缴多得"激励机制；将超龄人员纳入城乡居民基本养老保险参保范围。完善灵活就业人员参保政策，放开户籍限制，将农村户籍人员纳入城镇职工养老保险体系，城乡居民执行相同的社保缴费和待遇政策，同等享有基本社会保障。二是工伤保险制度更加健全。出台建筑施工企业参加工伤保险实施意见，印发铁路、公路、水利、能源、机场工程建设项目参加工伤保险的办法，把流动就业农民工纳入工伤保险覆盖范围。探索建立工伤保险储备金制度，制定工伤保险浮动费率办法，健全完善工伤预防、补偿、康复"三位一体"制度体系。抓好平台灵活就业人员职业伤害保障制度试点准备工作。三是多层次社保体系逐步建立。建立机关事业单位职业年金制度，出台职业年金基金管理暂行办法，职业年金制度全面建立。截至2021年，全市参保单位达到2.41万家，参保人员81.64万人，发放待遇1.93亿元，累计划拨投资455亿元。鼓励发展企业年金制度、个人储蓄性养老保险和商业养老保险，持续完善多层次社会保险体系。截至2021年，企业年金备案企业达到1289户，参保职工25.6万人。

社会保险覆盖面不断扩大。一是全面实施全民参保登记计划。2015年率先实现全民参保登记全市全覆盖，2016年比国家要求提前一年完成全市初次登记工作，2017年进入动态管理和数据应用阶段，启动全民参保登记二期系统建设。通过动态管理、源头管理和精确管理，促进未参保人员参保、未参齐险种人员参齐、断保人员续保，加快推进社保从制度全覆盖深化为法定人员全覆盖。截至2021年，全市城乡养老、失业和工伤保险参保人数分别达到2494万人、598万人和766万人，城镇职工与城乡居民养老保险参保结构比例由51∶49转变为54∶46，城乡养老保险参保率稳定在95%以上。二是强力推进"同舟计划"。摸清建筑业开工数量底数，开发运用按项目参保信息系统，强化参保人员动态化实名制管理，全面推进建筑业从业人员工伤保险全覆盖，切实维护职工合法权益。截至2021年，建筑业从业人员按项目参加工伤保险参保率达99.2%，其中在建项目4515个、参保率98.5%，新开工项目4614个、参保率100%。三是精准推进社保扶贫。建立困难群体居民养老保险费代缴资助机制，全市全面实现建档立卡贫困人员应保尽保、待遇应发尽发、代缴应缴尽缴"三个100%"，1.04万应参保退捕渔民100%参保。完善城乡居民不同群体参保缴费政策，积极调动个体工商户、灵活就业人员、城乡居民参保缴费积极性，鼓励积极参保、持续缴费。稳妥实施"单解"和"双解"人员社保缴费补贴。

　　保障能力逐步提高。一是养老保险待遇持续提升。在确保养老待遇发放"一天不拖、一分不少、一人不漏"的基础上，探索建立覆盖全体参保人员的基本养老保险待遇正常调整机制，促进参保人员共享经济社会发展成果。按国家统一部署，连续调增企业退休人员基本养老金，同步调增机关事业单位养老保险待遇，惠及全市766万退休人员，企业退休人员月人均养老金较"十二五"末提升30%。建立城乡居民基本养老保险待遇确定和基础养老金正常调整

七、增进民生福祉　共享全面小康成果

机制，按时保质完成调整兑现，惠及全市城乡居民领待人员344万人。二是工伤保险待遇有力保障。扩大制度覆盖范围，先后将老工伤人员、机关事业单位人员纳入工伤保险统筹管理。调整完善工伤保险待遇项目与标准，建立完善科学规范的工伤保险待遇正常调整机制。调整增加工伤定期待遇，先后两次增加一至六级工伤职工伤残津贴和工亡职工供养亲属抚恤金，2021年享受工伤保险待遇人数达7.2万。推进工伤保险医疗（康复）费用联网结算，6个区县工伤保险业务系统实现医疗机构联网结算。三是惠民措施全面落实。落实社保阶段性降费政策，切实减轻企业缴费负担，5年来连续实施多轮社保降费组合政策，2020年为20万户单位减免社会保险费223.5亿元。完成建初干部、军转干部、原民办教师等特殊群体17.1万人的补贴代发。组织开展节日"送温暖"活动，按时足额划拨资金，对20.3万困难退休人员开展慰问。有序推进国企退休人员社会化管理移交，全市移交协议签订率超过99%。建设89个退休人员社会化管理市级示范社区。

　　社保基金运行平稳。一是基金收支总体平衡。强化全市社保基金预算管理，市人力社保局会同市财政、市税务局联合确定全市社保基金预算草案，定期分析社保基金预算执行及运行情况，增强基金收支管理的计划性、规范性。截至2021年，全年社保基金总收入1895亿元、总支出1553亿元，累计结余新增342亿元，养老金可支付月数同比提升1.9个月，基金收支总体平衡，基金可持续平稳运行和支撑保障能力进一步增强。二是基金监管全面加强。强化社保基金征缴、支付稽核和行政执法力度。建立由人力社保、卫健委、财政等7部门共同参与的稽核监管机制，开展专项整治行动和实地检查，建立与公安机关、检察机关、审判机关、司法行政机关

"行政执法与刑事司法衔接"机制，联合打击欺诈骗保违法犯罪行为，基金安全进一步增强。强化内控制度建设，健全风险管理机制，风险管理三年行动计划全面完成。实现工伤认定、鉴定信息和工伤保险经办业务系统共享。加强银行协议管理，全面取消手工报盘，通过"社银接口"实现养老保险待遇社会化发放和工伤保险定期待遇发放。全面取消社会保险待遇领取资格集中认证，加强与当地公安、民政、卫健、交通运输、医保等部门联动，采用多种方式开展资格认证工作，寓认证于无形。开展服刑人员违规领待专项整治。三是基金保值增值稳慎推进。坚持精算平衡，厘清政府、企业、个人等责任，进一步规范和完善社保资金筹集管理制度。优化社保基金银行存款结构，适当提高长期存款比例，督促开户银行按照有关规定执行优惠利率，提高社保基金存款收益。积极稳妥推进基本养老保险基金委托投资工作，分批划转300亿元养老保险基金委托投资运营。

经办管理服务优化。一是标准化建设积极推进。部市共建的中国社会保险公共服务标准化示范基地2017年正式投入使用，积极发挥示范效应，部市领导视察基地时给予充分肯定。完成4项国家、行业标准和1项地方标准的起草、制定和修订，建立重庆社保服务标准体系。实施的"社会管理和公共服务综合标准化试点"高分通过验收，并于2021年启动建设8个社会保险公共服务市级标准化基地。二是信息化升级不断提速。以"一窗综办、全渝通办、优先网办"为目标，打造社保经办服务新模式，实现12个事项"即时办"、15个事项"快速办"、72个事项"网上办"、32个事项全渝通办、13个高频事项便利办理。全面开展社保档案数字化，完成全市所有区县共1.23亿页历史档案数字化工作。三是便捷化服务不断优化。通过"渝快办"、"重庆人社"、社保网上经办平台、自助服务一体机等多种渠道为群众提供"7×24"小时移动互联服务，19.9万户参保单位开通网上经办服务。深入开展"解民忧、转作风"专项行动，梳理公布首批37项"最多跑一次"社保服务清单。积极抓好川渝社保合作，"云签署"优化川渝养老保险关系转移工作流程合作协议，推行关系转移电子化。实现川渝两地养老保险、工伤保险待遇资格"就地认"以及成渝两地协议服务机构互认，在全国率先实现企业职工养老保险关系转移接续资金定期结算，压缩办理时限30%以上。

2.社会福利事业加快发展

养老服务事业长足发展。一是加强老年人社会福利制度建设。建立高龄津贴、养老服务补贴以及优待制度，每年为70余万名高龄老年人发放津贴6.3亿元。全市统一建立经济困难高龄失能养老服务补贴，每年为6.5万余名困难老年人发放1.5亿元。建立健全老年人优待制度，为65周岁以上老年人，在交通出行、文化旅游等方面予以减免费用。建立老年人护理假制度，推进长期护理保险制度试点。二是推动社区居家养老服务全覆盖。按照"一乡镇（街道）一中心，一村（社区）一站（点）"设施布局原则，截至2021年底，全市建成街道养老服务中心220个、建成社区养老服务站2912个；建成乡镇养老服务中心592个、设置村级互助养老点6658个，城乡社区养老服务设施基本实现全覆盖。在运行机制上，探索实施"机构建中心带站点进家庭"可持续社会化运作模式，基本形成街道社区"一网覆盖、一体服务"联网运营模式。实施老年人照顾服务计划，试点开展城市社区老年人助餐、助浴、助医"三助"行动，多层次多元化的社区居家养老服务网络初步形成。推进家庭适老化改造，探索家庭养老床位服务模式。三是鼓励扶持养老机构发展。在公办养老机构建设方面，从2019年开始，推动失能特困人员集中照护工程建设和乡镇敬老院改造升级，至2021年全市新增47家失能特困人员集中照护机构，改造完成乡镇敬老院529家，公办养老机构兜底保障条件得到明显改善。在社会办养老机构方面，全面放开养老服务市场，落实建设运营补贴制度，加大社会办养老机构扶持力度，支持专业化程度较高的养老服务市场主体托管运营公办养老服务设施，打造一批以养老服务为主题的康养小镇、森林康养示范区等，养老市场和养老产业发展迅速。目前，全市现有养老机构1633所，养老服务床位23万张（其中，城乡日间照料床位6.4万张）、每千名老年人拥有床位32.8张。其中，全市社会办养老机构达713家，平均入住率位居全国前列。

儿童福利事业水平提高。2010年，重庆市全面建立孤儿保障制度。2012年，在全国率先建立事实无人抚养困境儿童保障制度。此后，市政府先后出台了关于加强农村留守儿童、困境儿童、孤儿、事实无人抚养儿童、监护缺失未成年人保障和救助的一系列文件，不断完善儿童福利政策体系。集中供养孤儿、分散供养孤儿基本生活保障标准分别从2012年700元/（月·人）、600元/（月·人）增长至2021年1477元/（月·人）、1277元/（月·人）。儿童福利机构适应社会发展新形势的需要，整合职责、人员、场所，推进养育、医疗、康复、教育、社会工作一体化发展。2016年以来，重庆市持续开展农村留守儿童"合力监护、相伴成长"专项行动，基本消除农村留守儿童无人监护、失学辍学、无户籍现象。全面实施"孤儿医疗康复明天计划"，支出410.1万元救治224名孤儿；实施

七、增进民生福祉 共享全面小康成果

孤儿、事实无人抚养儿童"福彩圆梦助学工程",对就读中职以上的孤儿、事实无人抚养儿童每人每学年分别资助1万元、0.8万元。在全国率先开展流浪未成年人集中教育矫治工作,对6岁以上智力正常的流浪未成年人开展教育矫治工作,实现了城市街面基本无流浪未成年人的目标。认真贯彻落实《中华人民共和国民法典》要求,印发《重庆市收养评估实施细则(试行)》,落实收养评估制度,不断规范收养登记程序。

残疾人福利保障加强。健全完善困难残疾人生活补贴和重度残疾人护理补贴制度,及时将符合条件的困难残疾人和重度残疾人纳入补贴发放范围,建立补贴标准动态调整机制。实现残疾人两项补贴资格认定申请"跨省通办",截至2021年底,惠及残疾人51.25万人,2016年至2021年累计发放补贴23.69亿元。开展贫困重度残疾人照护服务,明确集中照护和社会化照护服务对象标准和照护服务内容,规范集中照护托养入住程序。实施"福康工程"项目,为有意愿的困难残疾人配置康复辅助器具,2010年以来,重庆市累计投入2291.6万元,为2955名困难残疾人实施福康工程项目,帮助他们增强生活能力。加快精神障碍社区康复服务发展,为无须住院治疗的精神残疾人提供医学康复、教育康复、职业康复、社会康复等专业服务,自2020年开展试点以来,全市已有7700余名精神残疾人接受了社区康复服务。加快发展康复辅助器具产业,不断满足老年人、残疾人和伤病人多层次、多样化的康复辅助器具配置服务需求。

慈善事业和志愿服务全面发展。加强对慈善事业的管理,2020年疫情防控期间,重庆市制定了一系列规范性文件,完善慈善捐赠监管体系,进一步规范慈善组织日常管理,推进慈善事业健康快速

发展。营造促进慈善事业发展的浓厚氛围，市政府设立"重庆慈善奖"，开展评选表彰活动；全市慈善组织广泛开展慈善活动，形成"大病医疗基金"、"社区阳光基金"、"助浴快车"、"雨露工程"助学等慈善品牌；自2016年以来，市级层面连续5年举办"中华慈善日"主题活动。积极推动互联网慈善，2021年"99公益日"期间，全市慈善组织积极参与互联网公开募捐活动，累计募集资金5.29亿元。"十三五"期间，全市慈善组织、红十字会累计接受慈善捐赠75.81亿元，用于脱贫攻坚34.19亿元，慈善救助超过800万人次。截至2021年底，全市共有664万实名注册志愿者，占常住人口的20.1%，依托全国志愿服务信息系统注册5万个志愿团体，累计发布志愿服务项目22万个，记录志愿服务时长9322万小时；城乡社区志愿服务站（点）已建成10300个，城乡社区志愿服务站（点）

志愿者在南滨路对长江五号洪峰灾后淤泥进行清理（南岸区爱卫办 供图）

数量占城乡社区总数比例已达到92%，志愿者服务队伍进一步壮大，管理更加规范。

3.社会救助水平稳步提升

党的十八大以来，按照保基本、兜底线、救急难、可持续的总体思路，以统筹救助资源、增强兜底功能、提升服务效能为重点，不断完善法规制度，健全体制机制，强化政策落实，逐步构建起以基本生活救助、专项社会救助、急难社会救助为主体，社会力量参与为补充的社会救助制度体系。截至2021年底，全市共有城乡低保对象82.51万人，占全市总人口数的2.43%，支出城乡低保资金49.15亿元；特困供养人员17.96万人，支出特困救助资金19.78亿元；实施临时救助12.47万人次，支出临时救助资金3.82亿元。

社会救助体系不断健全。2014年，市政府出台《贯彻国务院〈社会救助暂行办法〉的实施意见》，明确完善最低生活保障、特困人员供养、受灾人员救助、医疗救助、教育救助、住房救助、就业救助、临时救助等八项制度，全面推进社会救助体系建设。在此基础上，重庆市结合自身实际，在低保、特困供养、临时救助、城市特殊困难救助等方面，出台了一系列政策文件，进一步健全完善了相关规章制度。2020年，按照中共中央办公厅、国务院办公厅《关于改革完善社会救助制度的意见》精神，制定了重庆市《改革完善社会救助制度重点举措》，从12个方面制定37条具体措施，全面启动社会救助制度改革。此外，在流浪乞讨人员救助方面，着力抓好健全政策制度、提高生活保障、实施源头治理、加大寻亲力度、开展专项救助、做好落户安置等工作，2012—2021年，全市累计救助生活无着的流浪乞讨人员36.54万余人次，支出救助金

9.78亿元。

　　管理机制日益健全。建立社会救助家庭经济状况核对机制，2015年，市政府办公厅印发《重庆市社会救助家庭经济状况信息核对办法》，明确核查认定工作机构、核查认定方式、程序和时限、信息来源及管理等内容，确保准确、高效、公正认定社会救助对象。探索创新"一门受理、协同办理"救助机制，在乡镇人民政府（街道办事处）政务办事大厅建立统一受理社会救助申请的窗口，及时受理、转办申请事项，为困难群众提供高效便捷服务。完善社会救助和保障标准与物价上涨挂钩联动机制，2016年，市政府出台《关于进一步完善社会救助和保障标准与物价上涨挂钩联动机制的通知》，2021年进一步调整完善相关机制，明确在全市居民消费价格指数单月同比涨幅达到3.5%（含）或全市居民消费价格指数中的食品价格单月同比涨幅达到6%时，启动联动机制，向城乡低保等对象发放价格临时补贴，切实缓解物价上涨对困难群众基本生活的影响。加强对社会救助的监督管理，制定政策规范困难群众基本生活救助工作绩效评价，提升各区县（自治县）基本生活救助工作的质量和效果；从2018年开始，在全市开展为期三年的农村低保专项整治活动；进一步加强社会救助资金全流程监管，提升社会救助资金使用效益；畅通社会救助求助监督渠道，及时回应群众关切、社会监督。

　　保障能力不断提高。实施"单人保""渐退期"制度，从2020年起，对低收入家庭中的重残人员、重病患者等特殊困难人员，经本人申请，参照"单人户"纳入低保；对因就业导致家庭人均收入发生变化，高于低保标准，但低于1.5倍低保标准的低保对象给予6个月的渐退期，确保其稳定就业。扩大特困供养范

七、增进民生福祉　共享全面小康成果

围，将特困人员救助供养覆盖的未成年人年龄从16周岁延长至18周岁。在全市乡镇（街道）建立临时救助备用金制度，严格执行"小金额先行救助"制度，落实"分级审批"，采取"跟进救助""一次审批、分阶段救助"等方式，增强救助可及性和时效性。引导社会力量参与救助，通过重庆救助基金会，对经政府救助后基本生活仍困难的家庭进行救助。实施"民政惠民济困保"综合保险项目，为救助对象购买商业保险，提高困难群众风险抵御能力。城乡低保标准不断提高，2021年9月，重庆市城市低保标准达到每人每月636元，较2012年增长了92.73%；农村低保标准达到每人每月515元，较2012年增长了178.38%。2016年出台政策建立特困人员基本生活标准和照料护理标准调整机制，实现城乡统一，2021年9月，重庆市特困人员基本生活标准达到每人每月827元。

兜底保障作用持续发挥。一是脱贫攻坚兜底保障深入推进。从2015年起，将扶贫对象中丧失劳动力，缺乏自我发展能力，无法通过生产扶持、就业发展、搬迁安置和其他措施脱贫，且收入低于低保标准的家庭纳入农村低保予以保障。此后，相继制发一系列文件加强农村最低生活保障制度与扶贫开发有效衔接，在脱贫攻坚中充分发挥社会救助兜底保障作用。截至2020年，全市25.04万建档立卡贫困人口纳入低保兜底保障，1.25万贫困人口纳入特困供养。二是疫情防控期间兜底保障切实增强。2020年新冠肺炎疫情暴发后，及时制定相关政策，全力做好新冠肺炎疫情防控期间困难群众基本生活保障工作。疫情防控期间，对全市100余万名困难群众开展了全面排查，对确诊病例中28名困难群众进行重点救助帮扶。2020年，新审批低保对象8.27万人、特困供养人员7451人；临时救助9.25万人次、支出临时救助2.4亿元。三是脱贫攻坚成果扎实巩固。脱贫攻坚取得全面胜利后，重庆市按照中央要求积极开展脱贫攻坚兜底保障成果巩固拓展工作，通过加强基本生活兜底保障、拓展低收入人口监测帮扶、构建城乡统筹的救助格局等措施，有力巩固了脱贫攻坚兜底保障成果。截至2021年底，全市通过低保、特困供养兜底保障已脱贫贫困人口23.57万人，将符合条件的1.43万脱贫不稳定人口、1.48万边缘易致贫人口及0.39万突发严重困难户纳入基本生活兜底保障。

（五）社会治理创新　提升群众安全感

党的十八大以来，重庆市坚持总体国家安全观，坚持稳中求进总基调，统筹发展和安全，紧扣"五个不让"和"七个坚决防止"的目标要求，全力以赴防风险、保安全、护稳定、助发展，有力确保了政治安全、社会安定、人民安宁。全市群众安全感逐年稳步提升，2021年达到99.34%。

1.全面依法治市向纵深发展

依法治市体制机制不断健全。组建市委依法治市办和市司法局，建立健全法治建设议事协调机构，制定"两规则一细则"等9项工作制度，全面依法治市领导体制和运行机制不断健全。市委召开全面依法治市工作会议以及市委全面依法治市委员会会议，对全面依法治市工作进行安排部署。全市法治建设制度设计不断强化，出台重庆市法治建设"一规划两纲要"实施方案。开展营造法治化营商环境保护民营企业发展专项督察，深入开展食品药品执法司法等专项督察，党政主要负责人履行推进法治建设第一责任人职责工作扎实推进。

法治政府建设成效凸显。中央依法治国办法治政府建设实地督察反馈意见对重庆法治政府建设工作从5个方面给予充分肯定，社会各界满意度升至历史最高的92.2%。渝中区、永川区和南川区"最难办事科室群众评"分别被评为全国法治政府建设示范区、示范项目，命名全市首批法治政府建设示范区6个、示范项目20个。调整保留全市三级行政权力5646项、公共服务事项442项，向万州区分水镇等11个经济发达镇赋权306项，行政审批必要的中介服务减至91项。累计取消证明事项902项，公布首批证明事项告知承诺目录，制定首批成渝地区证明事项告知承诺清单20项，建立川渝两地交通运输领域监管对象首次轻微违法容错机制，在北碚、江津、永川、云阳试点建设"无证明城市"。在全国率先研发法治政府建设评价体系和决策支持系统，推动制定市政府重大行政决策事项目录，在全国率先建成全市统一政策文件库，集中公布行政规范性文件6098件。制定全市行政执法7个方面20项问题清单并逐一督促整改，全面推行行政执法"三项制度"，推动42个市级行政执法机关制定本系统执法文书等7项标准，推动生态环境保护等6支综合行政执法队伍统一着装，指导制定市场监管、城市管理领域轻微违法免罚清单。行政复议体制改革稳步推进，全市行政复议机关由375个减至42个，实现"一级政府一个复议机关"，行政机关负责人出庭应诉率达62.45%。

法治社会建设深入推进。圆满完成"六五""七五"普法规划，推动制定"八五"普法规划，在全国率先建立并严格落实领导

全面建成小康社会重庆全景录

干部旁听庭审正职每3年、副职每5年全覆盖的长效机制，年均50万余名国家工作人员参加网上法治理论考试，建立执法普法联系点149个，培育农村"法律明白人"3.3万名，市民法治素养提升行动实践成果被全国"八五"普法规划吸纳。严格落实"两快""两全"公共法律服务网络体系建设要求，深入实施"十百千"实体平台标准化建设工程，建成投用公共法律服务中心（站、室）1.2万余个，建成"12348重庆法网"网络平台，实现12348法律服务热线与12345政务热线联动运行，实体、网络、热线"三大平台"日均提供免费法律咨询1000余人次、办事服务4000余人次。实现村（居）法律顾问全覆盖，打造覆盖城乡的"半小时"公共法律服务圈。建立161名涉外律师人才库，万人律师比4.5，在全国排名第8位、西部第1位。推进仲裁事业发展，设立中国（重庆）自贸区仲裁中心、重庆两江国际仲裁中心，仲裁受案数量和标的金额稳居西部第一。依法引导"四类外"227家司法鉴定机构、1697名鉴定人主动申请注销，1家机构被遴选为全国10个国家级司法鉴定机构之一，7家机构通过国家级认证认可。司法鉴定人1211名，总数居全国第10位、西部第3位。稳步推进合作制公证机构试点，新设立合作制公证机构7家。加大法律服务监管力度，不断提高法律服务的质量、效率、公信力。扎实推进民主法治村（社区）自治、法治、德治"三治结合"建设，建成89个国家级、2125个高级民主法治示范村（社区），58.11%的村（社区）达到市级建设标准。建设"法援惠民生·关爱特殊群体"品牌，开展农民工讨薪、空巢老人等法律援助专项行动，扩大法律援助事项范围至16项，放宽经济困难标准至低保标准的2倍。2012年以来，累计受理法律援助案件35.63万件，为当事人挽回经济损失49.7亿元。其中，农民工欠薪

七、增进民生福祉　共享全面小康成果

案件14.71万件，为农民工讨薪20.1亿元。运用法治思维和法治方式化解矛盾、破解难题、促进和谐的能力不断提高，审结涉就业、住房、医疗、养老、育幼等各类民生案件122.1万件，缓、减、免交诉讼费3.0亿元，保障人民安居乐业。

2.基层治理取得新进展

社区治理不断加强。推进城乡社区综合服务设施建设，按照每百户居民拥有综合服务设施面积不低于30平方米的标准，逐步实现城乡社区综合服务设施全覆盖。同时，努力提高社区信息化水平，推动"互联网+"与城乡社区服务的深度融合，建设"渝快社区"智慧云平台。2016—2020年全市共投21.56亿元，建设2695个城乡社区便民服务中心。社区治理和服务机制更加健全，市、区（县）、乡镇（街）各级建立领导协调机构，职能部门分工负责、齐抓共管；建立市级部门延伸到村、社区工作事项必须经市城乡社会治理工作领导小组审定的准入制度；制定基层群众性自治组织依法自治及协助政府工作事项清单，即23项自治事项、27项依法协助政府工作事项[①]、10项证明事项和7项严禁将村（居）委会作为责任主体的负面事项，从源头上厘清街道办事处（乡镇政府）和基层群众性自治组织权责边界，自治组织总体减负40%以上。城乡社区工作者队伍不断优化，截至2021年底全市共有社区工作者89650人，城乡社区工作人员报酬标准逐步提高，社区工作者专业化水平不断提升。

基层群众自治制度不断完善。着力健全基层党组织领导的充满

---

① 2021年,结合部分法律法规变化和有关部门职能调整的实际,由原有的27项调整为30项。

活力的基层群众自治机制，以制度化方式保证城乡基层群众依法直接行使民主权利，实行自我管理、自我服务、自我教育、自我监督，依法创造自己的幸福生活。依法实施民主选举，2020年第十一届村（居）委会换届选举产生的新一届村（居）委会成员中，35岁以下的占38.23%，大专以上的占54.06%，实现年龄、学历"一降一升"；稳步推进书记、主任"一肩挑"，"一肩挑"的村（社区）占98%，"两委"成员交叉任职占58%。市人大修订村民委员会组织法实施办法，全面规范村委会职责，推进村委会回归自我管理、自我服务、自我教育、自我监督的自治本位。推进"一约三会"建设，全市100%的村（社区）完成村规民约备案审查，100%的村建立村民议事会、红白理事会、道德评议会"三会"。实行村（居）务公开，述职、问责等机制逐步健全，农村基层组织建设不断加强，加大对"村霸"和宗族恶势力的整治力度，严惩各种违法违纪行为。

基层协商民主渠道不断拓展。2015年6月，市委出台《关于加强社会主义协商民主建设的实施意见》，对推进村（社区）协商的主要内容、参与主体、协商形式、基本程序做了明确规定。2015年7月，制定贯彻落实中办、国办关于加强城乡社区协商的意见的实施意见，提出具体工作措施，切实发挥村社区协商在基层治理中的积极作用。2017年，市民政局转发民政部《关于深入推进城乡社区协商工作的通知》，规范"四个程序"（提出协商议题、确定协商主体、组织开展协商、实施协商成果），要求各区县选取2个社区、2个村进行重点培育，在实践中不断完善和深化城乡社区协商制度。2018年，市民政局会同市委组织部出台《关于进一步做好城乡社区协商工作的通知》，指导区县制定协商事项清单，进一步

七、增进民生福祉　共享全面小康成果

明确城乡社区协商内容，规范协商程序。2019年以来，在全市确定城乡社区协商示范培育点109个，总结出群众说事、干部问事、集中议事、合力办事、民主评事"五事工作法"和"逢十协商日"等制度，建立了"百姓管家""百姓会客厅"等协商平台。各区县依托村民会议、村民代表会议、村民议事会、村民理事会等，广大村（居）民初步形成了民事民议、民事民办、民事民管的多层次基层协商格局，有效保障了城乡社区群众在日常生活中广泛持续深入参与权利。

探索创新卓有成效。积极探索"党建+"工作模式，把党的组织覆盖到小区、楼栋、网格、物业服务企业、业委会和园区商圈，切实把党的政治优势、组织优势转化为基层治理工作效能。27个区县纳入全国市域社会治理现代化试点，其他区县同步启动市级试点。培育打造社会治理品牌，探索形成"积分制""德分宝"等调动群众的工作机制，总结推广"莎姐"青少年维权岗、江北区"老马工作法"、南岸区"三事分流"、永川区"乡贤评理堂"、垫江县"6995平安互助平台"、彭水"五老自治队"、两江新区"三理同步"等经验。探索"三事分流"工作机制，推行"大事"政府快办、"小事"协商共办、"私事"引导自办，合理界定政府部门、社区组织和居民群众个人的职责边界和互补共生关系，推动政府治理与社会协同、居民自治良性互动，获评"全国社区治理十大创新成果"。探索"乡贤+"群众工作法，永川区培育新乡贤、建设乡贤评理堂的做法，获评"全国创新社会治理十佳案例"。探索设立社区治理基金，市级成立社区创新发展基金会，南岸区成立的"民泰社区公益事业发展基金会"筹集资金突破4300万元，支持开展800多个社区自治项目和公益活动。开展基层智慧治理平台试点，开发社会治理智能化信息系统，积极探索"互联网+基层社会治理"。2021年，全国民政厅（局）长基层治理现代化建设专题培训班推介重庆市基层治理经验。

3. 平安建设不断深化

坚持问题导向，有效防范化解各类风险隐患。按照"见事见人见地点"和"定时定人定责任"要求，把专项治理与系统治理、综合治理、依法治理、源头治理结合起来，动态排查、精准管控全市4.5万余个风险点，已化解2.3万余个，在库2.2万余个风险点逐个落实防范化解措施和责任，有效增强了预测预警预防的能力水平。一是坚决防范化解政治安全风险。扎实推进维护国家政治安全组织体系、工作机制、基层基础、能力水平建设，严密防范政治安全领域各种重大风险隐患，依法打击敌对势力渗透颠覆破坏活动，有力维护了国家政权安全、制度安全、意识形态安全，实现了重大政治案事件、暴力恐怖案事件"零发生"。二是坚决防范化解社会稳定风险。圆满完成党的十八大、十九大及新中国成立70周年、建党100周年等重大安保维稳任务。强化矛盾纠纷四级联排联调、领导干部大走访大接访等工作，深入开展矛盾纠纷控增量减存量防变量专项行动，化解了房地产开发建设、物业纠纷等领域一批突出问题。三是坚决防范化解社会治安风险。2018—2020年，深入开展为期3年的扫黑除恶专项斗争，黑恶犯罪得到根本遏制，促进了营商环境持续优化，党风政风社会风气明显好转。组织开展了打击多发性侵财犯罪、涉众型经济犯罪、"食药环"、"全民反诈"等社会治安专项行动，强力整治"黄赌毒""盗扒骗"等社会治安突出问题，累计对2835个社会治安重点地区进行挂牌整治，年均发案低

七、增进民生福祉 共享全面小康成果

于全国平均水平。同比2012年，2021年全市八类主要刑事案件下降59.7%。四是坚决防范化解公共安全风险。面对突如其来的新冠肺炎疫情，突出抓好"四个工作面"和"两大保障"，统筹推进疫情防控和经济社会发展工作取得显著成效。相继出台了《重庆市安全生产条例》等地方法规和规范性文件，深入开展安全生产"两重大一突出"综合治理，精准治理交通、建设、消防、文旅、商务等重点行业问题，加强寄递物流等新业态新技术安全监管，同比2012年，2021年全市各类生产安全事故起数下降49.3%，死亡人数下降50.9%。五是坚决防范化解网络安全风险。按照《重庆市重大决策网络舆情风险评估实施办法》，及时有效开展与民生关系密切的重大决策风险评估。坚持防微杜渐、疏堵结合，有序导控防疫、教育、环保、金融、房地产等社会民生领域系列舆情。六是2020

"时代楷模"全国公安系统一级英雄模范、渝北区公安分局交巡警支队石船公巡大队原副大队长杨雪峰生前在执行春节安保任务（重庆市公安局 供图）

年元月新冠肺炎疫情暴发以来，毫不放松抓紧疫情防控，精准排查严格落实常态化防控措施。

坚持源头治理，大力提升社会治理能力水平。认真落实习近平总书记关于坚持和发展新时代"枫桥经验"重要指示精神，深入推进实施"枫桥经验"重庆实践十项行动，市域社会治理现代化试点稳步推进，维护稳定的基础更加牢固。一是积极稳妥推进社会治理体制改革。坚持问题导向抓重点、关键突破带全局、结果导向求实效，积极稳妥推进社会治理体制改革，出台了系列重要改革文件，其中涉及8个方面73项改革事项。信访工作、安全生产、食品药品安全、非政府组织服务管理等一批重要领域、关键环节的改革取得重大进展和突破。二是健全矛盾纠纷多元预防调处化解机制。出台《关于深化矛盾纠纷大调解体系建设的实施意见》，全市建成医疗卫生、劳动争议等10个重点领域调解组织539个，访调、警调、诉调对接组织464个，聘请专职人民调解员3483名，2012年以来共排查调解各类矛盾纠纷408.32万件，调解成功率98.7%，切实把矛盾化解在基层和萌芽状态。三是加快完善立体化社会治安防控体系。推进治安防控体系立体化、社会化、专业化、智能化建设，不断织密前端感知网，整合视频监控镜头73万路，实现重点部位全覆盖。强化圈层查控和单元防控，常态化部署巡逻警力1.4万人，推动重点部位武警常态武装巡逻。加强校园防护圈建设，新增安防器械5万余套，校园保安力量达3.2万余人。四是持续改善安全基本面。严格产业准入，强化源头治理，加强风险隐患管控，持续推动煤矿落后产能淘汰、非煤矿山关闭注销、化工企业搬迁入园、烟花爆竹生产企业整体退出。开展高层建筑消防安全突出问题专项整治和实施"打通生命通道"工程。推进重大危险源、危险工艺自动化改造

七、增进民生福祉　共享全面小康成果

重庆公安民警加强社会面巡逻防控（重庆市公安局 供图）

达90%以上。全市地质灾害隐患点通过工程治理、避险移民搬迁等方式，平均每年减少近400处地质灾害隐患点。五是健全基层社会治理体系。健全党组织领导的城乡基层治理体系，推动社会治理重心向基层下移，全市培育发展社会组织达1.8万个，社会工作者达6.6万人，群防群治队伍发展壮大到110万人，派出所、司法所实现镇（街）全覆盖，划分网格8.1万个，配备网格员12万余名，实现城乡社区网格化服务管理全覆盖。

八、坚持党的领导
凝结全面小康经验

重庆全面建成小康社会的生动实践，充分彰显了习近平新时代中国特色社会主义思想的磅礴力量，充分体现了党的领导、人民当家作主、依法治国的有机统一，充分展示了中国特色社会主义的制度优势和治理效能，充分呈现了中国特色社会主义事业的美好前景，为开启全面建设社会主义现代化国家新征程，向着第二个百年奋斗目标迈进提供了宝贵经验。

（一）必须坚持党的全面领导　牢记习近平总书记殷殷嘱托

正确的领导是事业成败的决定力量。中国共产党的领导是中国特色社会主义最本质的特征，也是中国特色社会主义制度最大的优势。重庆的生动实践证明，全面建成小康社会必须坚持和加强党的全面领导。无论是社会主义革命和建设时期投入全国"大三线"建设、改革开放时期率先在大城市中进行经济体制综合改革试点，还是成为西部唯一直辖市、新时代积极融入"一带一路"建设和长江

八、坚持党的领导　凝结全面小康经验

经济带发展新格局,重庆在各个历史时期的发展进步都离不开党中央的决策部署。从解决温饱不足到建设小康,再到决胜全面建成小康社会,重庆始终将贯彻落实党的全面领导放在各项工作首位。2018年3月,习近平总书记在参加十三届全国人大一次会议重庆代表团审议时指出,政治生态同自然生态一样,稍不注意就容易受到污染,一旦出现问题再想恢复就要付出很大代价。重庆把学习贯彻习近平新时代中国特色社会主义思想作为首要政治任务,深刻领会习近平总书记关于营造良好政治生态的重要指示要求,引导各级党员干部增强"四个意识",坚定"四个自信",做到"两个维护",兑现"三个确保",认真落实新时代党的建设总要求,实现全市政治生态持续向好,干部群众精神面貌焕然一新,为全面建成小康社会提供了坚强有力的政治保证。

　　一是深学笃用习近平新时代中国特色社会主义思想,坚决做到"两个维护",提出并严格兑现"三个确保"。重庆市委、市政府坚决维护习近平总书记党中央的核心、全党的核心地位,坚决维护党中央权威和集中统一领导,把习近平新时代中国特色社会主义思想作为全面建成小康社会的根本遵循和行动指南,提出并严格兑现"三个确保"的政治承诺。即确保重庆各级党组织和广大党员干部一切行动听党中央指挥、向习近平总书记看齐,确保重庆所有工作部署都以贯彻中央精神为前提,确保重庆各项事业沿着习近平总书记指引的正确方向前进。组织各级领导班子和干部队伍认真学习贯彻《中共中央政治局关于加强和维护党中央集中统一领导的若干规定》精神,严格执行市委关于坚决维护党中央集中统一领导的规定。不折不扣贯彻落实党中央决策部署,自觉把工作放到党和国家全局中去思考、谋划和推动,使各项工作

既为一域争光、又为全局添彩。

二是坚决肃清孙政才恶劣影响和薄熙来、王立军流毒，营造风清气正的政治生态。制定"十破十立"，针对孙政才和薄熙来、王立军严重违反党的政治纪律和政治规矩等十个方面的恶劣影响和流毒进行全面整改，自觉从政治上把握大局、看待问题，从政治上谋划事业、推动工作，把对党绝对忠诚体现在提高政治站位、保持政治定力、强化政治担当的自觉行动上。各级党组织深学笃用习近平新时代中国特色社会主义思想，全面推进党的政治建设、思想建设、组织建设、作风建设、纪律建设，把制度建设贯穿其中，深入推进反腐败斗争，全面从严治党，持之以恒正风肃纪，为如期全面建成小康社会营造了风清气正的政治生态。

三是充分发挥党员先锋模范作用，不断增强党组织的凝聚力和战斗力。广大共产党员充分发挥先锋模范作用，冲锋在前，涌现出一心为民的"草鞋书记"邓平寿、用生命守护祥和的"时代楷模"杨雪峰、牺牲在脱贫攻坚第一线的脱贫攻坚模范杨骅、"改革先锋""最美奋斗者"基层干部马善祥等一大批优秀共产党员，他们的先进事迹具有强大的感召力，进一步夯实了党组织的凝聚力和战斗力，为全面建成小康社会注入了不竭的精神动力。

（二）必须坚持以人民为中心　激发广大群众内生动力

中国共产党除了人民利益之外没有自己特殊的利益，党的一切工作都是为了实现好、维护好、发展好最广大人民的根本利益。重

八、坚持党的领导　凝结全面小康经验

庆的生动实践证明，全面建成小康社会必须坚持以人民为中心的发展思想。从改革开放后为知识分子落实政策，到直辖后积极破解"三农"问题、解决国企职工下岗分流再就业，再到新时代推进公租房建设、建立覆盖城乡的社会保障体系等，重庆把"促进社会公平正义、增进人民福祉"作为全面深化改革的出发点和落脚点，始终坚持人民主体地位，不断激发人民群众的内生动力，积极参与社会共建共享。2016年1月，习近平总书记在重庆视察时强调，"要从解决群众最关心最直接最现实的利益问题入手，做好普惠性、基础性、兜底性民生建设"。"重庆的脱贫攻坚任务不轻，要真抓实干，成熟一个摘一个，既要防止不思进取、等靠要，又要防止揠苗助长、图虚名。"2019年4月，习近平总书记又指出，"党的十九大以来，重庆聚焦深度贫困地区脱贫攻坚，脱贫成效是显著的"，"对重庆的脱贫工作，我心里是托底的"。近年来，重庆像抓经济建设一样抓民生工作、像落实发展指标一样落实民生任务。每年实施的重点民生实事都涉及与百姓生活息息相关的就业、就医、就学、出行、住房等多个方面，取消主城区路桥通行费、升级农村学校营养改善计划、提高医疗保险参保率、扩大城镇新增就业等一大批民生实事迅速落地，夯实了全面建成小康社会的民生基础。

一是做好普惠性、基础性、兜底性民生建设。重庆扎实推进以需求为导向的保障和改善民生行动计划，持续加强就业和社会保障，努力办好人民满意教育，积极推进民政事业发展，切实提升卫生健康服务，有效强化城乡居民住房保障，一件事情接着一件事情办，一年接着一年干，全面提高公共服务共建能力和共享水平，一大批社会事业扎实推进，群众的获得感、幸福感、安全感不断增

强。重庆打破了城乡内外的差别和户籍制度的藩篱，做到了中低收入住房困难群体公租房保障全覆盖。完善住房市场体系和住房保障体系，以稳地价、稳房价、稳预期为目标，有效促进房地产市场平稳健康发展。不断提高应急管理能力，立足"大应急、全灾种、综合性"，持续完善行政管理、组织指挥、应急力量、制度保障"四大体系"。面对突如其来的新冠肺炎疫情，重庆实行分区分级差异化、因时因事动态化防控，各项措施抓实抓细抓落地，使得疫情防控形势持续向好，生产生活正常秩序加快恢复。2020年8月，长江、嘉陵江重庆段遭遇历史罕见的洪峰，重庆全市上下紧急动员、迅速行动，强化科学调度应对，深化隐患排查治理，做好应急救援处置，构筑起"硬核防洪堤"，安全转移100万以上人口，创造了未死一人、未决一堤、未溃一坝的抗洪奇迹。

二是打好精准脱贫攻坚战。重庆坚决把脱贫攻坚工作作为重大政治责任，深入推进"六个精准""五个一批"，确保精准到村到户到人。围绕解决"扶持谁"的问题，强化扶贫动态监测，加快扶贫大数据平台建设和运用，制定"八步、两评议两公示一比对一公告"流程。围绕解决"谁来扶"的问题，不断加强市、区县扶贫机构和队伍建设，选派大批驻村工作队员（含第一书记），组织20余万干部结对帮扶贫困户，实现所有贫困村贫困户结对帮扶全覆盖。围绕解决"怎么扶"的问题，大力发展现代山地特色高效农业，扩大深化农村"三变"改革试点和"三社"融合发展，与全国人民一道告别了延续千年的绝对贫困，真正实现了所有贫困群众"两不愁"真不愁、"三保障"全保障。

三是丰富群众文化产品和服务供给。重庆深学笃用习近平总书记关于文化建设的重要论述，坚定文化自信，把文化建设摆在更加突出的位置，更好地发挥文化在推动高质量发展、创造高品质生活中的积极作用，凝聚起全面建成小康社会的强大精神动力。在增加群众精神文化供给方面，完善文化设施网络，大力实施文化惠民工程，健全公共文化服务运行保障机制，推动文化资源向农村、向基层倾斜。全市图书馆总馆和文化馆总馆实现县级和区级两个100%建成，分馆实现乡镇（街道）全覆盖，区县"两馆"一级馆率居西部第一。在推进新时代群众文明实践活动方面，以社会主义核心价值观引领文化建设，以文化人、成风化俗，跨部门整合基层阵地资源，推进新时代文明实践中心"七个有"标准化建设，打通理论宣讲、文化服务与教育、科普、健身、全媒体等六大平台。在扩大城乡居民文化消费方面，加快建设具有全球影响力的国际消费中心城市，打造国际购物名城、国际美食名城、国际会展名城、国际文化名城、国际旅游名城。建设世界知名旅游目的地，唱响"山水之城·美丽之地"，让八方游客在重庆"行千里·致广大"。

（三）必须坚持改革创新　助推经济高质量发展

改革是党和人民事业大踏步前进的重要法宝，是坚持和发展中国特色社会主义的必由之路；创新是一个国家兴旺发达的不竭动力，也是一个政党永葆生机的源泉。重庆的生动实践证明，全面建成小康社会必须坚持改革创新。改革开放之初，重庆解放思想、自主创新，在军转民、国企改革、流通领域改革等方面均有开全国先河之举。直辖后，重庆积极破解三峡移民世界级难题、首创"地票"制度促进农村土地流转，为全国土地供给侧结构性改革贡献了智慧。2018年、2019年，习近平总书记连续两次向在重庆举办的中国国际智能产业博览会致贺信，对推动数字经济发展提出重要指示要求。2020年1月，习近平总书记在中央财经委员会第六次会议上发表重要讲话，对推动成渝地区双城经济圈建设作出全面部署，指出要使成渝地区成为具有全国影响力的科技创新中心。近年来，重庆正确处理落实好党中央部署的改革任务和搞好探索创新的关系，坚持在全国一盘棋的前提下，创造性地落实好党中央精神，注重吃透党中央制定的重点改革方案，激发基层创新创造活力，从实践中寻找方法，从创新中总结经验，高质量地完成党中央安排的改革试点，以敢为天下先的精神先行先试，创造了一批可复制可推广的经验，既为国家层面全面深化改革提供了重庆探索，也为自身经济社会发展和全面建成小康社会提供了新动能。

一是大力推动产业转型升级，打造数字经济高质量发展新引擎。重庆是全国六大老工业基地之一，工业门类齐全，产业基础雄厚，但面临转型升级任务。习近平总书记的系列重要指示为重庆发展数字经济、推进大数据智能化产业发展指明了方向。在大力发展智能产业方面，实施精准招商行动，加快构建"芯屏器核网"全产业链，培育引进大数据、人工智能、云计算、区块链、超算等领域龙头企业，大力发展集成电路、智能终端等产品制造，打造数字产业集群。在促进传统支柱产业智能升级方面，实施制造业高质量发展专项行动方案，落实汽车产业"1+2"政策和集成电路、智能制造等专项政策，打造数字化车间和智能工厂，推动数字化、智能化变革从龙头企业向产业链中小企业延伸、从制造环节向供应链各个环节延伸。在促进服务业数字化方面，制定《关于新形势下推动服务业高质量发展的意见》，推广在线医疗、在线教育、在线商务、线上生活等生活性服务业新业态。抓住新型消费蓬勃发展的机遇，大力发展"直播电商""社交电商""微信电商"等新模式，激发消费新动能。

二是加快补齐科技创新短板，打造创新发展新"高地"。加快建设具有全国影响力的科技创新中心，深入实施科教兴市和人才强市行动计划，加快提升科技实力和创新能力。提升创新平台，高标准规划建设西部（重庆）科学城，发展高新产业，培育创新企业，谋划大科学装置，集聚重点实验室，努力建设科学之城、创新高地。优化创新生态，加大科技创新投入，引进知名创投机构，支持企业在科创板等多层次资本市场上市。强化科技合作，大力引进北京大学、中国科学院大学、电子科技大学、新加坡国立大学等海内外知名创新机构。集聚创新人才，抓好人才引育，大力实施重庆英才计划，营造"近悦远来"的人才环境，积极引进获得诺贝尔奖的科学家及团队、两院院士等高层次科研人才。

三是积极承办智博会，打造"智造重镇"、建设"智慧名城"。重庆成为国际性展会"中国国际智能产业博览会"唯一永久会址，获批成为国家数字经济创新发展示范区、国家新一代人工智能创新发展实验区、全国工业互联网标识解析国家顶级节点城市、全国首批5G规模组网和应用示范城市。在打造"智慧重镇"上，以会促产，利用智能产业集聚机会，更加重视对集成电路、软件信息、智能终端等信息技术产业的招商引资工作，促进数字经济与实体经济深度融合发展。在建设"智慧名城"上，以会兴城。借助办会机遇，推进新型智慧城市建设，全面推行"云长制"，促进"云联数算用"全要素聚集，拓展智慧政务、智慧交通、智慧医疗、智慧教育、智慧社区等公共服务。

（四）必须坚持统筹协调　探索科学发展新路径

统筹协调，是正确处理城乡之间、区域之间、经济与社会之间以及人与自然之间的关系，实现科学发展的基本要求和根本方法。重庆的生动实践证明，全面建成小康社会必须坚持统筹协调。从世纪之交响应中央号召实行西部大开发，到新时代西部大开发形成新格局，重庆在国家区域发展战略中一直发挥着积极而重要的作用。习近平总书记指出："重庆集大城市、大农村、大山区、大库区于一体，协调发展任务繁重。"2019年4月，习近平总书记视察重庆时强调，要推动区域协调发展，促进各片区发挥优势、彰显特色、协同发展。2020年1月，习近平总书记在中央财经委员会第六次会议上发表讲话，强调要唱好"双城记"，强化重庆和成都的中心城市带动作用。近年来，重庆综合考虑人口、资源、环境、经济等因素，注重解决好城乡之间、区域之间长期存在的发展不平衡问题和经济社会发展与环境保护之间日益突出的矛盾，将全市经济社会发展的空间布局确定为"一区两群"，不断破除城乡之间资源要素流动的各种显性和隐性壁垒，坚持生态优先、绿色发展，实现了区域协调发展、城乡协调发展和经济社会与生态环境的协调发展，为全面建成小康社会探索了特色路径。

一是谋划"一区两群"战略部署，加快推动区域协调发展。推进"一区两群"协调发展，是新时代重庆贯彻落实习近平总书记重要讲话精神，紧抓成渝地区双城经济圈建设重大机遇，在西部形成高质量发展重要增长极的特色举措。在扩大城市容量方面，为了使主城都市区在成渝地区双城经济圈建设中更好地发挥中心城市带动作用，进一步促进"两群"高质量协调发展，将渝西12个区纳入主城都市区空间范畴，主城范围由原来的9区扩大到21个区。在彰显城市品质方面，以"两江四岸"为城市发展主轴，塑造国际一流滨水岸线，让历史、文化、艺术交相辉映，彰显山水之城、美丽之地的独特魅力。打造城市文脉识别，谋划实施系列博物纪念场馆、"山城步道"、"文化邻里"等文化品牌，彰显山城形态之美和巴渝文化之韵，建设"望得见山、看得见水、记得住乡愁"的典范城市。在优化产业空间布局方面，发挥主城都市区资源要素高度集聚优势，推进大数据、人工智能以及5G网络、区块链等新一代信息技术与实体经济和城市发展深度融合。结合渝东北"库区""山区"特点，注重将生态与经济要素集成打好"三峡牌"，重点发展以食品加工、现代中药加工、纺织服装等为代表的"三峡制造"绿色工业；以奉节脐橙、巫山脆李、丰都牛肉、城口腊肉等为特色的"三峡农家"高效农业；以"壮美长江、诗画三峡"为依托的多业态融合全域旅游服务业。突出渝东南"山水""民俗"特色，以黔江风雨廊桥、酉阳桃花源、乌江画廊、武隆天生三硚等为载体，重点发展生态康养、文化旅游等产业，建设武陵山区文化产业和旅游产业融合发展示范区。

二是聚焦大城市带大农村，推动城乡融合一体化发展。重庆深入实施乡村振兴战略和城市提升行动计划，着力建立健全城乡一体融合发展的体制机制和政策体系，取得显著成效。城乡居民收入比逐步缩小，城乡一体融合发展格局初步形成。充分发挥市场化配置决定性作用和政策调控作用，以人、地、钱三大要素为突破口，推动要素在工农之间、城乡之间合理流动。建立城乡劳动力有序流动机制，深化户籍制度改革，积极推动农村富余劳动力转户进城，全面放开高校毕业生、技术工人、职业院校毕业生重点群体落户限制。探索城乡土地平等交易机制，创新地票交易制度，引导农民和农村集体经济组织自愿将闲置、废弃的农村建设用地复垦为耕地，探索出了一条盘活农村闲置废弃建设用地、增加农民财产性收入、统筹城乡建设用地利用的路子。建立农村基础金融服务机制，以农村土地承包经营权、林权、宅基地使用权及其他资产抵押融资，激活农村沉睡资产。以农文旅深度融合为重点推动乡村旅游蓬勃发展，集中打造农文旅三位一体、生产生活生态同步改善、一二三产业深度融合的特色小镇、美丽宜居村庄、"一村一品"示范村镇、农村产业融合发展示范园。

三是学好用好"两山论"、走深走实"两化路"，促进经济社会与环境生态协调发展。近年来，重庆用实际行动践行习近平总书记的重要讲话精神，坚持生态优先、绿色发展，充分发挥山水林田湖草沙等生态要素齐备、生态资源富集优势，践行"两山论"走实"两化路"，不断强化"上游意识"、担起"上游责任"、体现"上游水平"，不让垃圾出夔门、不让污染进长江、不让青山开天窗，以更大决心、更高标准、更实举措，把"绿色+"融入经济社会发展各方面，筑牢长江上游重要生态屏障，加快建设山清水秀美丽之地，努力实现了百姓富与生态美的有机统一。

（五）必须坚持全方位开放　打造内陆开放新高地

站在新的历史起点上，坚定不移全面扩大开放，构建以国内大循环为主体、国内国际双循环相互促进的新发展格局，推动建设开放型世界经济，是应对百年未有之大变局及世界经济诸多复杂挑战的必然选择。重庆的生动实践证明，全面建成小康社会必须坚持全方位开放。从20世纪80年代被辟为有直接对外进出口权的内陆口岸，到立足重庆、依托西南、联合沿海、面向全国大力发展横向经济联合，再到90年代的沿江开放城市、直辖后建设国家级开发区，重庆大胆"引进来"，勇敢"走出去"，逐步形成了全方位、多层次、宽领域的对外开放新格局。进入新时代，习近平总书记指出，重庆区位优势独特，要全面融入共建"一带一路"和长江经济带发展，推动全方位开放，在共建"一带一路"中发挥带动作用。近年来，重庆在聚焦交通、水利、能源、信息等的"堵点""痛点"，推动以交通为重点的基础设施建设，完善现代综合立体交通网络的同时，不断加快培育内陆开放新优势，构建东西南北"四向"连通、铁公水空"四式"联运、人流物流资金流信息流"四流"融合的内陆开放战略高地，利用国际国内两个市场，以高水平开放推动高质量发展，为全面建成小康社会注入了新活力。

一是打通东南西北大通道、畅通内循环。在打通大通道方面，"东向"优化长江黄金水道功能，加快推进渝汉高铁建设，畅通直达长三角地区的出海出境大通道；"南向"加快实施渝昆高铁、渝贵高铁、渝湘高铁、渝桂高铁等建设，畅通西部陆海新通道，打通直达粤港澳大湾区的快速出境通道；"西向"加快渝西高铁、兰渝高铁等建设，增强中欧班列（成渝）功能，提高连接丝绸之路经济带的通行能力和效率；"北向"加快郑万高铁、渝万高铁建设，畅通直达京津冀地区、连接中蒙俄经济走廊的快速通道。在畅通内循环方面，提速实施"850+"城市轨道交通成网计划，推动主城都市区城轨快线规划建设，落实"三环十八射"高速公路网规划，深入实施缓堵保畅行动计划，优化城市骨架路网和干支路网，打通

"断头路"、畅通"微循环"，发展智慧交通，持续缓解城市交通拥堵。

二是提高开放通道效益。为了提升产业开放发展度，重庆率先开通了"渝新欧"，后来发展成为中欧班列。目前，重庆与中欧班列沿线国家建立了协调机制，率先启动中欧"安智贸"试点和多国海关"一次报关、一次查验、全程放行"的"一卡通"绿色通关机制；开展铁路"点对点"分拨模式；开行全国首趟中欧班列（重庆）"中国邮政号"专列。2019年中欧班列（重庆）开行重箱折算列超1500班，货值超过500亿元，两项指标均位居全国第一。为了深化与东盟的经贸合作，重庆率先探索"南向通道"建设，后来上升为"西部陆海新通道"国家战略。

三是提升开放平台能级。重庆积极争取国家部委创新举措支持和新加坡政府对等支持政策，成立千亿级中新互联互通股权投资基金，并以中新（重庆）战略性互联互通示范项目为支撑，尝试赴新加坡境外进行融资。重庆以中国（重庆）自由贸易试验区为载体，探索陆上国际贸易规则，创新的铁路提单信用证融资结算、海关特殊监管区域"四自一简"、知识价值信用融资新模式、市场综合监管大数据平台等12项经验和案例在全国推广。其中，重庆成功开立的全球首单"铁路提单国际信用证"改变了以往只有海运运单具有金融属性，可作为信用凭证融资押汇的情况。此外，重庆还大力推动建立西部陆海新通道沿线省市协商机制，形成了西部12省区市《合作共建西部陆海新通道框架协议》，形成了铁海联运班列、跨境公路班车、国际铁路联运班列三种协同运输组织方式。

四是注重开放主体培育。为了协助外资企业争取政策红利，重庆主动牵头开展《外商投资产业指导目录》和《中西部地区外商投资优势产业目录》的修订工作，2019年推动重庆31项重点产业列入国家目录，对符合目录鼓励类的外资项目，协助外资企业按规定享受进口设备免关税政策。为了应对中美经贸摩擦对企业的冲击，在出台政策支持企业开拓"一带一路"沿线市场基础上，组织企业赴替代进口国开展进口采购，支持和引导企业建立多元化的供应体系。

（六）必须坚持可持续发展　建设山清水秀美丽之地

经济社会的可持续发展要求既要达到发展经济的目的，又要保护好人类赖以生存的自然资源和环境，使子孙后代能够永续发展和安居乐业。重庆的生动实践证明，全面建成小康社会必须坚持可持续发展。重庆地处长江上游和三峡库区腹心地带，生态环境较为脆弱，保护好三峡库区和长江母亲河，事关重庆长远发展，事关国家发展全局。2016年1月，习近平总书记在重庆主持召开推动长江经济带发展座谈会时首次提出"共抓大保护、不搞大开发"方针，希望重庆成为山清水秀美丽之地。2019年4月，习近平总书记要求重庆"在推进长江经济带绿色发展中发挥示范作用"。近年来，重庆以习近平生态文明思想为指导，树牢"上游意识"，勇担"上游责任"，筑牢长江上游重要生态屏障。深入实施"蓝天、碧水、宁静、绿地、田园"环保行动，着力削减主要污染物排放总量，降低排放强度，坚决打赢污染防治攻坚战。加快实施三峡库区、重要水源地、山洪灾害易发区、石漠化地区等水土流失综合治理，推动城乡自然资本加快增值。促进生产生活生态深度融合，实现生产空间集约高效、生活空间宜居适度、生态空间山清水秀，创造宜居宜业宜游的良好环境，为全面建成小康社会绘就了一幅人与自然和谐共生永续发展的美好画卷。

一是坚持把修复长江生态环境摆在压倒性位置。严格管控生态空间，深入推进"多规合一"，在全国率先完成"三线一单"成果发布，扎实开展国家山水林田湖草沙生态保护修复工程试点，推进广阳岛片区长江经济带绿色发展示范建设。启动"两岸青山·千里林带"工程，加强地质灾害综合防治，促进长江上游重庆段发挥好水土资源"固定器"、环境污染"过滤器"、江河流量"调蓄器"、生态风险"缓冲器"等作用。实施"双总林长制"推进长江两岸山体全面绿化、25度以上坡耕地全面退耕和城乡绿化整体提升，开展石漠化、水土流失、地质灾害和库区消落区治理，减轻重点生态功能区环境负荷。

二是坚持不懈打好污染防治攻坚战。全面贯彻落实国家"大气十条""水十条"和"土十条"，统筹"建、治、管、改"，聚焦打赢蓝天、碧水、净土三大保卫战。环保"垂改"试点、水污染防治、固体废物环境管理、生态环境行政执法及刑责治污等工作走在全国前列。坚决打赢蓝天保卫战。建立空气质量、年度任务、督导问题、资金项目"四个清单"，实施网格化精细管控和空气质量精准预报。着力打好碧水保卫战。实施"双总河长制"，深入推进"三水共治""水岸同治"。创新"驻点帮扶""一竿子插到底"现场督战，深化不达标河流综合治理，城市黑臭水体整治成效得到巩固。扎实推进净土保卫战。率先开展疑似污染场地调查评估，建成污染地块分类管理评价体系，实现产废企业和经营单位危险废物"一物一码"管理，医疗废物集中无害化处置镇级全覆盖。璧山区立足"城在画里、画在城里"，打造宜居田园城市，实现人口净流

八、坚持党的领导　凝结全面小康经验

入，荣获中国人居环境范例奖。

三是坚持走生态产业化、产业生态化之路。守好产业准入"绿色门槛"，坚决淘汰落后产能，推行企业循环式生产、产业循环式组合，壮大绿色低碳循环经济。万元GDP能耗、碳排放总量持续下降，发展质量和效益明显提高。依托长江经济带修复、退耕还林、森林质量提升等重点林业生态工程，积极发展木本粮油、特色经果、道地中药材、森林旅游以及花卉苗木等绿色产业，涪陵榨菜、巫山脆李、奉节脐橙、梁平柚子、潼南柠檬、江津花椒、石柱辣椒等特色农产品声名远扬。

四是强化生态文明制度保障。建立生态红线管控和生态保护补偿制度，健全自然资产产权和用途管制制度，深入推进生态环境损害赔偿制度、领导干部自然资源资产离任审计、自然资源资产负债表编制等改革试点。建立林票制度、重点生态区位非国有商品林赎买试点、林地有偿退出机制试点，多渠道实现森林生态价值。探索林业投融资改革、城乡污水处理特许经营权制度、成立环保产业股权投资基金，多渠道筹措生态建设资金。构建严格的环境监察体系、先进的环境监测预警体系、完备的环境执法监督体系、高效的环境信息化支撑体系，提升环境治理体系和治理能力现代化水平。

在全面建成小康社会的进程中，重庆始终坚持以习近平新时代中国特色社会主义思想为指导，切实增强"四个意识"，坚定"四个自信"，做到"两个维护"，团结一致、沉心静气，坚持从全局谋划一域、以一域服务全局，加快建设内陆开放高地、山清水秀美丽之地，努力推动高质量发展、创造高品质生活，确保习近平总书记的殷殷嘱托在重庆大地落地生根、开花结果，向历史和人民交出了满意的答卷。

后 记

2021年7月1日，在庆祝中国共产党成立100周年大会上，中共中央总书记、国家主席、中央军委主席习近平庄严宣告，"经过全党全国各族人民持续奋斗，我们实现了第一个百年奋斗目标，在中华大地上全面建成小康社会"。全面建成小康社会是中国共产党向全国人民交出的一份彪炳史册的答卷，彰显了中国共产党的宗旨，诠释了中国共产党人的初心和使命。全面建成小康社会也是中国为全人类作出的独特贡献，创造了减贫治理的中国样本，谱写了反贫困历史新篇章。为了全面记录这一具有重要历史意义、现实意义和世界意义的重大工程，由中宣部策划统筹，人民出版社联合全国32家地方人民出版社共同出版《纪录小康工程》丛书。

根据中宣部的部署安排，《"纪录小康工程"丛书重庆卷》（简称"重庆卷"）的编写出版工作由中共重庆市委宣传部牵头组织实施。市领导张鸣同志、姜辉同志高度重视，亲自审定出版方案和大纲。市委宣传部常务副部长曹清尧主抓具体工作，多次主持召开项目推进会议，组织审定书稿。市委宣传部副部长马岱良、曾维伦、马然希对丛书的规划、编撰、出版工作分别进行了深入指导，并参与书稿的审定工作，提出了宝贵修改意见。

"重庆卷"包含《全面建成小康社会重庆全景录》《全面建成小康社会重庆大事记》《全面建成小康社会重庆变迁志》《全面建成小康社会重庆奋斗者》《全面建成小康社会重庆影像记》五个分卷，全面记述了中华人民共和国成立以来，党和国家对重庆发展的关心

后 记

支持，展示全市人民奋力建设重庆，在巴渝大地上全面建成小康社会的光辉履迹。中共重庆市委宣传部新闻处、出版处和宣教处对丛书的编写工作进行了全面协调、指导。同时，重庆市政府研究室、中共重庆市委党史研究室、中共重庆市委政法委员会、重庆市发展和改革委员会、重庆市教育委员会、重庆市科学技术局、重庆市经济和信息化委员会、重庆市民政局、重庆市司法局、重庆市公安局、重庆市人力资源和社会保障局、重庆市生态环境局、重庆市住房和城乡建设委员会、重庆市农业农村委员会、重庆市商务委员会、重庆市文化和旅游发展委员会、重庆市卫生健康委员会、重庆市体育局、重庆市统计局、重庆市乡村振兴局、重庆市大数据应用发展管理局、重庆市人民政府口岸和物流办公室、重庆市社会科学院等单位为丛书的编写提供了大量基础编写素材，对稿件进行了审读和把关，为丛书的顺利付梓作出了重要贡献。

《全面建成小康社会重庆全景录》由中共重庆市委党史研究室负责编写，全书以习近平新时代中国特色社会主义思想为指导，梳理了1949—2021年重庆市全面建成小康社会的历史脉络，全面介绍了重庆市在新中国成立后尤其是党的十八大以来在经济、文化、社会、生态等诸多领域取得的主要成绩，深刻总结了重庆市全面建成小康社会的经验和做法。书稿编写过程中，室主任徐塞声，副主任徐光煦、周廷勇给予充分指导，徐光煦具体负责组织编写，徐塞声审定书稿。田姝、黄亚丽负责全书的统稿工作。本书各部分分工是：第一部分俞荣新，第二、六、七部分袁仁景，第三部分王润吉，第四、五部分黄亚丽，第八部分田姝。

限于时间和水平，书中不足之处在所难免，敬请广大读者批评指正！

本书编写组
2022年6月